DR. OETKER VEGAN VON A–Z

DR. OETKER VEGAN VON A–Z

Dr. Oetker Verlag

Abkürzungen

EL	=	Esslöffel
TL	=	Teelöffel
Msp.	=	Messerspitze
Pck.	=	Packung/Päckchen
g	=	Gramm
kg	=	Kilogramm
ml	=	Milliliter
l	=	Liter
evtl.	=	eventuell
geh.	=	gehäuft
gem.	=	gemahlen
ger.	=	gerieben
gestr.	=	gestrichen
TK	=	Tiefkühlprodukt
°C	=	Grad Celsius
Ø	=	Durchmesser

Kalorien-/Nährwertangaben

E	=	Eiweiß
F	=	Fett
Kh	=	Kohlenhydrate
kJ	=	Kilojoule
kcal	=	Kilokalorien
BE	=	Broteinheiten

Bei den Nährwertangaben in den Rezepten handelt es sich um auf- bzw. abgerundete ganze Werte. Lediglich die Broteinheiten werden in 0,5er-Schritten mit einer Stelle nach dem Komma angegeben.
Aufgrund von ständigen Rohstoffschwankungen und/ oder Rezepturveränderungen bei Lebensmitteln, kann es zu Abweichungen kommen. Die Nährwertangaben dienen daher lediglich Ihrer Orientierung und eignen sich nur bedingt für die Berechnung eines Diätplans, zum Beispiel bei Krankheiten wie Diabetes.
Bei krankheitsbedingten Diäten richten Sie sich daher bitte nach den Anweisungen Ihres Diätassistenten bzw. Ihres Arztes.

Allgemeine Hinweise zu den Rezepten

Lesen Sie vor der Zubereitung – besser noch vor dem Einkauf – das Rezept einmal vollständig durch. Oft werden Arbeitsabläufe oder -zusammenhänge dann klarer.

Zutatenliste

Die Zutaten sind in der Reihenfolge ihrer Verarbeitung aufgeführt.

Arbeitsschritte

Die Arbeitsschritte sind einzeln hervorgehoben, in der Reihenfolge, in der sie von uns ausprobiert wurden.

Zubereitungszeiten

Die Zubereitungszeit ist ein Anhaltswert für die Zeit der Vorbereitung und der eigentlichen Zubereitung. Sie variiert je nach Geschick und Übung. Die Garzeiten, die nicht in diese Zeit fallen, sowie Backzeiten sind gesondert ausgewiesen.

Backofeneinstellung und Garzeiten

Die in den Rezepten angegebenen Gar- bzw. Backtemperaturen und -zeiten sind Richtwerte, die je nach individueller Hitzeleistung Ihres Backofens über- oder unterschritten werden können. Gegen Ende der angegebenen Backzeit sollten das Gargut oder die Gebäcke genau beobachtet werden. Machen Sie nach Beendigung der angegebenen Garzeit eine Garprobe. Die Temperaturangaben in diesem Buch beziehen sich auf Elektrobacköfen. Die Temperatureinstellungsmöglichkeiten für Gasbacköfen variieren je nach Hersteller sehr stark, sodass wir keine allgemeingültigen Angaben machen können. Bitte beachten Sie deshalb bei der Einstellung des Backofens die Gebrauchsanleitung des Herstellers. Ein Backofenthermometer eignet sich gut, um die Backofentemperatur im Blick zu haben.

Vorwort

Garantiert rein pflanzlich! Die Zahl der Veganer hat in den vergangenen Jahren stetig zugenommen. Immer mehr Menschen streichen Fleisch, Milchprodukte, Eier und andere tierische Produkte ganz bewusst von ihrem Speiseplan. Die Argumente reichen vom Respekt gegenüber dem Tier als Lebewesen, der Ablehnung der Bedingungen, unter denen tierische Lebensmittel heute produziert werden, über den Klimaschutz bis hin zur eigenen Gesundheit.

Dass man auch ohne Fleisch und Fisch etwas Feines auf den Tisch zaubern kann, mag heute niemanden mehr verwundern. Doch was nimmt man statt Milch, Sahne, Butter, Eiern und Honig? Die über 200 Rezepte in diesem Buch liefern den Beweis, dass die vegane Küche überraschend vielfältig und fantasievoll ist. Lecker ist sie obendrein.

Das Chia-Frühstück mit Erdbeer-Bananen-Salat ist der perfekte Start in den Tag. In die Lunch-Box kommt ein Burger mit Gemüse-„Frikadellen". In der Mittagspause heißt es dann nur noch genießen. Lust auf was Deftiges? Unser Linseneintopf hat da echtes Leibspeisenpotenzial. Für süße Zeiten sorgen Himbeertorte mit Mandel-Amaranth-Boden oder Heidelbeer-Soja-Eissmoothie und ein großes Stück Schokoladentorte liefert die Glücksgefühlgarantie gleich mit.

Alle Rezepte wurden wie immer von uns getestet und so für Sie aufgeschrieben, dass sie garantiert gelingen.

Afrikanischer Eintopf mit Kochbanane

Gelingt leicht

4 Portionen

Pro Portion: E: 7 g, F: 26 g, Kh: 55 g, kJ: 2048, kcal: 491, BE: 4,0

300 g rote Zwiebeln
400 g Süßkartoffeln
500 g Kochbananen
300 g Tomaten
2 EL Erdnussöl
500 ml heiße vegane Gemüsebrühe
400 g passierte Tomaten (aus der Dose)
450 ml Kokosmilch (aus Dosen)
Salz
1–2 gestr. EL Berbere (afrikanische Gewürzmischung)
1 Bio-Limette (unbehandelt, ungewachst)
2–3 Stängel Koriander

Zubereitungszeit: 30 Minuten
Garzeit: etwa 25 Minuten

1. Die Zwiebeln abziehen, halbieren und grob würfeln. Die Süßkartoffeln schälen, abspülen, abtropfen lassen und in grobe Stücke schneiden.

2. Die Kochbananen schälen und in etwa 1 cm dicke Scheiben schneiden. Tomaten abspülen, abtrocknen, halbieren und die Stängelansätze herausschneiden. Die Tomatenhälften in grobe Stücke schneiden.

3. Das Öl in einem Topf erhitzen. Zwiebelwürfel darin andünsten. Süßkartoffelwürfel hinzugeben und 2–3 Minuten mitdünsten. Bananenscheiben und Tomatenwürfel hinzugeben, kurz mitdünsten.

4. Gemüsebrühe, passierte Tomaten und Kokosmilch hinzugießen, mit Salz und Berbere würzen. Den Eintopf zum Kochen bringen und zugedeckt bei schwacher Hitze etwa 25 Minuten köcheln lassen, dabei gelegentlich umrühren.

5. In der Zwischenzeit die Limette heiß abwaschen, abtrocknen und die Schale fein abreiben. Limette halbieren und den Saft auspressen.

6. Den Koriander abspülen, trocken tupfen und evtl. die Blättchen von den Stängeln zupfen.

7. Den afrikanischen Eintopf mit Salz, Limettenschale und -saft abschmecken. Zum Servieren den Eintopf mit Koriander garnieren.

Tipps: Berbere ist eine äthiopische, scharfe Gewürzmischung, die aus Chili, Ingwer, Knoblauch, Piment (Nelkenpfeffer), Gewürznelke und Koriander hergestellt wird. Variiert wird je nach Vorliebe mit Kurkuma, Kardamom, Paprika usw. Sie bekommen das Gewürz in gut sortierten Feinkostgeschäften und über das Internet. Dosieren Sie es zunächst vorsichtig, damit der Eintopf nicht zu scharf wird. Wenn Sie den Geschmack von Koriander nicht so gern mögen, können Sie stattdessen auch glatte Petersilie verwenden.

Warenkunde: Süßkartoffeln (auch Bataten genannt) haben einen hohen Gehalt an sekundären Pflanzenstoffen wie zum Beispiel Carotinoide. Hinzu kommen Zink und Eisen. Süßkartoffeln lassen sich wie Kartoffeln kochen, backen oder braten, machen wunderbar satt und schmecken angenehm süßlich. Es gibt die Knollen in verschiedenen Formen und Farben – von bräunlich über violett, orange bis weißlich.

Afrikanischer Okra-Süßkartoffel-Auflauf

Etwas Besonderes

4 Portionen

Pro Portion: E: 11 g, F: 35 g, Kh: 51 g, kJ: 2362, kcal: 564, BE: 4,0

150 g	*Hirse*
550 ml	*heißes Wasser*
½ TL	*Salz*
150 g	*Zwiebeln*
3 EL	*Olivenöl*
250 g	*Tomaten*
150 g	*Süßkartoffeln*
300 g	*Okraschoten*
150 g	*abgetropfter Gemüsemais (aus der Dose)*
25 g	*frischer Ingwer*
2	*Knoblauchzehen*
½–1	*rote Chilischote*
½ Bund	*Koriander*
1 EL	*gem. Kurkuma (Gelbwurz)*
	Salz

Für die Kokosbrösel:

75 g	*vegane Margarine*
50 g	*veganer Vollkorn-Dinkelzwieback*
40 g	*Kokosraspel*

Zubereitungszeit: 40 Minuten
Garzeit: etwa 30 Minuten

1. Hirse in ein feines Sieb geben und unter fließendem Wasser abspülen. Hirse mit dem heißen Wasser und dem Salz in einen weiten Topf geben, bei mittlerer Hitze zum Kochen bringen und zugedeckt etwa 5 Minuten köcheln lassen.

2. Anschließend unter gelegentlichem Rühren bei schwacher Hitze in etwa 15 Minuten ausquellen lassen (dabei die Packungsanleitung beachten), bis das Wasser vollständig aufgesogen ist.

3. Inzwischen die Zwiebeln abziehen und in Würfel schneiden. Olivenöl in einer Pfanne erhitzen. Die Zwiebelwürfel darin unter Rühren goldbraun anbraten.

4. Tomaten abspülen, abtrocknen und in etwa 2 cm große Stücke schneiden, dabei die Stängelansätze herausschneiden.

5. Die Süßkartoffeln schälen, abspülen, abtropfen lassen und grob raspeln.

6. Okraschoten putzen, abspülen, abtropfen lassen und die Stielansätze mit den Spitzen (Kappen) abschneiden. Okraschoten halbieren.

7. Angebratene Zwiebelwürfel mit Tomaten- und Okrastücken, Süßkartoffelraspeln, Gemüsemais und gegarter Hirse in einer großen Auflaufform (gefettet) mischen.

8. Ingwer schälen und fein reiben. Knoblauch abziehen und durch eine Knoblauchpresse drücken. Chilischote entstielen, abspülen, abtropfen lassen und mit den Kernen fein hacken.

9. Koriander abspülen, trocken tupfen und die Blättchen von den Stängeln zupfen. Die Blättchen grob schneiden.

10. Ingwer mit Koriander, Knoblauch, Chili und Kurkuma unter das Hirse-Gemüse mischen, mit Salz würzen.

11. Den Backofen vorheizen.
Ober-/Unterhitze: etwa 200 °C
Heißluft: etwa 180 °C

12. Für die Kokosbrösel die Margarine zerlassen. Den Zwieback im Blitzhacker fein zerbröseln, mit Kokosraspeln und Margarine vermischen. Die Brösel gleichmäßig auf dem Auflauf verteilen.

13. Die Form auf dem Rost in den vorgeheizten Backofen schieben. Den Auflauf **etwa 30 Minuten garen.** Dabei den Auflauf nach etwa 15 Minuten zudecken, damit die Kruste nicht zu dunkel wird.

Tipps: Sie mögen keine Süßkartoffeln? Dann bereiten Sie den Auflauf stattdessen mit Möhren zu. Die Hirse können Sie durch Couscous, Bulgur, Quinoa, Amaranth oder Vollkornreis ersetzen.

Ajvar-Zucchini-Topf

Leichtes Sommeressen – schnell

4 Portionen

Pro Portion: E: 8 g, F: 13 g, Kh: 12 g, kJ: 816, kcal: 196, BE: 0,5

2 rote Zwiebeln
2 Knoblauchzehen
500 g gelbe Zucchini
750 g grüne Zucchini
4 EL Olivenöl
Salz, gem. Pfeffer
150 g Ajvar, mild (Paprikamus, aus dem Glas)
1 1/4–1 1/2 l vegane Gemüsebrühe
1 Bund glatte Petersilie

Zubereitungszeit: 30 Minuten
Garzeit: 15–20 Minuten

1. Zwiebeln und Knoblauch abziehen. Zwiebeln würfeln. Den Knoblauch in dünne Scheiben schneiden.

2. Die Zucchini abspülen, abtrocknen und die Enden abschneiden. Dickere Zucchini evtl. der Länge nach halbieren. Zucchini in etwa 1/2 cm dicke Scheiben schneiden.

3. Das Olivenöl in einem Topf erhitzen. Zwiebelwürfel und Knoblauchscheiben darin andünsten. Zucchini hinzugeben und portionsweise andünsten, mit Salz und Pfeffer würzen.

4. Ajvar unterrühren und Gemüsebrühe hinzugießen. Den Eintopf zum Kochen bringen und zugedeckt bei schwacher Hitze 15–20 Minuten köcheln lassen, dabei gelegentlich umrühren.

5. Anschließend den Eintopf nochmals mit Salz und Pfeffer abschmecken.

6. Petersilie abspülen und trocken tupfen. Die Blättchen von den Stängeln zupfen und in Streifen schneiden. Den Eintopf zum Servieren mit Petersilienstreifen bestreuen.

Tipps: Servieren Sie zu diesem leichten Eintopf geröstetes veganes Fladenbrot. Haben Sie Reste von gekochten Nudeln, Reis oder Kartoffeln vom Vortag, können Sie diese etwa 5 Minuten vor Ende der Garzeit mit in den Eintopf geben.

Alpiner Kraut-Nudel-Auflauf

Mit Alkohol

4 Portionen

Pro Portion: E: 21 g, F: 41 g, Kh: 59 g, kJ: 3026, kcal: 725, BE: 5,0

2 ½ l	*Wasser*
2 ½ gestr. TL	*Salz*
250 g	*vegane Bandnudeln*
150 g	*rote Zwiebeln*
500 g	*Weißkohl*
200 g	*Hokkaido-Kürbis*
5	*Wacholderbeeren*
5 EL	*Sonnenblumenöl*
2 EL	*Paprikapulver edelsüß*
1 EL	*Voll-Rohrzucker*
½ EL	*Kümmelsamen*
1 TL	*gerebelter Majoran*
200 ml	*veganer Weißwein*
	Salz
	gem. Pfeffer
300 ml	*vegane Gemüsebrühe*
300 ml	*Sojacreme zum Kochen*
etwas	*vegane Margarine für die Form*
100 g	*ger. veganer „Käse“*
30 g	*Kürbiskerne*
½ Bund	*Dill*

Zubereitungszeit: 45 Minuten
Garzeit: etwa 25 Minuten

1. Wasser in einem großen Topf zugedeckt zum Kochen bringen. Dann Salz und Nudeln hinzugeben. Die Nudeln im geöffneten Topf bei mittlerer Hitze nach Packungsanleitung knapp bissfest kochen, dabei gelegentlich umrühren. Die Nudeln in ein Sieb geben und abtropfen lassen.

2. Die Zwiebeln abziehen, halbieren und in Streifen schneiden. Weißkohl putzen, abspülen und abtropfen lassen. Weißkohl in etwa ½ cm dicke Streifen schneiden, dabei die dicken Blattrippen herausschneiden.

3. Kürbis abspülen und abtropfen lassen. Die Kerne und den faserigen Innenteil entfernen. Kürbis grob reiben. Die Wacholderbeeren grob zerdrücken.

4. Das Sonnenblumenöl in einem weiten Topf erhitzen. Die Kohlstreifen hinzugeben und unter gelegentlichem Rühren kräftig andünsten. Paprikapulver, Zucker, Wacholder, Kümmel und Majoran unterrühren. Weißwein hinzugießen und völlig einkochen lassen.

5. Den Kohl mit Salz und Pfeffer würzen. Die Gemüsebrühe nach und nach hinzugießen. Den Kohl zugedeckt bei mittlerer Hitze etwa 15 Minuten garen. Dann die Kürbisraspel unterrühren. Die Sojacreme hinzugießen. Das Ganze einmal kurz aufkochen lassen.

6. Inzwischen den Backofen vorheizen.
Ober-/Unterhitze: etwa 180 °C
Heißluft: etwa 160 °C

7. Die Nudeln mit dem Kohlgemüse in einer großen Auflaufform (gefettet) mischen und evtl. nachwürzen. Den Auflauf mit dem „Käse“ bestreuen.

8. Die Form auf dem Rost in den vorgeheizten Backofen schieben. Den Auflauf **etwa 15 Minuten garen.** Dann die Kürbiskerne auf den Auflauf streuen. Den Auflauf in **weiteren etwa 10 Minuten fertig garen.**

9. Zum Servieren den Dill abspülen, abtropfen lassen und die Spitzen von den Stängeln zupfen. Dillspitzen grob schneiden. Den Auflauf damit bestreuen.

Amerikanische Bohnensuppe mit Erdnüssen I

Für die Party – gut vorzubereiten

12 Portionen

Pro Portion: E: 27 g, F: 26 g, Kh: 43 g, kJ: 2157, kcal: 515, BE: 3,0

300 g Erdnusskerne
3 Bund Frühlingszwiebeln
750 g Staudensellerie
600 g mittelgroße Kartoffeln
150 ml Erdnussöl
1 1/2 kg passierte Tomaten (aus dem Tetrapak)
375 ml vegane Gemüsebrühe
2–3 TL gerebelter Thymian
2–3 TL gerebeltes Bohnenkraut
etwa 2 kg abgespülte, abgetropfte Kidneybohnen (aus Dosen)
Salz, gem. Pfeffer
10–15 Tropfen Tabascosauce
1 Bund glatte Petersilie

Zubereitungszeit: 30 Minuten
Garzeit: etwa 35 Minuten

1. Die Hälfte der Erdnusskerne mahlen. Restliche Erdnusskerne in einer Pfanne ohne Fett unter Wenden leicht rösten.

2. Frühlingszwiebeln und Staudensellerie putzen, abspülen, abtropfen lassen und in etwa 1 cm breite Scheiben schneiden. Kartoffeln schälen, abspülen, abtropfen lassen und in Würfel schneiden.

3. Das Erdnussöl portionsweise in einem großen Topf erhitzen. Frühlingszwiebel-, Selleriescheiben und Kartoffelwürfel darin portionsweise unter Rühren andünsten. Das gedünstete Gemüse mit den gemahlenen Erdnusskernen bestreuen.

4. Passierte Tomaten und Brühe hinzugießen, unter Rühren kurz aufkochen lassen. Thymian und Bohnenkraut unterrühren. Die Suppe etwa 30 Minuten bei schwacher Hitze kochen lassen.

5. Die Kidneybohnen hinzugeben und etwa 5 Minuten miterhitzen. Die Suppe mit Salz, Pfeffer und Tabascosauce abschmecken.

6. In der Zwischenzeit die Petersilie abspülen und trocken tupfen. Die Blättchen von den Stängeln zupfen und klein schneiden.

7. Die Suppe mit der Petersilie bestreut servieren. Die restlichen Erdnusskerne dazureichen.

Tipp: Die Bohnensuppe lässt sich gut am Vortag bis einschließlich Punkt 5 zubereiten. Dann die Suppe abkühlen lassen und zugedeckt in den Kühlschrank stellen.

Rezeptvariante: Sehr lecker schmeckt der amerikanische Bohneneintopf auch, wenn Sie statt der Kartoffeln die gleiche Menge rotfleischige Süßkartoffeln verwenden. Diese wie im Rezept angegeben schälen, abspülen, abtropfen lassen und in Würfel schneiden. Die Garzeit ändert sich dadurch nicht.

Apfelmuskuchen mit Kirschen |

Schnell – einfach

12 Stücke

Pro Stück: E: 4 g, F: 15 g, Kh: 36 g,
kJ: 1251, kcal: 297, BE: 3,0

Zum Vorbereiten:

110 g getrocknete Kirschen

Für den All-in-Teig:

200 g Weizenmehl (Type 405)
2 gestr. TL Dr. Oetker Backin
50 g abgezogene, gem. Mandeln
1 Msp. gem. Zimt
130 g Voll-Rohrzucker
1 Pck. Dr. Oetker Vanillin-Zucker
100 ml Keim- oder Sonnenblumenöl
30 ml ungesüßter Mandeldrink (natur)
200 g Apfelmus

Für den Belag:

30 g vegane Margarine
20 g Voll-Rohrzucker
50 g gehobelte Mandeln

Zubereitungszeit: 30 Minuten, ohne Abkühlzeit
Backzeit: etwa 40 Minuten

1. Den Backofen vorheizen.
Ober-/Unterhitze: etwa 180 °C
Heißluft: etwa 160 °C

2. Zum Vorbereiten Kirschen im Blitzhacker grob hacken. 80 g davon für den Teig abwiegen. Restliche gehackte Kirschen für den Belag beiseitestellen.

3. Für den Teig Mehl mit Backpulver, Mandeln und Zimt in einer Rührschüssel mischen. Zucker, Vanillin-Zucker, Keim- oder Sonnenblumenöl, Mandeldrink und Apfelmus hinzugeben. Die Zutaten mit einem Mixer (Rührstäbe) zunächst kurz auf niedrigster, dann auf höchster Stufe in etwa 1 Minute zu einem glatten Teig verarbeiten. Die Kirschen unterrühren.

4. Den Teig in eine Springform (Ø 26 cm, Boden mit Backpapier belegt) geben und glatt streichen.

5. Für den Belag Margarine und Zucker in einem Topf unter Rühren erhitzen, bis die Margarine geschmolzen ist. Den Topf von der Kochstelle nehmen. Die Mandeln und die beiseitegestellten gehackten Kirschen unterheben. Die Belagmasse mit einem Teelöffel auf dem Teig verteilen und leicht verstreichen.

6. Die Form auf dem Rost auf mittlerer Einschubleiste in den vorgeheizten Backofen schieben. Den Kuchen **etwa 40 Minuten backen.**

7. Die Form auf einen Kuchenrost stellen. Den Kuchen etwa 10 Minuten in der Form abkühlen lassen. Dann den Springformrand vorsichtig lösen und entfernen. Den Kuchen erkalten lassen.

8. Zum Servieren den Kuchen auf eine Tortenplatte umsetzen, dabei das Backpapier entfernen.

Apfel-Tofu-Creme

Lecker aufs Brot

6–8 Portionen

Pro Portion: E: 5 g, F: 9 g, Kh: 3 g, kJ: 499, kcal: 119, BE: 0,3

2 EL	*Sonnenblumen- oder Kürbiskerne*
1 Bund	*Schnittlauch*
300 g	*Tofu (natur)*
150 g	*Sojacreme zum Kochen*
¼	*mittelgroßer säuerlicher Apfel (etwa 100 g)*
1–2 EL	*Zitronensaft*
	Salz, gem. Pfeffer
evtl. 1 Prise	*Currypulver*

Zubereitungszeit: 15 Minuten

1. Sonnenblumen- oder Kürbiskerne in einer Pfanne ohne Fett unter Wenden leicht anrösten, dann auf einen Teller geben.

2. Schnittlauch abspülen, trocken tupfen und in feine Röllchen schneiden. Tofu abtropfen lassen und fein pürieren oder sehr fein hacken.

3. Die Tofumasse mit der Sojacreme und den Schnittlauchröllchen verrühren.

4. Apfel schälen, entkernen und sehr fein würfeln. Apfelwürfel mit Zitronensaft vermischen und unter die Tofumischung rühren.

5. Die Creme mit Salz, Pfeffer und nach Belieben mit Curry würzig abschmecken.

6. Geröstete Kerne nach Belieben grob hacken und daraufstreuen.

7. Die Apfel-Tofu-Creme in ein verschließbares Gefäß füllen und in den Kühlschrank stellen.

Tipps: Die Apfel-Tofu-Creme schmeckt zum Beispiel zu veganem Sesam-Knäcke ganz wunderbar. Im Kühlschrank ist sie gut verschlossen 3–4 Tage haltbar.

Aprikosenkaltschale | Mit Alkohol

4 Portionen

Pro Portion: E: 2 g, F: 0 g, Kh: 54 g, kJ: 1288, kcal: 305, BE: 4,5

600 g	*Aprikosen*
375 ml	*veganer Weißwein*
375 ml	*veganer Aprikosennektar*
80 g	*Voll-Rohrzucker*
1 Pck.	*Dr. Oetker Vanillin-Zucker*
½ Stange	*Zimt*
30 g	*Sago*
etwas	*Zitronensaft*
2–3 Stängel	*Zitronenmelisse*
etwa 10	*Amarettini (ital. Mandelmakronen)*

Zubereitungszeit: 15 Minuten, ohne Quell- und Ziehzeit

1. Aprikosen entstielen, abspülen, kurze Zeit in kochendes Wasser legen und dann in kaltem Wasser abschrecken. Aprikosen enthäuten, halbieren, entsteinen und in Spalten schneiden.

2. Weißwein, Aprikosennektar, Rohrzucker, Vanillin-Zucker, Zimtstange und Sago in einem Topf zum Kochen bringen. Sago etwa 20 Minuten bei schwacher Hitze ausquellen lassen.

3. Aprikosenspalten hinzugeben und noch etwa 5 Minuten ziehen lassen.

4. Die Kaltschale mit Zitronensaft abschmecken und erkalten lassen. Die Zimtstange entfernen.

5. Zitronenmelisse abspülen, trocken tupfen und die Blättchen von den Stängeln zupfen. Blättchen in Streifen schneiden. Amarettini in einen kleinen Gefrierbeutel geben, den Beutel verschließen. Amarettini mit einer Teigrolle grob zerbröseln.

6. Die Aprikosenkaltschale in Tellern anrichten, mit Melissestreifen und Amarettinibröseln bestreut servieren.

Tipps: Die Kaltschale kann auch nur mit veganem naturtrübem Apfelsaft zubereitet werden. Sie können die Kaltschale auch mit 400 g abgetropften Aprikosenhälten (aus der Dose) zubereiten.

Asia-Pfanne mit Möhren und Keimlingen | Fruchtig – leicht

2 Portionen

Pro Portion: E: 12 g, F: 11 g, Kh: 74 g, kJ: 1978, kcal: 473, BE: 6,0

Zum Vorbereiten:

1 EL	*geschälte Sesamsamen*
75 g	*Zuckerschoten*
100 g	*frische Sojabohnenkeimlinge (ersatzweise aus dem Glas)*
1	*Möhre*
1	*kleine rote Paprikaschote*
1 EL	*Speiseöl, z. B. Sonnenblumenöl*
1 walnussgroßes Stück	*frischer Ingwer*
700 g	*abgetropfte Ananasstücke (natursüß, aus der Dose)*
4 EL	*Ananasflüssigkeit (aus der Dose)*
1 gestr. TL	*Speisestärke*
340 g	*abgetropfte Mini-Maiskolben (aus dem Glas)*
1 Msp.	*5-Gewürz-Pulver*
	Salz
	gem. Pfeffer

Zubereitungszeit: 25 Minuten

1. Zum Vorbereiten die Sesamsamen in einem Wok oder in einer großen Pfanne ohne Fett unter Wenden goldbraun rösten und anschließend auf einem Teller erkalten lassen.

2. Von den Zuckerschoten die Enden abschneiden, die Schoten evtl. abfädeln, abspülen und abtropfen lassen. Große Zuckerschoten halbieren.

3. Die Sojabohnenkeimlinge in ein Sieb geben, kurz abspülen und gut abtropfen lassen, evtl. trocken tupfen (Sojakeimlinge aus dem Glas gut abtropfen lassen).

4. Möhre putzen, schälen, abspülen und abtropfen lassen. Möhre längs halbieren und dann schräg in schmale Scheiben schneiden.

5. Paprikaschote halbieren, entstielen, entkernen und die weißen Scheidewände entfernen. Schotenhälften abspülen, abtropfen lassen und dann in grobe Stücke schneiden.

6. Öl in dem Wok oder in der Pfanne erhitzen. Zuckerschoten, Sojabohnenkeimlinge, Möhrenscheiben und Paprikastücke darin unter gelegentlichem Wenden bei starker Hitze 5–8 Minuten braten.

7. In der Zwischenzeit Ingwer schälen, auf einer Küchenreibe fein reiben oder fein hacken. Von den Ananasstücken 4 Esslöffel Flüssigkeit auffangen. Ingwer, Ananasflüssigkeit und Speisestärke verrühren.

8. Ananasstücke und Maiskölbchen mit dem Gemüse vermengen. Das Gemüse mit 5-Gewürz-Pulver, Salz und Pfeffer würzen. Angerührte Speisestärke hinzugeben, verrühren und alles bei starker Hitze unter Rühren kurz aufkochen lassen. Gemüse nochmals abschmecken, mit Sesam bestreut sofort servieren.

Beilage: Naturreis.

Tipp: Frischer Ingwer lässt sich auch gut durch eine Knoblauchpresse drücken.

Rezeptvariante: Für eine **Asia-Pfanne mit Chinakohl** (für 2 Portionen) statt der Sojabohnenkeimlinge und der Möhre ½ Chinakohl verwenden und die Menge der Ananasstücke und der Maiskolben halbieren. Von dem Chinakohl die äußeren welken Blätter entfernen, den Strunk herausschneiden. Chinakohl in Streifen schneiden, abspülen und gut abtropfen lassen. Die Asia-Pfanne weiter wie im Rezept beschrieben zubereiten.

Asiatischer Schichtsalat

Mit Alkohol – für die Party

10–12 Portionen

Pro Portion: E: 5 g, F: 8 g, Kh: 14 g, kJ: 642, kcal: 153, BE: 1,0

100 g Glasnudeln
1 kleiner Chinakohl (etwa 300 g)
1 Bio-Salatgurke
2 rote Pfefferschoten

Für die Marinade:

5 EL Reisweinessig
3 EL Limettensaft
6 EL vegane Sojasauce
2 TL vegane rote Currypaste
6 EL Sesamöl
Salz
gem. Pfeffer
2 EL Voll-Rohrzucker

150 g geraspelte Möhren
175 g abgetropfte Mungobohnenkeimlinge (aus der Dose)
250 g Tofu (natur)

Zubereitungszeit: 1 Stunde, ohne Abkühl- und Durchziehzeit

1. Die Glasnudeln nach Packungsanleitung garen. Anschließend in einem Sieb gut abtropfen und erkalten lassen.

2. Den Chinakohl putzen. Den Kohl vierteln und den Strunk herausschneiden. Die Kohlviertel in schmale Streifen schneiden, abspülen und sehr gut abtropfen lassen.

3. Die Salatgurke abspülen, abtrocknen und die Enden abschneiden. Gurke halbieren, entkernen und in dünne Scheiben schneiden.

4. Pfefferschoten abspülen, abtrocknen, halbieren und in kleine Würfel schneiden. Gurkenscheiben mit den Pfefferschotenwürfeln vermischen.

5. Für die Marinade Essig mit Limettensaft, Sojasauce und Currypaste verrühren. Danach das Sesamöl unterschlagen. Die Marinade mit Salz, Pfeffer und Zucker würzen.

6. Zwei Drittel der Chinakohlstreifen in 10–12 hohen Trinkgläsern verteilen. Die Möhrenraspel daraufgeben und mit insgesamt gut 2 Esslöffeln der Marinade beträufeln.

7. Die Gurken-Pfefferschoten-Mischung daraufgeben und diese wieder mit insgesamt etwa 3 Esslöffeln der Marinade beträufeln.

8. Zuerst die Mungobohnenkeimlinge, dann die Glasnudeln daraufgeben. Die restlichen Chinakohlstreifen darauf verteilen und mit der Hälfte der restlichen Marinade beträufeln.

9. Tofu zerbröseln, mit der restlichen Marinade verrühren und als Abschluss auf die Chinakohlstreifen geben.

10. Den Schichtsalat mit Frischhaltefolie zugedeckt in den Kühlschrank stellen und mindestens 5–6 Stunden durchziehen lassen.

Tipp: Sie können den Salat auch in eine große, hohe Glasschüssel (4–5 Liter Inhalt) schichten.

Auberginen mit eingelegten Limetten | Vom Grill – gut vorzubereiten

12 Portionen

Pro Portion: E: 4 g, F: 29 g, Kh: 8 g, kJ: 1296, kcal: 309, BE: 0,5

Für die eingelegten Limetten:

6–7 Bio-Limetten (unbehandelt, ungewachst)
1–1 ½ EL Meersalz
200 ml Olivenöl

6 Knoblauchzehen
200 ml Olivenöl
13 mittelgroße Auberginen (je etwa 300 g)
Salz
grob gem. bunter Pfeffer
2–3 Bund Schnittlauch

Zubereitungszeit: 1 Stunde, ohne Marinier- und Abkühlzeit
Grillzeit: etwa 4 Minuten

1. Für die eingelegten Limetten die Limetten heiß abwaschen, abtrocknen und in dünne Scheiben schneiden. Die Limettenscheiben mit Salz bestreuen und in ein Glas schichten. Die Limettenscheiben mit Olivenöl übergießen, sodass diese damit bedeckt sind. Das Glas verschließen und die Limettenscheiben mindestens 24 Stunden im Kühlschrank marinieren lassen.

2. Knoblauch abziehen und durch eine Knoblauchpresse drücken. Olivenöl mit Knoblauch verrühren.

3. Auberginen abspülen, abtrocknen und die Stängelansätze entfernen. Die Auberginen längs in Scheiben schneiden, mit Salz und Pfeffer bestreuen.

4. Auberginenscheiben in eine flache Schale legen und mit dem Knoblauchöl übergießen. Auberginenscheiben zudecken und ebenfalls in den Kühlschrank stellen.

5. Den Schnittlauch abspülen, trocken tupfen und in Röllchen schneiden.

6. Die Auberginenscheiben aus der Schale nehmen, trocken tupfen und auf den Grillrost (gefettet) des heißen Grills legen. Die Auberginenscheiben etwa 2 Minuten von jeder Seite grillen.

7. Die gegrillten Auberginenscheiben etwas abkühlen lassen, mit den eingelegten Limettenscheiben auf einer großen Platte anrichten und mit Schnittlauchröllchen bestreuen.

Beilage: Frisches veganes Stangenweißbrot oder Fladenbrot.

Tipp: Die Limettenscheiben können Sie auch schon 2–3 Tage vor dem Grillen in Olivenöl einlegen.

Auberginencreme | Gut vorzubereiten

8–10 Portionen

Pro Portion: E: 1 g, F: 2 g, Kh: 4 g, kJ: 173, kcal: 41, BE: 0,5

2 Auberginen (insgesamt etwa 560 g)
2 Knoblauchzehen
2 EL Zitronensaft
2 EL Olivenöl
2 EL Ahornsirup
1 gestr. TL Rauchsalz
1 gestr. TL gerebelter Thymian
gem. Pfeffer

Zubereitungszeit: 20 Minuten, ohne Abkühl- und Durchziehzeit
Garzeit: etwa 30 Minuten

1. Den Backofen vorheizen.
Ober-/Unterhitze: etwa 250 °C
Heißluft: etwa 220 °C

2. Auberginen abspülen, abtrocknen und rundherum mehrmals mit einer Gabel einstechen, auf ein Backblech (mit Alufolie belegt) legen.

3. Das Backblech in den vorgeheizten Backofen schieben. Auberginen **etwa 30 Minuten garen,** dabei 2–3-mal wenden. Die Auberginenschale wird dabei sehr dunkel und soll sich lösen.

4. Das Backblech auf einen Kuchenrost stellen. Die Auberginen erkalten lassen.

5. Von den Auberginen die Stängelansätze abschneiden. Schale abziehen. Das Fruchtfleisch grob würfeln und in einem Rührbecher pürieren. Knoblauch abziehen und durch eine Knoblauchpresse hinzudrücken.

6. Dann Zitronensaft, 1 ½ Esslöffel von dem Olivenöl, Ahornsirup, Rauchsalz, Thymian und Pfeffer unterrühren. Die Creme zugedeckt etwa 30 Minuten durchziehen lassen.

7. Die Auberginencreme zum Servieren durchrühren, nochmals abschmecken, in eine Schüssel geben und mit einem Löffel eine Vertiefung hineindrücken. Restliches Olivenöl hineingeben. Oder die Creme in einem verschließbaren Gefäß in den Kühlschrank stellen.

Tipps: Nach Belieben die Creme mit frischem Thymian garnieren. Sie ist im Kühlschrank etwa 3 Tage haltbar.

Auberginen-Nudel-Auflauf |

Mediterran

4 Portionen

Pro Portion: E: 19 g, F: 53 g, Kh: 74 g, kJ: 3662, kcal: 874, BE: 6,0

Zum Vorbereiten:

2–3 möglichst große Auberginen (etwa 1,6 kg)
3 l Wasser
3 gestr. TL Salz
300 g vegane Nudeln, z. B. Penne

Für die Marinade:

2 große Knoblauchzehen
1 großes Bund glatte Petersilie
½ Bund frischer Oregano (ersatzweise 1 TL gerebelter Oregano)
140 ml Olivenöl
½ Bio-Zitrone (unbehandelt, ungewachst)
¼ TL getrocknete Chiliflocken
gem. Pfeffer

200 g Pflanzencreme zum Kochen
Salz
400 g Cocktailtomaten
75 g abgetropfte Kapernäpfel (aus dem Glas)
etwas Olivenöl für die Form
50 g abgetropfte kleine schwarze Oliven, ohne Stein

Zum Bestreuen:

50 g veganes Weizenbrot (vom Vortag)
25 g Pinienkerne

Zubereitungszeit: 30 Minuten
Garzeit: etwa 40 Minuten

1. Zum Vorbereiten Auberginen abspülen, abtrocknen und die Stängelansätze entfernen. Auberginen längs in etwa ½ cm dicke Scheiben schneiden. Die Scheiben nacheinander in einer Pfanne ohne Fett jeweils von beiden Seiten leicht anrösten, herausnehmen und nebeneinander auf eine Platte legen.

2. Wasser in einem großen Topf zugedeckt zum Kochen bringen. Dann Salz und Nudeln zugeben. Die Nudeln im geöffneten Topf bei mittlerer Hitze nach Packungsanleitung knapp bissfest kochen, dabei gelegentlich umrühren. Anschließend die Nudeln in ein Sieb geben, mit heißem Wasser abspülen und abtropfen lassen.

3. In der Zwischenzeit für die Marinade Knoblauch abziehen und durch eine Knoblauchpresse drücken. Petersilie und Oregano abspülen, trocken tupfen und die Blättchen von den Stängeln zupfen. Blättchen klein schneiden. 100 ml von dem Olivenöl mit den Kräutern und dem Knoblauch verrühren.

4. Die Zitrone heiß abwaschen, abtrocknen und die Schale fein abreiben. Von der Zitronenhälfte den Saft auspressen, mit der Zitronenschale unter die Kräuter-Marinade rühren. Marinade mit Chili und etwas Pfeffer verrühren, dann gleichmäßig auf den Auberginenscheiben verteilen.

5. Die Nudeln mit der Pflanzencreme mischen, mit etwas Salz und Pfeffer würzen und kurz ziehen lassen, bis die Nudeln die Creme etwas aufgesogen haben.

6. Inzwischen den Backofen vorheizen.
Ober-/Unterhitze: etwa 200 °C
Heißluft: etwa 180 °C

7. Tomaten abspülen, abtrocknen und evtl. die Stängelansätze herausschneiden. Tomaten in feine Scheiben schneiden. Von den Kapernäpfel die Stängelansätze entfernen. Die Kapernäpfel halbieren.

8. Die Hälfte der Auberginenscheiben in einer Auflaufform (mit Olivenöl gefettet) gleichmäßig verteilen, mit Salz und Pfeffer würzen. Nudeln, die Hälfte der Tomaten, Oliven und Kapernäpfel mischen, ebenfalls mit Salz und Pfeffer würzen und auf den Auberginenscheiben verteilen. Die restlichen Auberginenscheiben mit der marinierten Seite nach oben darauflegen, mit Salz und Pfeffer würzen. Restliche Tomatenscheiben gleichmäßig darauflegen.

9. Das Weizenbrot grob reiben und mit den Pinienkernen sorgfältig vermischen. Die Brot-Pinienkern-Mischung gleichmäßig auf dem Auberginen-Nudel-Auflauf verteilen und mit dem restlichen Olivenöl beträufeln.

10. Die Auflaufform zugedeckt auf dem Rost in den vorgeheizten Backofen schieben. Den Auflauf **etwa 30 Minuten garen.** Dann den Auflauf nicht mehr zugedeckt **in weiteren etwa 10 Minuten knusprig garen.**

Aufstriche, feine I

Gut vorzubereiten

je 3–4 Portionen

Artischockencreme (im Foto hinten)

Pro Portion: E: 3 g, F: 14 g, Kh: 4 g, kJ: 652, kcal: 154, BE: 0,5

120 g abgetropfte Artischockenherzen (in Öl)
15 g abgetropfte getrocknete Tomaten (in Öl)
15 g abgetropfte schwarze Oliven, ohne Stein
1/2 EL abgetropfte Kapern (aus dem Glas)
1 EL geröstete Pinienkerne
35 g vegane Mayonnaise
35 g Sojajoghurt (natur)
1 kleine Knoblauchzehe
2 Stängel Basilikum
Salz
gem. Pfeffer
etwas Voll-Rohrzucker

Zubereitungszeit: 25 Minuten, ohne Durchziehzeit

1. Artischocken, Tomaten, Oliven, Kapern und Pinienkerne fein hacken und in einer Schüssel vermischen. 1 Esslöffel davon beiseitelegen.

2. Mayonnaise mit Joghurt glatt rühren. Knoblauch abziehen und durch eine Knoblauchpresse hinzudrücken.

3. Basilikum abspülen, trocken tupfen und von den Stängeln zupfen. Blättchen fein schneiden.

4. Basilikumblättchen und Gemüsemischung unter den Mayonnaise-Joghurt rühren, mit Salz, Pfeffer und Zucker würzen, zugedeckt etwa 30 Minuten in den Kühlschrank stellen.

5. Zum Servieren Artischockencreme nochmals umrühren und mit den Gewürzen abschmecken. Beiseitegelegte Gemüsemischung daraufgeben.

Avocado-Limetten-Creme (im Foto vorn)

Pro Portion: E: 2 g, F: 7 g, Kh: 1 g, kJ: 326, kcal: 78, BE: 0,0

1/2 reife Avocado (etwa 135 g)
100 g abgetropfter Seidentofu
5 große Blätter Zitronenverbene
1/2 Bio-Limette (unbehandelt, ungewachst)
Salz, gem. Pfeffer

Zubereitungszeit: 15 Minuten

1. Avocado entsteinen. Fruchtfleisch aus der Schale lösen, in einem Rührbecher etwas zerkleinern. Tofu klein schneiden und hinzugeben. Die Kräuterblätter abspülen, trocken tupfen, in Streifen schneiden und in den Rührbecher geben. Die Zutaten fein pürieren. Etwa 1/2 Teelöffel Limettenschale fein abreiben, mit der Avocadocreme gut verrühren, mit Salz und Pfeffer abschmecken.

Tipp: Tofu ist „Quark" aus Sojamilch und für Vegetarier und Veganer eine hervorragende Eiweißquelle. Aufgrund seines neutralen Geschmacks kann er für süße und pikante Gerichte verwendet werden. Der weiche Seidentofu eignet sich gut für cremige Speisen.

Avocado-Salsa | Schnell

4 Portionen

Pro Portion: E: 2 g, F: 27 g, Kh: 4 g, kJ: 1208, kcal: 288, BE: 0,5

2 feste reife Avocados
1 Tomate (geviertelt, entkernt und fein gewürfelt)
Saft von
2 Limetten
1 kleine rote Zwiebel (in feine Würfel geschnitten)
1 rote Chilischote (halbiert, entkernt und fein gewürfelt)
1 kleines Bund Schnittlauch (in Röllchen geschnitten)
2 EL Olivenöl
Salz
etwas Agavendicksaft

Zubereitungszeit: 15 Minuten

1. Die Avocados halbieren und jeweils den Stein entfernen. Das Fruchtfleisch mit einem Löffel aus den Schalen heben.

2. Das Fruchtfleisch in bohnengroße Würfel schneiden und sofort mit Tomatenwürfeln, Limettensaft, Zwiebel-, Chilischotenwürfeln, Schnittlauchröllchen und Olivenöl mischen.

3. Avocado-Salsa mit Salz und etwas Agavendicksaft abschmecken.

Tipp: Sind die Avocadoschalen beim Auslösen noch heil geblieben, kann die Salsa direkt darin serviert werden.

Warenkunde: Die Avocado enthält beachtliche Mengen an hochwertigen Pflanzenfetten, ihr Fruchtfleisch ist weich und cremig.

Bandnudeln mit Oliven und Kapern | Pikant

4 Portionen

Pro Portion: E: 19 g, F: 30 g, Kh: 54 g, kJ: 2418, kcal: 575, BE: 4,0

Zum Vorbereiten:

4 EL Pinienkerne
1 Zwiebel
2 Knoblauchzehen
1–2 getrocknete Peperoni

Für die Tomatensauce:

4 EL Olivenöl
2 große Tomaten (etwa 300 g)
500 g passierte Tomaten (aus dem Tetrapack)
Salz
1 Prise Zucker

5 l Wasser
5 gestr. TL Salz
500 g vegane Bandnudeln

Außerdem:

200 g abgetropfte gemischte Oliven, ohne Stein
1 Bund glatte Petersilie
35 g abgetropfte Kapern (aus dem Glas)

Zubereitungszeit: 45 Minuten

1. Zum Vorbereiten die Pinienkerne in einer Pfanne ohne Fett unter Wenden goldbraun rösten und anschließend auf einen Teller geben.

2. Zwiebel und Knoblauch abziehen, beides fein würfeln. Peperoni mit einem Messer zerdrücken.

3. Für die Sauce das Olivenöl in einem Topf erhitzen. Zwiebel- und Knoblauchwürfel mit Peperoni hinzugeben und in dem Öl andünsten.

4. Die Tomaten abspülen, abtrocknen, halbieren und die Stängelansätze herausschneiden. Tomatenhälften in grobe Würfel schneiden, in den Topf geben und mit andünsten. Anschließend die passierten Tomaten hinzugeben, aufkochen, mit Salz und Zucker würzen. Die Tomatensauce etwa 10 Minuten bei schwacher Hitze kochen lassen, dabei gelegentlich umrühren.

5. Inzwischen Wasser in einem großen Topf zugedeckt zum Kochen bringen. Dann Salz und Nudeln zugeben. Die Nudeln im geöffneten Topf bei mittlerer Hitze nach Packungsanleitung bissfest kochen, dabei gelegentlich umrühren. Anschließend die Nudeln in ein Sieb geben, mit heißem Wasser abspülen und abtropfen lassen.

6. Die Oliven nach Belieben halbieren. Die Petersilie abspülen, trocken tupfen und die Blättchen von den Stängeln zupfen. Blättchen grob hacken. Die Oliven und die Kapern in die Sauce geben. Die Sauce nochmals mit Salz abschmecken.

7. Die Sauce auf die Nudeln geben, mit Petersilie und Pinienkernen bestreuen.

Bohnen-„Frikadellen“ | Kleine Mahlzeit

4 Portionen

Pro Portion: E: 9 g, F: 12 g, Kh: 28 g, kJ: 1071, kcal: 255, BE: 2,0

Für die „Frikadellen“:

2 große Zwiebeln (150 g)
1 Knoblauchzehe
150 g rosé Champignons
1 EL Sojaöl
3 Scheiben veganer Vollkorn-Toast (85 g)
240 g abgetropfte weiße Bohnenkerne (aus der Dose)
25 g Ei-Ersatzpulver, z. B. von 3 Pauly
90 ml Wasser
2 TL Hefeflocken
1 gestr. TL vegane gekörnte Hefebrühe
gem. Pfeffer
evtl. Salz

2 EL Olivenöl zum Braten

Außerdem:

je ½ Bund Rosmarin, Basilikum und glatte Petersilie
600 g Tomaten
1 Prise Voll-Rohrzucker

Zubereitungszeit: 25 Minuten
Bratzeit: etwa 12 Minuten

1. Für die „Frikadellen“ Zwiebeln und Knoblauch abziehen und grob würfeln. Champignons putzen, evtl. kurz abspülen und trocken tupfen. Champignons fein würfeln. Sojaöl in einer Pfanne erhitzen. Zwiebeln und Knoblauch darin goldbraun braten, Pilze zugeben und unter Wenden bei mittlerer Hitze braten, bis die Flüssigkeit verdampft ist. Die Pilz-Zwiebel-Mischung auf einen Teller geben.

2. Toast zerkrümeln. Bohnen in einem Sieb abspülen und abtropfen lassen. Ei-Ersatzpulver mit dem Wasser verschlagen. Bohnenkerne, Hefeflocken und Brühe in einen hohen Rührbecher geben. Die etwas abgekühlte Pilz-Zwiebel-Mischung und die Toastkrümel hinzugeben. Die Zutaten mit einem Pürierstab kurz pürieren. Ei-Ersatz gründlich unterrühren, alles mit Pfeffer und evtl. noch etwas Salz kräftig würzen.

3. Von dem Olivenöl 1 Esslöffel in einer Pfanne erhitzen. Von der Bohnenmasse mithilfe eines Esslöffels kleine „Frikadellen“ in das heiße Öl setzen und etwas flach drücken. Die „Frikadellen“ bei mittlerer bis schwacher Hitze braten, bis sich ein knuspriger Rand an der Unterseite bildet. Dann die „Frikadellen“ vorsichtig wenden und von der anderen Seite ebenfalls braun braten. Die fertig gebratenen „Frikadellen“ zugedeckt auf einem Teller kurz warm halten.

4. Kräuter abspülen, trocken tupfen und Nadeln bzw. Blättchen von den Stängeln zupfen. Rosmarin hacken. Basilikum und Petersilie grob schneiden. Tomaten abspülen, abtrocknen, halbieren und die Stängelansätze entfernen. Tomaten in grobe Stücke schneiden.

5. Das restliche Olivenöl im Bratfett der „Frikadellen“ erhitzen. Rosmarin darin anbraten. Tomaten zugeben, mit Salz, Pfeffer und Zucker würzen, bei starker Hitze kurz durchschwenken. Die Tomaten mit den frischen Kräutern bestreuen.

6. Die „Frikadellen“ mit den Tomaten servieren.

Beilage: Vollkornreis.

Bohnenvariation in roter Sauce I

Gelingt leicht – gut vorzubereiten

12 Portionen

Pro Portion: E: 15 g, F: 18 g, Kh: 32 g, kJ: 1573, kcal: 375, BE: 2,5

1 kg breite grüne Bohnen
1 kg Prinzessbohnen
Salz
825 g Roma-Tomaten
3 Chilischoten
750 g abgespülte abgetropfte weiße Bohnenkerne (aus Dosen)
750 g abgespülte abgetropfte rote Bohnenkerne (aus Dosen)
1,2 kg stückige Tomaten (aus Dosen)

Für das Dressing:

140–150 ml Weinessig
etwa 200 ml Olivenöl
gem. Pfeffer
½ TL Voll-Rohrzucker

Zubereitungszeit: 50 Minuten

1. Von den breiten grünen Bohnen und den Prinzessbohnen die Enden abschneiden. Die Bohnen evtl. abfädeln, abspülen, abtropfen lassen und in 5 cm lange Stücke schneiden.

2. Salzwasser in einem großen Topf zugedeckt zum Kochen bringen und die Bohnenstücke portionsweise darin je etwa 8 Minuten garen. Die Bohnenstücke jeweils mit einer Schaumkelle in ein Sieb geben, mit kaltem Wasser abschrecken und anschließend gut abtropfen lassen.

3. Inzwischen die Tomaten abspülen, abtrocknen, halbieren und die Stängelansätze herausschneiden. Die Tomaten in Stücke schneiden. Die Chilischoten längs halbieren, entstielen, entkernen, abspülen, trocken tupfen und in dünne Streifen schneiden.

4. Alle Bohnensorten in eine große Schüssel geben. Tomaten, stückige Tomaten und Chilistreifen untermischen. Für das Dressing Essig mit Olivenöl verschlagen, mit Salz, Pfeffer und Zucker würzen. Dressing mit den Salatzutaten vermischen.

5. Den Salat nochmals mit Salz, Pfeffer und etwas Zucker abschmecken.

Tipps: Zusätzlich kann der Salat mit roten Zwiebelringen angereichert werden. Sie können die grünen Bohnen und die Prinzessbohnen wie beschrieben bis einschließlich Punkt 2 am Vortag vorbereiten. Erkaltete Bohnenstücke zugedeckt kalt stellen. Etwa 3 Stunden vor dem Servieren die restlichen Salatzutaten vorbereiten, mit den Bohnenstücken und dem Dressing vermischen.

Breakfast-Drinks | Muntermacher

je 1 Portion

Pro Portion:
E: 3 g, F: 1 g, Kh: 37 g, kJ: 749, kcal: 179, BE: 3,0 (Orangen-Bananen-Saft);
E: 3 g, F: 5 g, Kh: 24 g, kJ: 671, kcal: 160, BE: 2,0 (Erdbeer-Mandel-Smoothie);
E: 9 g, F: 3 g, Kh: 14 g, kJ: 513, kcal: 122, BE: 1,0 (Petersilien-Soja-Smoothie)

Für den Orangen-Bananen-Saft mit Kiwi:
(im Foto hinten)

1 kleine Banane (etwa 100 g Fruchtfleisch)
1 Kiwi (etwa 50 g)
150 ml frisch gepresster Orangensaft
evtl. 1–2 Eiswürfel

Für den Erdbeer-Mandel-Smoothie:
(im Foto links)

150 g frische Erdbeeren
200 ml kalter ungesüßter Mandeldrink (natur)
1 gestr. TL Voll-Rohrzucker
1 EL Zitronensaft
etwas gem. Zimt

Für den Petersilien-Soja-Smoothie:
(im Foto vorne)

½ Bund Petersilie
200 g Salatgurke
200 ml kalter ungesüßter Sojadrink (natur)
2 TL Hafer-Schmelzflocken
Salz
gem. Pfeffer
etwas Kreuzkümmel (Cumin)

Zubereitungszeit: 5 Minuten je Drink

1. Für den **Orangen-Bananen-Saft** Banane und Kiwi schälen, beides in Stücke schneiden. Bananen- und Kiwistücke mit dem Orangensaft in einem Rührbecher so lange pürieren, bis ein farblich einheitlicher Drink entsteht. Nach Belieben die Eiswürfel in ein Glas geben und mit dem Drink auffüllen.

2. Für den **Erdbeer-Mandel-Smoothie** die Erdbeeren putzen, abspülen, gut abtropfen lassen und entstielen. Den Mandeldrink mit Zucker, Zitronensaft, etwas Zimt und den Erdbeeren in einen Rührbecher geben und alles kurz pürieren. Erdbeer-Mandel-Smoothie in ein Glas gießen.

3. Für den **Petersilien-Soja-Smoothie** die Petersilie abspülen und trocken tupfen. Die Blättchen von den Stängeln zupfen.

4. Die Gurke abspülen, abtrocknen und nach Belieben schälen. Von der Salatgurke das Ende abschneiden, Gurke in Scheiben schneiden.

5. Sojadrink mit Schmelzflocken, Salz, Pfeffer, Kreuzkümmel, Petersilie und Gurkenscheiben in einen Rührbecher geben und alles kurz pürieren. Smoothie in ein Glas füllen.

Brokkoli-Mandel-Tarte | Für Gäste

10 Stücke

Pro Stück: E: 9 g, F: 21 g, Kh: 12 g, kJ: 1156, kcal: 276, BE: 1,0

Für den Knetteig:

100 g Weizenmehl (Type 550)
100 g abgezogene, gem. Mandeln
1 EL Melasse-Würz-Hefeflocken
1/2 TL Salz
100 g feste vegane Margarine
2–3 EL Wasser

Für die Füllung:

500 g Brokkoli (etwa 250 g Brokkoliröschen)
1 kleine Zwiebel
3 EL Olivenöl
400 g Seidentofu
150 ml ungesüßter Mandeldrink (natur)
1 EL Melasse-Würz-Hefeflocken
1/2 TL Salz
gem. Pfeffer
ger. Muskatnuss
50 g gehobelte Mandeln

etwas vegane Margarine für die Form

Zubereitungszeit: 50 Minuten, ohne Kühlzeit
Backzeit: 40–45 Minuten

1. Für den Teig Mehl mit Mandeln, Würz-Hefeflocken und Salz in einer Rührschüssel mischen. Margarine in kleinen Flocken hinzufügen. Die Zutaten mit einem Mixer (Knethaken) zunächst kurz auf niedrigster, dann auf mittlerer Stufe gut durcharbeiten und dabei zum Schluss das Wasser hinzufügen. Anschließend auf einer leicht bemehlten Arbeitsfläche kurz zu einem Teig verkneten. Den Teig in Frischhaltefolie gewickelt etwa 1 Stunde in den Kühlschrank legen.

2. Für die Füllung vom Brokkoli kleine Röschen vom Strunk schneiden. Strunk schälen und etwa 100 g davon fein würfeln. Zwiebel abziehen und fein würfeln. Das Öl in einer Pfanne erhitzen. Zwiebel- und Brokkolistrunkwürfel darin andünsten.

3. Den Backofen vorheizen.
Ober-/Unterhitze: etwa 180 °C
Heißluft: etwa 160 °C

4. Den Teig auf der leicht bemehlten Arbeitsfläche zu einer runden Platte (Ø etwa 30 cm) ausrollen und in eine Tarteform (Ø 28 cm, gefettet) legen, dabei einen kleinen Rand andrücken.

5. Seidentofu in Stücke zupfen, mit Mandeldrink und Würz-Hefeflocken pürieren. Die Tofumasse mit Salz, Pfeffer und Muskatnuss würzen.

6. Brokkoliröschen, Mandeln und Zwiebelmischung unter die Tofumasse rühren. Die Füllung gleichmäßig auf dem Teig verteilen. Die Form auf dem Rost auf mittlerer Einschubleiste in den vorgeheizten Backofen schieben. Brokkolitarte **40–45 Minuten backen.**

7. Die Tarte in der Form auf einem Kuchenrost etwas abkühlen lassen und servieren oder erkalten lassen und dann servieren.

Tipp: Wenn Sie eine Tarteform mit herausnehmbaren Boden verwenden, lässt sich die Tarte nach der Abkühlzeit gut aus der Form lösen. Haben Sie keine entsprechende Form und möchten die Tarte nicht in der Form servieren, legen Sie die Form mit Backpapier aus, das über den Tarterand hinausragt. So können Sie die gebackene Tarte leicht aus der Form heben.

Brotsalat mit roten Zwiebeln |

Mediterran

4 Portionen

Pro Portion: E: 6 g, F: 18 g, Kh: 23 g, kJ: 1140, kcal: 272, BE: 2,0

Für die Brotwürfel:

150 g veganes Fladenbrot
1–2 Knoblauchzehen
2 EL Olivenöl

1–2 EL Kürbiskerne
125 g Cocktailtomaten
1 rote Zwiebel
1/2 rote Paprikaschote
1/2 Bio-Salatgurke (etwa 200 g)
1/2 Bund glatte Petersilie
7 Kräuteroliven, ohne Stein
Salz
gem. Pfeffer
3–4 EL Zitronensaft
3 EL Olivenöl

Zubereitungszeit: 40 Minuten, ohne Abkühlzeit

1. Für die Brotwürfel das Fladenbrot in etwa 1 cm große Würfel schneiden. Knoblauch abziehen und fein würfeln. Das Olivenöl in einer Pfanne erhitzen. Die Brotwürfel darin bei mittlerer Hitze anrösten, dabei ab und zu umrühren. Knoblauch hinzufügen und kurz mitbraten. Die Brotwürfel aus der Pfanne nehmen und auf einem Teller erkalten lassen.

2. In der Zwischenzeit die Kürbiskerne in der Pfanne ohne Fett unter gelegentlichem Wenden anrösten. Dann die Kürbiskerne auf einen Teller geben und erkalten lassen.

3. Die Cocktailtomaten abspülen, abtrocknen, halbieren und die Stängelansätze entfernen. Zwiebel abziehen, halbieren und in dünne Streifen schneiden.

4. Die Paprikaschote entstielen, entkernen und die weißen Scheidewände entfernen. Die Schote abspülen, abtropfen lassen und in kleine Stücke schneiden.

5. Die Gurke abspülen, abtrocknen und das Ende abschneiden. Die Gurke evtl. schälen. Die Gurke längs vierteln und in kleine Stücke schneiden.

6. Petersilie abspülen, trocken tupfen und die Blättchen von den Stängeln zupfen. Die Blättchen fein schneiden.

7. Tomatenhälften, Zwiebelstücke, Paprikawürfel und Gurkenstücke in einer großen Schüssel mit Petersilie, Oliven und Kürbiskernen mischen. Den Salat mit Salz, Pfeffer und Zitronensaft würzen, mit dem Olivenöl beträufeln. Die Brotwürfel unterheben und den Salat sofort servieren.

Tipp: Die Brotwürfel erst kurz vor dem Verzehr mit den restlichen Salatzutaten mischen, damit sie nicht durchweichen.

Buchweizen-Gemüse-Auflauf

Wunderbar aromatisch

4 Portionen

Pro Portion: E: 20 g, F: 19 g, Kh: 59 g, kJ: 2123, kcal: 508, BE: 5,0

1–2 Stängel Rosmarin
4 Wacholderbeeren
1 Zwiebel (etwa 120 g)
2 Knoblauchzehen
1 Steckrübe (etwa 800 g)
3 EL Olivenöl
250 g Buchweizen
600 ml vegane Gemüsebrühe
1 Stange Porree (Lauch, etwa 300 g)
Salz, gem. Pfeffer
ger. Muskatnuss
175 g Räuchertofu
100 ml Pflanzencreme zum Kochen, z. B. aus Hafer-, Dinkel- oder Soja

Zubereitungszeit: 45 Minuten
Garzeit: etwa 25 Minuten

1. Rosmarin abspülen und trocken tupfen. Die Nadeln von den Stängeln zupfen. Wacholderbeeren im Mörser leicht zerdrücken. Zwiebel und Knoblauch abziehen. Zwiebel in kleine Würfel schneiden, Knoblauch und Rosmarin klein hacken. Die Steckrübe schälen, abspülen, abtropfen lassen und in etwa 1 ½ cm große Würfel schneiden.

2. Das Olivenöl in einem Topf erhitzen. Zwiebelwürfel, Knoblauch, Rosmarin und Wacholderbeeren darin andünsten. Dann Buchweizen und Steckrübenwürfel hinzugeben und mitdünsten lassen. Alles mit Gemüsebrühe ablöschen, zum Kochen bringen und zugedeckt etwa 10 Minuten bei mittlerer Hitze kochen lassen.

3. In der Zwischenzeit den Backofen vorheizen.
Ober-/Unterhitze: etwa 180 °C
Heißluft: etwa 160 °C

4. Den Porree putzen, die Stange längs halbieren, gründlich waschen, abtropfen lassen und in etwa 2 cm breite Streifen schneiden. Porreestreifen zu den Steckrübenwürfeln in den Topf geben und nochmals kurz aufkochen lassen, mit Salz, Pfeffer und Muskat würzen.

5. Die Buchweizen-Gemüse-Masse in eine flache Auflaufform (etwa 2 ½ Liter Inhalt) geben. Tofu in etwa 3 mm dicke Streifen schneiden und darauf verteilen. Den Auflauf mit der Kochcreme beträufeln. Die Form auf dem Rost in den vorgeheizten Backofen schieben. Den Auflauf **etwa 25 Minuten garen.**

Bulgur-Gemüse-Pfanne I

Schnell – einfach

2 Portionen

Pro Portion: E: 10 g, F: 17 g, Kh: 55 g, kJ: 1743, kcal: 416, BE: 3,5

1	*kleine Zwiebel*
1	*Knoblauchzehe*
1 EL	*Olivenöl*
125 g	*Bulgur*
etwa 1 gestr. TL	*gem. Kreuzkümmel (Cumin)*
300 ml	*vegane Gemüsebrühe*
3	*Tomaten (etwa 300 g)*
½ Bund	*Frühlingszwiebeln*
1	*mittelgroße Zucchini*
2 EL	*Olivenöl*
	Salz, gem. Pfeffer
1–2 TL	*Zitronensaft*

Zubereitungszeit: 20 Minuten
Garzeit: etwa 20 Minuten

1. Zwiebel und Knoblauch abziehen und in kleine Würfel schneiden.

2. Das Olivenöl in einem Topf erhitzen. Die Zwiebel- und Knoblauchwürfel darin unter gelegentlichem Rühren bei mittlerer Hitze etwa 2 Minuten andünsten.

3. Bulgur und Kreuzkümmel hinzugeben und unter gelegentlichem Rühren 1–2 Minuten kurz mit andünsten. Die Gemüsebrühe hinzugießen. Die Zutaten einmal aufkochen lassen, dann zugedeckt bei schwacher Hitze in etwa 10 Minuten (Packungsanleitung beachten) ausquellen lassen, dabei 2–3-mal umrühren.

4. In der Zwischenzeit die Tomaten kreuzweise einschneiden und mit kochendem Wasser übergießen. Nach 1–2 Minuten herausnehmen und mit kaltem Wasser abschrecken. Die Tomaten enthäuten, vierteln, entkernen und die Stängelansätze herausschneiden. Die Tomatenviertel halbieren.

5. Frühlingszwiebeln putzen, abspülen, abtropfen lassen und in feine Scheiben schneiden. Zucchini abspülen, abtrocknen und die Enden abschneiden. Zucchini evtl. längs halbieren, dann quer in Scheiben schneiden.

6. Das Olivenöl in einer großen Pfanne erhitzen. Die Zucchini- und Frühlingszwiebelscheiben darin bei mittlerer bis starker Hitze in 3–4 Minuten leicht anbraten, dabei gelegentlich umrühren.

7. Den gequollenen Bulgur mit den Tomatenstücken in die Pfanne geben, unterrühren und etwa 2 Minuten bei schwacher Hitze darin erwärmen, dabei gelegentlich umrühren. Die Bulgur-Gemüse-Pfanne mit Salz, Pfeffer, Kreuzkümmel und Zitronensaft abschmecken.

Beilage: Servieren Sie dazu einen **Petersilien-Sojajoghurt-Dip:** Dafür 150 g Sojajoghurt (natur) mit 1 gehäuften Teelöffel geschnittener Petersilie (frisch oder TK) und etwas gemahlenem Kreuzkümmel (Cumin) verrühren. Den Dip nach Belieben mit etwas Salz und Pfeffer abschmecken.

Bulgursalat | Leichtes Sommeressen

4 Portionen

Pro Portion: E: 8 g, F: 19 g, Kh: 47 g, kJ: 1634, kcal: 390, BE: 3,0

200 g grober Bulgur
400 ml vegane Gemüsebrühe
1 Bio-Salatgurke
2 Fleischtomaten
1 gelbe Paprikaschote
1 Bund Frühlingszwiebeln
1 Bund glatte Petersilie
4 Stängel Minze

Für die Salatsauce:
4 EL Zitronensaft
Salz, gem. Pfeffer
etwas Voll-Rohrzucker
gem. Kreuzkümmel (Cumin)
6–8 EL Olivenöl

Zubereitungszeit: 30 Minuten, ohne Durchziehzeit

1. Bulgur in einem heißen Topf ohne Fett unter Rühren etwa 1 Minute anrösten. Dann die Brühe hinzugießen, alles aufkochen und bei schwacher Hitze zugedeckt in etwa 15 Minuten ausquellen lassen. Bulgur abkühlen lassen, dabei ab und zu durchrühren.

2. In der Zwischenzeit die Gurke abspülen, abtrocknen, die Enden abschneiden und die Gurke in kleine Würfel schneiden. Die Tomaten abspülen, abtrocknen, halbieren und die Stängelansätze herausschneiden. Tomaten in kleine Würfel schneiden.

3. Die Paprikaschote halbieren, entstielen, entkernen und die weißen Scheidewände entfernen. Die Schotenhälften abspülen, abtropfen lassen und in kleine Stücke schneiden. Frühlingszwiebeln putzen, abspülen, abtropfen lassen und in feine Scheiben schneiden.

4. Petersilie und Minze abspülen, trocken tupfen und die Blättchen von den Stängeln zupfen. Blättchen fein schneiden.

5. Für die Sauce Zitronensaft mit Salz, Pfeffer, Zucker und Kreuzkümmel verrühren, das Olivenöl unterschlagen. Die vorbereiteten Zutaten mit der Sauce vermischen. Den Salat etwa 1 Stunde durchziehen lassen.

Tipp: Bulgur gibt es auch als Instant-Produkt. Dann den Bulgur nach Packungsanleitung zubereiten.

Bunte Bohnensuppe | Einfach

6 Portionen

Pro Portion: E: 15 g, F: 11 g, Kh: 31 g, kJ: 1291, kcal: 308, BE: 2,5

2 gelbe Paprikaschoten (etwa 400 g)
1 Möhre (etwa 120 g)
2 Knoblauchzehen
4 Stängel Thymian
3 EL Olivenöl
600 ml vegane Gemüsebrühe
500 g abgetropfte abgespülte Kidneybohnen (aus Dosen)
Salz
gem. Pfeffer
200 g Sojacreme zum Kochen
250 g abgetropfte abgespülte weiße Bohnen (aus der Dose)
250 g abgetropfte abgespülte grüne Bohnenkerne (Flageolets, aus der Dose)

Zubereitungszeit: 35 Minuten

1. Paprikaschoten halbieren, entstielen, entkernen und die weißen Scheidewände entfernen. Schoten abspülen, abtropfen lassen und in kleine Würfel schneiden. Die Möhre putzen, schälen, abspülen, abtropfen lassen und in Würfel schneiden.

2. Knoblauch abziehen und fein hacken. Thymian abspülen, trocken tupfen und in kleine Zweige teilen.

3. Das Olivenöl in einem Topf erhitzen. Knoblauch, Möhren- und Paprikawürfel darin andünsten. Die Gemüsebrühe hinzugießen, zum Kochen bringen und zugedeckt etwa 5 Minuten kochen lassen.

4. Kidneybohnen mit Thymian in die Brühe geben.

5. Die Suppe mit Salz und Pfeffer würzen, wieder zum Kochen bringen und etwa 10 Minuten unter gelegentlichem Rühren garen.

6. Sojacreme, weiße Bohnen und grüne Bohnenkerne hinzugeben und wieder zum Kochen bringen. Die Bohnensuppe weitere etwa 10 Minuten bei schwacher Hitze kochen lassen und nochmals mit den Gewürzen abschmecken.

Bunte Paprikaspieße

Serviert mit Couscousgemüse

4 Portionen

Pro Portion: E: 7 g, F: 11 g, Kh: 36 g, kJ: 1131, kcal: 270, BE: 2,5

Für die Paprikaspieße:

4 Paprikaschoten (rot, gelb und grün gemischt)
2 rote Zwiebeln

Für das Couscousgemüse:

120 g Instant-Couscous
2 Tomaten
4 Frühlingszwiebeln
4 Stängel Minze
1 Bio-Limette (unbehandelt, ungewachst)
Salz
gem. Pfeffer
5 EL Olivenöl

4 Stängel Koriander

Außerdem:

8 Holzspieße

Zubereitungszeit: 25 Minuten
Garzeit: etwa 15 Minuten

1. Für die Spieße die Paprikaschoten halbieren, entstielen, entkernen und die weißen Scheidewände entfernen. Die Schotenhälften abspülen, abtropfen lassen und in gleich große Stücke schneiden. Zwiebeln abziehen, vierteln und etwa in Größe der Paprikastücke schneiden. Die Paprika- und Zwiebelstücke abwechselnd auf 8 Holzspieße stecken.

2. Den Backofen vorheizen.
Ober-/Unterhitze: etwa 180 °C
Heißluft: etwa 160 °C

3. Für das Couscousgemüse Couscous mit Wasser nach Packungsanleitung zubereiten. Tomaten abspülen, abtrocknen, halbieren und die Stängelansätze herausschneiden. Tomaten fein würfeln.

4. Frühlingszwiebeln putzen, abspülen, abtropfen lassen und in feine Scheiben schneiden. Minze abspülen und trocken tupfen. Die Blättchen von den Stängeln zupfen. Blättchen in feine Streifen schneiden.

5. Die Limette heiß abwaschen, abtrocknen und die Schale fein abreiben. Limette halbieren und den Saft auspressen.

6. Das vorbereitete Gemüse mit dem Couscous vermischen. Couscous mit Limettensaft, -schale, Salz und Pfeffer würzen. 3 Esslöffel Olivenöl und die Minzestreifen unterheben.

7. Das restliche Olivenöl in einer backofenfesten Pfanne erhitzen. Die Paprikaspieße darin von allen Seiten anbraten und anschließend mit Salz und Pfeffer würzen.

8. Die Pfanne auf dem Rost in den vorgeheizten Backofen schieben. Die Spieße **etwa 15 Minuten garen.**

9. Koriander abspülen und trocken tupfen. Die Blättchen von den Stängeln zupfen.

10. Die Paprikaspieße mit dem Couscous anrichten und mit Korianderblättchen garnieren.

Tipp: Instant-Couscous hat den Vorteil, dass er nur noch in heißem Salzwasser oder in Gemüsebrühe ausquellen muss.

Buntes Tofu-Gemüse |

Einfach

2 Portionen

Pro Portion: E: 14 g, F: 16 g, Kh: 13 g, kJ: 1134, kcal: 271, BE: 1,0

100 g Tofu (natur)
1 EL vegane Sojasauce
1 Frühlingszwiebel
100 g Brokkoli
100 g Blumenkohl
1 kleine Möhre
100 g Zuckerschoten
½–1 EL geschälte Sesamsamen
2 EL Speiseöl, z. B. Sonnenblumenöl
1 Knoblauchzehe
50 g abgetropfte Bambuskeimlinge (aus dem Glas)
Salz
gem. Pfeffer

Zubereitungszeit: 1 Stunde, ohne Marinierzeit

1. Den Tofu in dicke Scheiben schneiden und in eine flache Schale geben. Die Tofuscheiben mit der Sojasauce beträufeln und mit Frischhaltefolie zugedeckt etwa 30 Minuten marinieren.

2. In der Zwischenzeit die Frühlingszwiebel putzen, abspülen, abtropfen lassen und in feine Scheiben schneiden. Vom Brokkoli und Blumenkohl die Blätter entfernen und den Strunk abschneiden. Brokkoli und Blumenkohl in kleine Röschen teilen, gründlich abspülen und abtropfen lassen.

3. Möhre putzen, schälen, abspülen und abtropfen lassen. Möhre längs halbieren und schräg in schmale Scheiben schneiden. Von den Zuckerschoten die Enden abschneiden und evtl. abfädeln. Zuckerschoten abspülen, abtropfen lassen und je nach Größe evtl. quer halbieren.

4. Die Tofuscheiben aus der Marinade nehmen, etwas trocken tupfen und mit Sesamsamen bestreuen. Das Speiseöl in einer Pfanne erhitzen. Tofuscheiben von beiden Seiten darin anbraten, dann herausnehmen und beiseitestellen.

5. Knoblauchzehe abziehen und durch eine Knoblauchpresse in die Pfanne zum restlichen Bratfett drücken. Das vorbereitete Gemüse mit den Bambuskeimlinge hinzugeben, mit Salz und Pfeffer würzen. Das Gemüse zugedeckt etwa 15 Minuten garen, dabei häufig umrühren. Evtl. etwas Wasser hinzugeben. Dann den beiseitegestellten Tofu zum Gemüse geben und nochmals kurz darin erwärmen.

Burger für die Lunch-Box

Zum Mitnehmen

2 Portionen

Pro Portion: E: 15 g, F: 10 g, Kh: 50 g, kJ: 1465, kcal: 350, BE: 4,0

Für die Gemüse-„Frikadellen“:

200 g mehligkochende Kartoffeln
1 Möhre (etwa 100 g)
Salz
1–1 1/2 EL Sojamehl
gem. Pfeffer
1 EL Speiseöl, z. B. Sonnenblumenöl

Außerdem:

100 g Sojajoghurt (natur)
2 TL Schnittlauchröllchen
2 vegane Roggenbrötchen
2 große Salatblätter, z. B. Kopfsalat oder Lollo rosso
1 große Tomate
einige Schnittlauchröllchen

Zubereitungszeit: 45 Minuten
Garzeit: etwa 20 Minuten

1. Für die „Frikadellen“ die Kartoffeln unter fließendem Wasser abbürsten, knapp mit Wasser bedeckt, zugedeckt zum Kochen bringen und in etwa 20 Minuten gar kochen. Kartoffeln abgießen, mit kaltem Wasser abschrecken, abtropfen lassen. Kartoffeln noch warm pellen, dann mit einer Gabel fein zermusen.

2. In der Zwischenzeit die Möhre putzen, schälen, abspülen, abtropfen lassen und klein würfeln. Möhrenwürfel in einem Topf in Salzwasser zugedeckt in etwa 5 Minuten garen. Danach in einem Sieb abtropfen lassen.

3. Das Kartoffelmus mit Sojamehl, Salz und Pfeffer mit leicht angefeuchteten Händen verkneten. Möhrenwürfel zum Schluss vorsichtig unterkneten. Aus dem Kartoffelteig 2 gleich große Taler (Ø etwa 9 cm) formen. Öl in einer Pfanne erhitzen. Die „Frikadellen“ darin von jeder Seite etwa 2 Minuten braten. „Frikadellen“ herausnehmen und beiseitestellen.

4. Joghurt mit Schnittlauch verrühren. Den Schnittlauchjoghurt mit Salz und Pfeffer kräftig würzen.

5. Die Brötchen jeweils waagerecht durchschneiden. Jede Hälfte mit etwa 1 Esslöffel von dem Schnittlauchjoghurt bestreichen. Salatblätter und Tomate abspülen und trocken tupfen. Die Tomate in Scheiben schneiden und den Stängelansatz herausschneiden.

6. Die unteren Brötchenhälften mit je 1 Salatblatt belegen, dann mit 1 „Frikadelle“ und 2–3 Tomatenscheiben belegen, mit Schnittlauch bestreuen, mit Salz und Pfeffer würzen. Die oberen Brötchenhälften darauflegen und leicht andrücken. Die Burger sofort genießen, bis zum Verzehr einzeln in Frischhaltefolie wickeln oder in einer Lunch-Box aufbewahren.

Tipp: Für mehrere Portionen lassen sich die Zutaten einfach erhöhen.

Channa Dal (Indische gelbe Erbsensuppe) I

Preiswert

4 Portionen

Pro Portion: E: 16 g, F: 15 g, Kh: 39 g, kJ: 1492, kcal: 357, BE: 3,5

240 g getrocknete gelbe Schälerbsen
1 l vegane Gemüsebrühe
4 Lorbeerblätter
½ gestr. TL gem. Zimt
3–4 Msp. Chilipulver
1 TL gem. Kardamom
4 EL vegane Margarine
2 TL Currypulver
3–4 Msp. gem. Kurkuma (Gelbwurz)
2 EL Kokosraspel
4 EL Rosinen
3–4 Msp. gem. Kreuzkümmel (Cumin)

Zubereitungszeit: 25 Minuten
Garzeit: etwa 1 Stunde und 20 Minuten

1. Die Schälerbsen in einem Sieb kalt abspülen und abtropfen lassen. Die Erbsen mit der Gemüsebrühe in einem Topf aufkochen. Die Hitze reduzieren und dabei die Brühe mehrmals mit einer Schaumkelle abschäumen.

2. Lorbeerblätter, Zimt, Chilipulver und Kardamom hinzugeben und alles zugedeckt bei mittlerer Hitze etwa 1 Stunde und 20 Minuten köcheln lassen, bis die Erbsen weich sind und zerfallen. Dabei gelegentlich umrühren. Anschließend alles fein pürieren.

3. Die Margarine in einer Pfanne zerlassen. Curry, Kurkuma und Kokosraspel hineingeben und kurz darin andünsten. Die Fett-Kokos-Masse in die pürierte Erbsensuppe rühren. Rosinen und Kreuzkümmel dazugeben und die Suppe erneut erwärmen. Suppe nach Belieben mit den Gewürzen abschmecken.

Beilage: Veganes Fladenbrot.

Tipp: Schälerbsen müssen nicht eingeweicht werden (wie z. B. Kichererbsen oder getrocknete Erbsen), da die äußere harte Schale beim Schälvorgang bereits entfernt wurde.

Cherry-Tomaten-Salat mit Seidentofu

Gut vorzubereiten – für Gäste

12 Portionen

Pro Portion: E: 7 g, F: 19 g, Kh: 5 g, kJ: 912, kcal: 217, BE: 0,0

1 1/2 kg bunte Cherry-Tomaten
50 ml Himbeeressig
50 ml vegane Sojasauce
200 ml Olivenöl
Salz, gem. Pfeffer
einige Stängel Basilikum
1,2 kg abgetropfter Seidentofu

Zubereitungszeit: 1 Stunde

1. Die Tomaten nach Belieben kreuzweise einschneiden und mit kochendem Wasser übergießen. Nach 1–2 Minuten herausnehmen und mit kaltem Wasser abschrecken. Tomaten enthäuten und evtl. die Stängelansätze herausschneiden.

2. Den Himbeeressig mit der Sojasauce verrühren, das Olivenöl unterschlagen. Das Dressing mit Salz und Pfeffer würzen.

3. Basilikum abspülen, trocken tupfen und die Blättchen von den Stängeln zupfen. Einige Blättchen zum Garnieren beiseitelegen. Die restlichen Blättchen fein schneiden und unter das Dressing rühren. Das Dressing mit den Cherry-Tomaten vermischen.

4. Seidentofu in 12 gleich große Stücke schneiden, dann in 12 Portionsschalen oder Gläsern verteilen. Marinierte Cherry-Tomaten darauf verteilen, mit den beiseitegelegten Basilikumblättchen garnieren.

Tipps: Das Enthäuten der kleinen Tomaten macht etwas Arbeit, lohnt sich aber. Natürlich können die Tomaten auch mit der Haut serviert werden. Dann jedoch die Tomaten abspülen, abtropfen lassen und halbieren. Die Tomaten können mit dem Dressing über Nacht zugedeckt im Kühlschrank durchziehen. Den Salat dann etwa 30 Minuten vor dem Servieren aus dem Kühlschrank nehmen, nochmals durchmischen und abschmecken.

Chia-Frühstück |

Mit Erdbeer-Bananen-Salat

2 Portionen

Pro Portion: E: 7 g, F: 8 g, Kh: 28 g, kJ: 1038, kcal: 248, BE: 2,5

Zum Vorbereiten:

30 g Chia-Samen (aus dem Reformhaus oder Naturkostladen)
250 ml gesüßter Mandeldrink (natur)

Für den Erdbeer-Bananen-Salat:

300–400 g Erdbeeren
etwas frische Minze
1–2 EL Zitronensaft
1 kleine Banane (etwa 130 g)

Zubereitungszeit: 10 Minuten, ohne Quellzeit

1. Zum Vorbereiten die Chia-Samen mit dem Mandeldrink in eine Schale geben und sorgfältig verrühren, bis alles gleichmäßig vermischt ist. Die Zutaten mit Frischhaltefolie zugedeckt mindestens 20 Minuten – am besten über Nacht – quellen lassen.

2. Für den Erdbeer-Bananen-Salat kurz vor dem Anrichten die Erdbeeren abspülen, sehr gut abtropfen lassen und entstielen. Erdbeeren in mundgerechte Stücke schneiden. Minze abspülen und trocken tupfen.

3. Erdbeerstückchen mit dem Zitronensaft in einer Schale mischen. Banane schälen, längs halbieren und in Scheiben schneiden. Die Bananen unter die Erdbeeren mischen.

4. Das Chia-Frühstück in Schälchen anrichten. Den Erdbeer-Bananen-Salat daraufgeben und mit der Minze garnieren.

Tipps: Sie können den gesüßten Mandeldrink durch gesüßten Reis- oder Kokosdrink ersetzen. Die Erdbeeren lassen sich durch andere Früchte der Saison austauschen, zum Beispiel durch Himbeeren, Heidelbeeren, Orangen oder Melonen.

Couscous-Linsen-Salat | Einfach

4 Portionen

Pro Portion: E: 23 g, F: 10 g, Kh: 81 g, kJ: 2177, kcal: 514, BE: 6,5

250 g Couscous
vegane Gemüsebrühe
200 g rote Linsen
1 Zwiebel
evtl. 1–2 Knoblauchzehen
2 gelbe Paprikaschoten
1 Bio-Salatgurke
6 Tomaten

Für die Salatsauce:

Saft von
1 Zitrone
2–3 EL Olivenöl
Salz, gem. Pfeffer
1 Msp. Chilipulver
1 Prise Voll-Rohrzucker

1 Bund Petersilie

Zubereitungszeit: 30 Minuten, ohne Durchziehzeit

1. Couscous nach Packungsanleitung mit der Gemüsebrühe (die auf der Packung angegebene Flüssigkeitsmenge verwenden) zubereiten. Couscous erkalten lassen.

2. In der Zwischenzeit die Linsen nach Packungsanleitung in reichlich Wasser bissfest garen. Die gegarten Linsen in ein Sieb geben, mit kaltem Wasser abspülen, abtropfen, abkühlen lassen und beiseitestellen.

3. Zwiebel und Knoblauch abziehen, dann fein würfeln. Paprikaschoten halbieren, entstielen, entkernen und die weißen Scheidewände entfernen. Schoten abspülen, abtropfen lassen und klein würfeln.

4. Salatgurke abspülen, abtrocknen und das Ende abschneiden. Gurke längs halbieren. Die Kerne mit einem Teelöffel herausschaben. Gurkenhälften mit der Schale in schmale Streifen schneiden.

5. Die Tomaten kreuzweise einschneiden und mit kochendem Wasser übergießen. Nach 1–2 Minuten herausnehmen und mit kaltem Wasser abschrecken. Tomaten enthäuten, halbieren und die Stängelansätze herausschneiden. Tomaten entkernen und das Fruchtfleisch in mundgerechte Stücke schneiden.

6. Den Couscous in eine Salatschüssel geben und mit 2 Gabeln etwas auflockern. Die Zwiebel-, Knoblauch- und Paprikawürfel sowie Gurkenstreifen und Tomatenstücke unter den Couscous heben.

7. Für die Sauce Zitronensaft mit Olivenöl verschlagen, mit Salz, Pfeffer, Chili und Zucker würzen. Die Sauce zum Salat geben und gut untermischen. Zuletzt die Linsen vorsichtig unterrühren. Couscous-Linsen-Salat gut durchziehen lassen.

8. Vor dem Servieren Petersilie abspülen und trocken tupfen. Die Blättchen von den Stängeln zupfen. Blättchen klein schneiden und unter den Salat geben. Den Salat nochmals abschmecken und servieren.

Daiquiri-Sorbet

Erfrischend – mit Alkohol

4–6 Portionen

Pro Portion: E: 0 g, F: 0 g, Kh: 31 g, kJ: 751, kcal: 180, BE: 2,5

250 ml Wasser
150 g Zucker
150 ml Limettensaft
100 ml veganer weißer Rum
1 Bio-Limette (unbehandelt, ungewachst)

Außerdem:

1 gefriergeeignete Form

Zubereitungszeit: 15 Minuten, ohne Abkühlzeit
Gefrierzeit: etwa 5 Stunden (Eismaschine: etwa 30 Minuten)

1. Wasser mit Zucker in einem Topf zum Kochen bringen und etwa 1 Minute kochen lassen. Den Topf von der Kochstelle nehmen und die Zuckerlösung erkalten lassen.

2. Zuckerlösung mit Limettensaft und Rum verrühren, in eine gefriergeeignete Form füllen und zugedeckt in den Gefrierschrank stellen.

3. Die Sorbetmasse etwa 5 Stunden gefrieren lassen. Dabei das Sorbet alle 30 Minuten mit einem Schneebesen gut durchrühren. Oder das Sorbet in eine vorbereitete Eismaschine füllen und in etwa 30 Minuten gefrieren lassen.

4. Die Limette heiß abwaschen und abtrocknen. Limette in dünne Scheiben schneiden.

5. Daiquiri-Sorbet in Gläser füllen und mit Limettenscheiben garnieren.

Der grünste Salat der Welt |

Für die Party

12 Portionen

Pro Portion: E: 8 g, F: 19 g, Kh: 16 g, kJ: 1118, kcal: 267, BE: 1,5

etwa 1 kg Erbsenschoten (ungepalte Erbsen mit Hülsen) oder 400 g TK-Erbsen
800 g junge grüne Bohnen
800 g Zuckerschoten
Salz
250 g Babyspinat
4 Schalotten
1 Topf Minze
1–2 Limetten
200 ml Olivenöl
2 TL Ahornsirup oder Agavendicksaft
gem. Pfeffer
4 EL geschälte Sesamsamen

Zubereitungszeit: 1 Stunde und 10 Minuten

1. Die Erbsen aus den Schoten palen. TK-Erbsen in kaltem Wasser auftauen (so werden sie nicht so schrumpelig) und dann in einem Sieb abtropfen lassen.

2. Von den Bohnen und Zuckerschoten die Enden abschneiden. Die Bohnen evtl. abfädeln. Bohnen und Zuckerschoten abspülen und abtropfen lassen. Die Bohnen je nach Länge evtl. 1-mal durchschneiden.

3. Salzwasser in einem Topf zugedeckt zum Kochen bringen und zuerst die Erbsen darin etwa 5 Minuten garen, dann mit einer Schaumkelle herausnehmen, mit kaltem Wasser abschrecken und abtropfen lassen. Dann das Salzwasser wieder zum Kochen bringen und die Bohnen darin etwa 5 Minuten, anschließend die Zuckerschoten darin etwa 3 Minuten garen. Die Bohnen und Zuckerschoten jeweils mit einer Schaumkelle herausnehmen, ebenfalls in ein Sieb geben, mit kaltem Wasser abschrecken und abtropfen lassen.

4. Spinat verlesen, gründlich abspülen, gut abtropfen lassen oder trocken schleudern. Schalotten abziehen und fein würfeln. Minze abspülen, trocken tupfen und die Blättchen von den Stängeln zupfen. Limetten halbieren und den Saft auspressen.

5. Etwa die Hälfte der Minzeblättchen mit 1 guten Prise Salz zum Olivenöl geben und pürieren. Das Minzöl mit Ahornsirup oder Agavendicksaft und Limettensaft abschmecken. Restliche Minzeblätter grob schneiden.

6. Erbsen mit Bohnen, Zuckerschoten, Spinatblättern und Schalottenwürfeln vermischen. Das Minzöl untermischen. Den Salat mit Salz und Pfeffer würzen.

7. Den Salat portionsweise oder auf einer großen Platte anrichten, mit Minzestreifen und Sesam bestreuen und servieren.

Tipps: Erbsen, Bohnen und Zuckerschoten können 4–5 Stunden vor einer Party gegart werden. Auch das Minzöl kann vorbereitet werden. Gemüse und Minzöl dann zugedeckt in den Kühlschrank stellen. Etwa 45 Minuten vor dem Servieren die restlichen Salatzutaten vorbereiten und den Salat anmachen.

Dicke-Bohnen-Suppe

Schnell – einfach

4 Portionen

Pro Portion: E: 12 g, F: 10 g, Kh: 18 g, kJ: 872, kcal: 209, BE: 1,5

4	*Schalotten (etwa 200 g)*
1 Bund	*Schnittlauch*
etwa 600 g	*abgetropfte dicke Bohnen (aus dem Glas)*
40 g	*vegane Margarine*
etwa 1,4 l	*vegane Gemüsebrühe*
	Salz
	gem. Pfeffer
2–4 TL	*Zitronensaft*
evtl. einige	*Schnittlauchhalme*

Zubereitungszeit: 30 Minuten
Garzeit: etwa 10 Minuten

1. Schalotten abziehen und in kleine Würfel schneiden. Schnittlauch abspülen, trocken tupfen und in feine Röllchen schneiden. Die Bohnen mit kaltem Wasser abspülen und gut abtropfen lassen.

2. Margarine in einem Topf zerlassen. Die Schalottenwürfel darin andünsten. Zwei Drittel der Schnittlauchröllchen und die Bohnen hinzugeben, etwa 3 Minuten unter Rühren mitdünsten lassen.

3. Die Brühe hinzugießen und zum Kochen bringen. Bohnensuppe zugedeckt 8–10 Minuten bei schwacher Hitze leicht kochen lassen.

4. Vier Esslöffel der Bohnen mit einer Schaumkelle herausnehmen und beiseitestellen. Die Bohnensuppe mit den restlichen Bohnen mit einem Pürierstab fein pürieren.

5. Beiseitegelegte Bohnen wieder in die Suppe geben und darin erwärmen. Die Suppe mit Salz, Pfeffer und Zitronensaft abschmecken und in tiefe Teller oder in Suppentassen geben.

6. Die Bohnensuppe mit den restlichen Schnittlauchröllchen bestreut servieren. Nach Belieben mit einigen abgespülten, trocken getupften Schnittlauchhalmen garnieren.

Beilage: Sie können zu der Suppe **vegane Brotfladen aus der Pfanne** servieren. Dafür etwa 120 g Weizen-Vollkornmehl mit 100 ml heißem Wasser und 1 Prise Salz mit den Händen zu einem glatten Teig verarbeiten. Den Teig etwa 1 Stunde ruhen lassen. Anschließend den Teig kurz durchkneten und in 4 gleich große Portionen teilen. Jede Portion auf der leicht bemehlten Arbeitsfläche zu einem runden Fladen (Ø etwa 13 cm) ausrollen. Jeden Brotfladen in einer leicht vegan gefetteten, erhitzten Pfanne von jeder Seite etwa 2 Minuten backen, bis braune Punkte erscheinen.

Dinkel-Hafer-Streifen mit Cranberrys | Kernig

14 Stück

Pro Stück: E: 3 g, F: 1 g, Kh: 31 g, kJ: 668, kcal: 159, BE: 2,5

100 g Dinkelkörner
600 ml Wasser
2 kleine Äpfel (etwa 250 g)
60 g Voll-Rohrzucker
150 g Apfeldicksaft
100 g getrocknete Cranberrys
160 g zarte Haferflocken
1 EL Weizenmehl (Type 550)

Zubereitungszeit: 45 Minuten, ohne Abkühlzeit
Backzeit: etwa 10 Minuten

1. Die Dinkelkörner mit dem Wasser in einem Topf zum Kochen bringen und etwa 25 Minuten köcheln lassen, dabei gelegentlich umrühren. Den Topf von der Kochstelle nehmen.

2. Inzwischen Äpfel vierteln, schälen, entkernen und grob raspeln. Zucker mit Apfelraspeln und Apfeldicksaft in einen Topf geben und 2–3 Minuten kochen, dabei ab und zu umrühren. Die Cranberrys unter die Apfelmasse rühren und das Ganze abkühlen lassen.

3. Den Backofen vorheizen.
Ober-/Unterhitze: etwa 180 °C
Heißluft: etwa 160 °C

4. Die Dinkelkörner in ein Sieb geben und abtropfen lassen. Die Körner mit der Apfelmasse, 150 g Haferflocken und dem Mehl gut vermengen. Die Teigmasse halbieren.

5. Die Teighälften auf einem Backblech (mit Backpapier belegt) jeweils zu einem flachen Rechteck (je etwa 8 x 25 cm) formen. Die Teigränder mit einem Teigschaber gerade drücken. Die Rechtecke mit den restlichen Haferflocken bestreuen.

6. Das Backblech in den vorgeheizten Backofen schieben. Gebäck **etwa 10 Minuten backen.**

7. Das Backblech auf einen Kuchenrost stellen und das Gebäck darauf erkalten lassen.

8. Das Gebäck mit einem großen Messer in etwa 3 1/2 cm breite Streifen schneiden.

Tipps: Die kernigen Streifen halten sich in einer gut schließenden Dose verpackt, kühl und trocken gelagert etwa 1 Woche. Etwas würziger schmecken die Streifen, wenn man unter die Apfelmasse noch frisch geriebenen Ingwer rührt.

Dornröschencreme |

Schnell

4 Portionen

Pro Portion: E: 1 g, F: 5 g, Kh: 29 g, kJ: 704, kcal: 167, BE: 2,5

500 ml	*ungesüßter Reisdrink (natur)*
40 g	*Roh-Rohrzucker*
1 TL	*Agar-Agar (4 g)*
1 Msp.	*ger. Bio-Zitronenschale (unbehandelt, ungewachst)*
100 g	*kalte Kokoscreme zum Aufschlagen*
150 g	*Himbeeren*

Zubereitungszeit: 20 Minuten, ohne Kühlzeit

1. Reisdrink, Zucker, Agar-Agar und Zitronenschale in einem Topf verrühren und unter Rühren etwa 1 Minute kochen lassen. Reisdrink-Masse unter gelegentlichem Rühren abkühlen lassen. Kokoscreme nach Packungsanleitung aufschlagen und in den Kühlschrank stellen.

2. Die Himbeeren verlesen, evtl. kurz abspülen und trocken tupfen.

3. Sobald der Reisdrink anfängt fest zu werden, sofort und zügig die Kokoscreme unterheben. Die Himbeeren mit der Creme in Gläser schichten. Die Creme bis zum Verzehr in den Kühlschrank stellen.

Tipps: Die Dornröschencreme mit Himbeeren und veganen Plätzchen garnieren. Kokoscreme zum Aufschlagen ist im Vegan- oder Bioladen erhältlich.

Durchstarter-Drinks

Flüssige Energie

je 2 Portionen

Detox-Start-up

(im Foto rechts)

Pro Portion: E: 3 g, F: 2 g, Kh: 34 g, kJ: 770, kcal: 184, BE: 3,0

1 kleine Fenchelknolle (200 g)
1 TL Walnussöl
1 Stück frischer Ingwer (etwa 3 cm)
1 EL Agavendicksaft
1 TL Wasser
6 mittelgroße Blutorangen
120 g Rote Bete (vorgegart, vakuumverpackt)
4 EL Zitronensaft
1–2 TL Apfelsüße

Zubereitungszeit: 10 Minuten
Garzeit: 8–10 Minuten

1. Fenchel putzen, abspülen, abtropfen lassen, halbieren und den Strunkansatz entfernen. Fenchel klein schneiden, Fenchelgrün beiseitelegen.

2. Walnussöl in einem Topf erhitzen, Fenchel darin andünsten. Ingwer schälen und dazureiben. Agavendicksaft und Wasser einrühren, zugedeckt bei schwacher Hitze 8–10 Minuten dünsten, bis der Fenchel sehr weich ist.

3. Die Orangen so schälen, dass die weiße Haut vollständig entfernt wird. Orangen filetieren. Orangenfilets und Rote Bete klein schneiden.

4. Filets und Rote Bete mit dem Fenchel im Mixer fein mixen.

5. Drink mit Zitronensaft und Apfelsüße abschmecken, mit Fenchelgrün garnieren.

Tipp: Sie können auch 300 ml veganen Blutorangen-Direktsaft (aus dem Kühlregal) verwenden.

Energie-Frucht-Drink

(im Foto links)

Pro Portion: E: 3 g, F: 1 g, Kh: 38 g, kJ: 776, kcal: 186, BE: 3,0

25 g Quinoa
200 g Ananasfruchtfleisch (vorbereitet gewogen)
1 kleine Stange Staudensellerie
200 ml veganer Blutorangen-Direktsaft
2–3 EL Zitronensaft
1–2 EL veganes Hagebuttenmark
evtl. etwas Agavendicksaft

Zubereitungszeit: 10 Minuten, ohne Abkühlzeit
Garzeit: etwa 25 Minuten

1. Quinoa in 100 ml Wasser nach Packungsanleitung quellen lassen, etwas abkühlen lassen.

2. Ananas klein schneiden. Sellerie putzen, abspülen, abtropfen lassen, fein schneiden. Ananas, Sellerie und Quinoa mit Blutorangen-, Zitronensaft und Hagebuttenmark im Mixer oder mit dem Pürierstab fein pürieren, nach Belieben mit etwas Agavendicksaft süßen.

Durchstarter-Müslis |

Power für den Tag

je 2 Portionen

Dinkel-Frucht-Müsli

(im Foto hinten)

Pro Portion: E: 8 g, F: 2 g, Kh: 40 g, kJ: 937, kcal: 224, BE: 3,5

Zum Vorbereiten:

50 g Dinkelkörner

½ Bio-Apfel (etwa 75 g)
einige Tropfen Zitronensaft
200 g Obst der Saison
je 75 g Sojajoghurt mit Zitrone und Sojajoghurt (natur)
1 EL Ahornsirup

Zubereitungszeit: 30 Minuten, ohne Einweichzeit
Keimzeit: etwa 3 Tage

1. Zum Vorbereiten Dinkelkörner einige Stunden in kaltem Wasser einweichen und dann in einem Keimgefäß etwa 3 Tage keimen lassen, dabei jeden Tag 2-mal gut durchspülen. Gekeimte Körner in 2 Schälchen verteilen.

2. Apfel abwaschen, abtrocknen, entkernen und in Spalten schneiden. Die Apfelspalten mit Zitronensaft beträufeln.

3. Beliebiges Obst putzen, abspülen, trocken tupfen, klein schneiden und mit den Apfelspalten in den Schälchen verteilen.

4. Beide Sorten Joghurt gut verrühren, mit dem Müsli anrichten und mit Ahornsirup beträufeln.

Müsli mit Hirseflocken

(im Foto vorn)

Pro Portion: E: 14 g, F: 18 g, Kh: 40 g, kJ: 1644, kcal: 393, BE: 3,5

300 g Himbeeren
300 g Sojajoghurt (natur)
4–6 TL Apfeldicksaft
2 EL gehobelte Haselnusskerne
4 EL Hirseflocken

Zubereitungszeit: 5 Minuten

1. Die Himbeeren verlesen, evtl. kurz abspülen und trocken tupfen.

2. Sojajoghurt mit Apfeldicksaft vermischen, mit den Himbeeren in ein Glas schichten und mit Haselnusskernen und Hirseflocken bestreuen.

Warenkunde: Hirseflocken aus Vollkorngetreide sind wertvolle Kohlenhydratlieferanten und machen angenehm satt. Je nach Anbaubedingungen (Klima, Boden usw.) kann – muss aber nicht – Hirse sehr eisenreich sein. Ihr Siliziumgehalt wirkt positiv auf Haut und Haar. Hirse enthält kein Gluten und ist deshalb besonders für Menschen interessant, die Gluten nicht so gut vertragen.

Eintopf „Quer durch den Garten"

Für Kinder

4 Portionen

Pro Portion: E: 9 g, F: 1 g, Kh: 30 g, kJ: 724, kcal: 173, BE: 2,0

500 g Kartoffeln
1 Lorbeerblatt
500 ml Wasser
150 g grüne Bohnen
100 g Möhren
500 g Kohlrabi
400 g Knollensellerie
2 l vegane Gemüsebrühe
½ kleiner Blumenkohl oder Brokkoli (etwa 250 g)
1 Bund Frühlingszwiebeln
Salz
gem. Pfeffer
1 kleines Bund Petersilie

Zubereitungszeit: 30 Minuten
Garzeit: etwa 25 Minuten

1. Kartoffeln schälen, abspülen, abtropfen lassen und in Würfel schneiden. Kartoffelwürfel, Lorbeerblatt und Wasser in einem großen Topf zugedeckt zum Kochen bringen und etwa 5 Minuten kochen lassen.

2. In der Zwischenzeit von den Bohnen die Enden abschneiden, evtl. abfädeln. Bohnen abspülen, abtropfen lassen und in Stücke schneiden. Möhren putzen, schälen, abspülen, abtropfen lassen und in längliche Stücke schneiden. Kohlrabi schälen, abspülen, abtropfen lassen und in Stücke schneiden. Sellerie putzen, schälen, abspülen, abtropfen lassen und ebenfalls in Stücke schneiden.

3. Bohnen-, Möhren-, Kohlrabi- und Selleriestücke zu den Kartoffeln in den Topf geben. Gemüsebrühe hinzugießen, zum Kochen bringen und weitere etwa 10 Minuten garen.

4. Vom Blumenkohl oder Brokkoli die Blätter entfernen und den Strunk abschneiden. Blumenkohl oder Brokkoli in kleine Röschen teilen, abspülen und abtropfen lassen. Vom Brokkoli den Strunk schälen, abspülen, abtropfen lassen und in kleine Würfel schneiden. Frühlingszwiebeln putzen, abspülen, abtropfen lassen und in schmale Scheiben schneiden.

5. Blumenkohlröschen oder Brokkoli ebenfalls in den Topf geben, mit Salz und Pfeffer würzen. Den Eintopf bei mittlerer Hitze noch etwa 8 Minuten kochen lassen.

6. Petersilie abspülen und trocken tupfen. Die Blättchen von den Stängeln zupfen, Blättchen klein schneiden. Kurz vor Ende der Garzeit die Frühlingszwiebelscheiben und Petersilie hinzugeben.

7. Das Lorbeerblatt aus dem Eintopf entfernen. Den Eintopf mit Salz und Pfeffer abschmecken.

Tipps: Der Eintopf kann sehr gut mit anderen Gemüsesorten, wie beispielsweise Spargel (weiß und/oder grün), Zucchini, Porree (Lauch) usw. zubereitet werden. Statt frischem Gemüse können Sie auch 1,4–1,6 kg TK-Gemüse verwenden. Der Eintopf lässt sich gut am Vortag zubereiten.

Eintopf von grünen und weißen Bohnen | Macht richtig satt

4 Portionen

Pro Portion: E: 11 g, F: 7 g, Kh: 31 g, kJ: 966, kcal: 230, BE: 2,0

2 kleine rote Zwiebeln
2 Knoblauchzehen
300 g grüne Bohnen (Brechbohnen)
300 g Schneidebohnen (breite Bandbohnen)
300 g festkochende Kartoffeln
2 EL Olivenöl
1 1/2 l vegane Gemüsebrühe
Salz
gem. Pfeffer
4 Stängel Bohnenkraut
16 Cocktailtomaten
1 Bund Salbei
3 EL Olivenöl
230 g abgetropfte weiße Bohnen (aus der Dose)

Zubereitungszeit: 1 Stunde
Garzeit: etwa 25 Minuten

1. Die Zwiebeln abziehen, halbieren und in kleine Würfel schneiden. Knoblauch abziehen und ebenfalls klein würfeln.

2. Von den Bohnen die Enden abschneiden. Die Bohnen evtl. abfädeln, abspülen, abtropfen lassen und in Stücke schneiden. Kartoffeln schälen, abspülen, abtropfen lassen und in Stücke schneiden.

3. Olivenöl in einem großen Topf erhitzen. Zwiebel- und Knoblauchwürfel darin andünsten. Die Bohnen- und Kartoffelstücke hinzugeben, kurz mit andünsten. Die Gemüsebrühe hinzugießen, mit Salz und Pfeffer würzen. Die Zutaten zum Kochen bringen. Bohnenkraut abspülen, trocken tupfen und in den Topf geben. Den Eintopf zugedeckt etwa 20 Minuten bei schwacher Hitze kochen lassen.

4. Cocktailtomaten abspülen, trocken tupfen und evtl. die Stängelansätze herausschneiden. Salbei abspülen und trocken tupfen. Die Blätter von den Stängeln zupfen.

5. Olivenöl in einer Pfanne erhitzen. Die Salbeiblätter darin von beiden Seiten knusprig braun braten.

6. Nach etwa 20 Minuten Garzeit die weißen Bohnen und Cocktailtomaten in den Eintopf geben, wieder zum Kochen bringen und weitere etwa 5 Minuten kochen lassen. Den Eintopf mit Salz und Pfeffer abschmecken. Bohnenkrautstängel herausnehmen. Den Eintopf in tiefen Tellern anrichten und mit den Salbeiblättern garnieren.

Beilage: Mit veganer Margarine bestrichenes und mit Schnittlauchröllchen bestreutes veganes Bauernbrot.

Erbsen-Möhren-Eintopf

Mit geräucherten Tofuwürstchen

4 Portionen

Pro Portion: E: 22 g, F: 11 g, Kh: 27 g, kJ: 1257, kcal: 301, BE: 2,0

2 Zwiebeln
400 g Möhren
200 g Staudensellerie
2 EL Speiseöl
600 g TK-Erbsen
Salz, gem. Pfeffer
1,2 l vegane Gemüsebrühe
4 Stängel Liebstöckel
4 geräucherte Tofuwürstchen

Zubereitungszeit: 15 Minuten
Garzeit: etwa 15 Minuten

1. Die Zwiebeln abziehen, halbieren und in kleine Würfel schneiden. Möhren putzen, schälen, abspülen, abtropfen lassen und in Scheiben schneiden. Staudensellerie putzen, abspülen, abtropfen lassen und in Stücke schneiden.

2. Das Speiseöl in einem Topf erhitzen. Möhrenscheiben, Selleriewürfel und die Erbsen hinzugeben. Die Zutaten mit Salz und Pfeffer würzen. Gemüsebrühe hinzugießen und alles zum Kochen bringen. Erbsen-Möhren-Eintopf zugedeckt etwa 15 Minuten kochen lassen.

3. In der Zwischenzeit Liebstöckel abspülen und trocken tupfen. Die Blättchen von den Stängeln zupfen und klein schneiden.

4. Die Tofuwürstchen in mundgerechte Stücke schneiden, in den Eintopf geben und miterhitzen. Liebstöckel unterrühren. Den Erbsen-Möhren-Eintopf anrichten und servieren.

Tipp: Sie können auch frisch gepalte Erbsen verwenden.

Erbsensuppe | Schnell

4 Portionen

Pro Portion: E: 10 g, F: 7 g, Kh: 27 g, kJ: 898, kcal: 215, BE: 2,0

250 g mehligkochende Kartoffeln
2 Zwiebeln
2–3 EL Speiseöl, z. B. Rapsöl
450 g TK-Erbsen oder frische vorbereitete Erbsen
1 l vegane Gemüsebrühe
1 TL gerebelter Majoran
Salz, gem. Pfeffer
1 EL Voll-Rohrzucker
evtl. 1–2 EL klein geschnittene glatte Petersilie

Zubereitungszeit: 15 Minuten
Garzeit: etwa 25 Minuten

1. Kartoffeln schälen, abspülen, abtropfen lassen und in grobe Stücke schneiden. Zwiebeln abziehen, halbieren und grob würfeln.

2. Das Speiseöl in einem Topf erhitzen, Zwiebel- und Kartoffelwürfel darin unter Rühren andünsten. Erbsen hinzufügen und die Brühe hinzugießen. Die Zutaten zum Kochen bringen und zugedeckt etwa 25 Minuten bei mittlerer Hitze kochen. Die Suppe anschließend nach Belieben pürieren.

3. Erbsensuppe mit Majoran, Salz, Pfeffer und Zucker abschmecken.

4. Die Suppe nach Belieben mit Petersilie garniert servieren.

Tipps: Nach Belieben können Sie die Suppe mit etwas Pflanzencreme zum Kochen verfeinern. Als Einlage können Sie vegane Croûtons oder kross gebratene Knoblauchscheiben in die Suppe geben. 1 Esslöffel klein geschnittene Kräuter entspricht, je nach Kraut (z. B. Petersilie, Pfefferminze, Kerbel), etwa 5 Stängeln von dem jeweiligen Kraut (abgespült, trocken getupft und klein geschnitten). Verwenden Sie statt TK-Erbsen 250 g getrocknete Erbsen. Diese müssen in 1 ½ Liter Wasser etwa 1 Stunde gekocht werden, beachten Sie auch die Packungsanleitung. Anstelle von 1 Liter veganer Gemüsebrühe 800 ml ungesüßte Kokosmilch und 200 ml vegane Gemüsebrühe verwenden. Als Einlage passen dann geröstete Kokosraspel und Chiliflocken. Sie können die Suppe bereits 2 Tage im Voraus kochen.

Erdbeer-Granita

Eiskalt genießen

4 Portionen

Pro Portion: E: 1 g, F: 0 g, Kh: 36 g, kJ: 670, kcal: 160, BE: 3,0

125 g Roh-Rohrzucker
500 ml Wasser
400 g Erdbeeren
125 ml Zitronensaft

Außerdem:

1 große flache Form (am besten eine Edelstahlschale)

Zubereitungszeit: 15 Minuten, ohne Abkühlzeit
Gefrierzeit: 1–2 Stunden

1. Zucker mit Wasser in einem kleinen Topf zum Kochen bringen, bis sich der Zucker vollständig gelöst hat. Zuckerwasser abkühlen lassen.

2. Erdbeeren abspülen, abtropfen lassen, entstielen und in einen hohen Rührbecher geben. Die Erdbeeren mit einem Pürierstab fein pürieren. Den Zitronensaft unterrühren. Zuckerwasser hinzufügen und alles gut glatt rühren.

3. Die Erdbeermasse in eine große flache und gefrierfeste Form (am besten aus Edelstahl) geben und zugedeckt innerhalb von 1–2 Stunden zu leicht gefrorenem Fruchtsaft anfrieren lassen. Dabei die Erdbeermasse etwa alle 15 Minuten umrühren.

4. Granita vor dem Servieren mit einem Löffel herausschaben und in hohen Gläsern anrichten.

Tipp: Erdbeer-Granita mit Minze- oder Zitronenmelisseblättchen garniert servieren.

Rezeptvarianten: Für **Himbeer- oder Johannisbeer-Granita** (4 Portionen) statt Erdbeeren 400 g frische Himbeeren verlesen, kurz abspülen und gut abtropfen lassen. Anschließend die Himbeeren durch ein Sieb streichen, damit die Kerne entfernt werden. Oder 500 g frische rote Johannisbeeren abspülen, gut abtropfen lassen und die Beeren von den Rispen streifen. Johannisbeeren ebenso zunächst pürieren, dann durch ein Sieb streichen. Himbeer- oder Johannisbeermark mit Zitronensaft und Zuckerwasser gut verrühren und gefrieren lassen.

Erdbeer-Pfirsich-Kaltschale |

Für heiße Sommertage – mit Alkohol

4 Portionen

Pro Portion: E: 3 g, F: 1 g, Kh: 39 g, kJ: 963, kcal: 230, BE: 3,5

500 ml veganer Orangensaft
200 ml veganer Weißwein
50 g Perlsago
3 Pfirsiche
500 g Erdbeeren
1 Pck. Dr. Oetker Bourbon-Vanille-Zucker

Zubereitungszeit: 20 Minuten, ohne Abkühlzeit

1. Orangensaft mit Wein in einem Topf zum Kochen bringen, Sago einrühren, wieder zum Kochen bringen und zugedeckt 15–20 Minuten bei schwacher Hitze kochen lassen, dabei gelegentlich umrühren.

2. Inzwischen die Pfirsiche abspülen, kurze Zeit in kochendes Wasser legen (nicht kochen lassen), in kaltem Wasser abschrecken und enthäuten. Pfirsiche halbieren und entsteinen. Das Fruchtfleisch in Würfel schneiden.

3. Erdbeeren putzen, abspülen, abtropfen lassen und entstielen. Große Erdbeeren halbieren.

4. Die Pfirsichwürfel etwa 5 Minuten, Erdbeeren etwa 2 Minuten vor Ende der Kochzeit in die Orangen-Wein-Flüssigkeit geben und mitgaren lassen. Zuletzt den Vanille-Zucker unterrühren.

5. Die Erdbeer-Pfirsich-Kaltschale abkühlen lassen und anschließend in den Kühlschrank stellen.

Tipps: Sie können den Weißwein durch veganen Apfelsaft ersetzen. Anstelle der frischen Pfirsiche können auch 240 g abgetropfte Pfirsichhälften (aus der Dose) verwendet werden.

Erdbeerrolle mit Seidentofu |

Himmlisch leicht

16 Stücke

Pro Stück: E: 2 g, F: 3 g, Kh: 21 g, kJ: 511, kcal: 121, BE: 1,5

Für den Teig:

130 g Weizenmehl
2 TL Dr. Oetker Backin
50 g Ei-Ersatzpulver, z. B. von 3 Pauly
250 ml kaltes Wasser
2 EL Zitronensaft
130 g Roh-Rohrzucker
2 EL Sonnenblumenöl

10 g Roh-Rohrzucker zum Bestreuen

Für die Füllung:

400 g Erdbeeren
2 Bio-Orangen (unbehandelt, ungewachst)
20 g Roh-Rohrzucker
1 Msp. gem. Ingwer
1 TL Agar-Agar (etwa 4 g)
200 g abgetropfter Seidentofu

Zum Bestäuben:

20 g Puderzucker

Zubereitungszeit: 25 Minuten, ohne Durchzieh- und Kühlzeit
Backzeit: etwa 15 Minuten

1. Den Backofen vorheizen.
Ober-/Unterhitze: etwa 180 °C
Heißluft: etwa 160 °C

2. Für den Teig Mehl mit Backpulver vermischen. Ei-Ersatzpulver und Wasser in eine Rührschüssel geben, mit einem Mixer (Rührstäbe) kurz glatt rühren, dann auf höchster Stufe 1 Minute aufschlagen. Zitronensaft, Zucker und Öl dazugeben. Das Ganze nochmals 1 Minute aufschlagen. Mehlgemisch kurz unterrühren.

3. Den Teig auf ein Backblech (30 x 40 cm, gefettet, mit Backpapier belegt) geben und glatt streichen. Das Backblech in den vorgeheizten Backofen schieben. Die Teigplatte **etwa 15 Minuten backen.**

4. Einen Bogen Backpapier mit dem Zucker bestreuen. Die Gebäckplatte sofort nach dem Backen daraufstürzen und das mitgebackene Backpapier vorsichtig abziehen. Gebäckplatte erkalten lassen. Den trockenen Rand der Gebäckplatte rundherum abschneiden.

5. Inzwischen für die Füllung die Erdbeeren abspülen, abtropfen lassen, entstielen und fein würfeln.

6. Eine Orange heiß abwaschen, abtrocknen, die Hälfte der Schale fein abreiben und zu den Erdbeerwürfeln geben. Beide Orangen halbieren und den Saft auspressen. 2 Esslöffel Saft mit Zucker und Ingwer unter die Erdbeerwürfel mischen, etwa 15 Minuten stehen lassen.

7. Erdbeerwürfel abtropfen lassen, dabei den Saft auffangen, mit restlichem Orangensaft auf 200 ml auffüllen.

8. Den Saft mit Agar-Agar verrühren, unter Rühren zum Kochen bringen und 1 Minute kochen. Geliermischung abkühlen lassen, bis sie lauwarm ist, aber noch nicht geliert. Tofu fein würfeln, mit den Erdbeeren unterheben.

9. Die Erdbeerfüllung sofort auf der Platte verstreichen, dabei an einer Längsseite einen etwa 2 cm breiten Rand frei lassen.

10. Die Platte mithilfe des Backpapiers von der längeren, bestrichenen Seite aus aufrollen, sodass die offene Längsseite oben liegt.

11. Die Biskuitrolle in das Backpapier einwickeln. Das Backpapier an beiden Enden wie ein Bonbon zusammendrehen. Die Rolle mit dem Backpapier für mindestens 1 Stunde in den Kühlschrank legen.

12. Zum Servieren die Rolle aus dem Backpapier wickeln, mit der „Naht" nach unten auf eine Platte legen und mit Puderzucker bestäuben.

Erdnuss-Karamell-Cookies I

Zum Knuspern für zwischendurch

25 Stück

Pro Stück: E: 2 g, F: 6 g, Kh: 11 g, kJ: 467, kcal: 111, BE: 1,0

Zum Vorbereiten:

100 g Voll-Rohrzucker

Für den Teig:

75 g Erdnusscreme, crunchy
75 g vegane Margarine
75 g Voll-Rohrzucker
125 g Dinkelmehl (Type 630)
1/4 TL Hirschhornsalz
100 g geröstete, gesalzene Erdnusskerne

Zubereitungszeit: 50 Minuten, ohne Abkühlzeit
Backzeit: 8–10 Minuten je Backblech

1. Zum Vorbereiten etwa die Hälfte vom Zucker in einem Topf bei schwacher Hitze karamellisieren. Restlichen Zucker nach und nach dazugeben und ebenfalls karamellisieren lassen. Karamell (Achtung: sehr heiß!) auf ein mit Backpapier belegtes Backblech geben und erkalten lassen.

2. Die kalte Karamellplatte in Stücke klopfen und klein hacken (oder in einen Gefrierbeutel geben, den Beutel verschließen und die Karamellplatte mit einer Teigrolle grob zerbröseln).

3. Den Backofen vorheizen.
Ober-/Unterhitze: etwa 180 °C
Heißluft: etwa 160 °C

4. Für den Teig die Erdnusscreme mit Margarine und Zucker in eine Rührschüssel geben und mit einem Mixer (Knethaken) auf mittlerer Stufe verrühren. Zum Schluss Mehl mit Hirschhornsalz mischen und unterrühren. Erdnüsse und Karamellstückchen hinzugeben, mit den Händen unter den Teig kneten.

5. Den Teig auf einer leicht bemehlten Arbeitsfläche zu einer Rolle formen und in 25 gleich große Stücke schneiden. Die Teigstücke zu Kugeln rollen und flach drücken. Die Teigtaler mit etwas Abstand auf Backbleche (mit Backpapier belegt) setzen.

6. Die Backbleche nacheinander (bei Heißluft zusammen) in den vorgeheizten Backofen schieben. Die Cookies **8–10 Minuten je Backblech backen.**

7. Die Cookies mit dem Backpapier von den Backblechen auf Kuchenroste ziehen und erkalten lassen.

Tipp: Die Cookies schmecken am nächsten Tag noch besser. Sie halten sich in einer gut schließenden Dose verpackt, kühl und trocken gelagert, etwa 2 Wochen.

Exotenspieße mit Seidentofu-Schoko-Sauce | Für die Party

12 Spieße

Pro Spieß: E: 6 g, F: 3 g, Kh: 34 g, kJ: 817, kcal: 196, BE: 3,0

Für die Spieße:

- *2 Mangos (mit festem Fruchtfleisch)*
- *2 Papayas oder 1 große Papaya (mit festem Fruchtfleisch)*
- *1 geschälte Ananas (ohne Strunk)*
- *2 Sternfrüchte (Karambole)*
- *2 rosa Grapefruits*
- *6 Feigen*
- *2 Limetten*

Für die Schokosauce:

- *1 Vanilleschote*
- *800 g abgetropfter Seidentofu*
- *4 EL Kakaopulver*
- *6 EL Ahornsirup*

Außerdem:

- *12 Spieße, z. B. Bambusspieße, etwa 25 cm lang*

Zubereitungszeit: 50 Minuten

1. Für die Spieße die Mangos halbieren. Fruchtfleisch vom Stein schneiden und schälen. Das Fruchtfleisch in 12 möglichst gleich große Stücke schneiden.

2. Die Papayas heiß abwaschen, trocken tupfen, längs halbieren und entkernen. Papayahälften quer in Scheiben schneiden und halbieren, sodass 12 Stücke entstehen.

3. Das Ananasfruchtfleisch längs vierteln. Die Viertel in etwa 1 cm dicke Scheiben schneiden. Die Sternfrüchte abspülen, trocken tupfen und in 12 gleich dicke Scheiben schneiden.

4. Die rosa Grapefruits so schälen, dass die weiße Haut mit entfernt wird. Das Fruchtfleisch zuerst in dicke Scheiben, dann in mundgerechte Stücke schneiden. Die Feigen abspülen, trocken tupfen und den Stielansatz abschneiden. Die Feigen halbieren.

5. Die Limetten halbieren und auspressen. Die Fruchtstücke gleichmäßig auf den 12 Spießen verteilen und mit dem Limettensaft beträufeln.

6. Für die Schokosauce die Vanilleschote längs aufschneiden und das Mark herausschaben. Seidentofu in Stücke schneiden, mit Kakao, Vanillemark und Ahornsirup zu einer Sauce pürieren.

Tipp: Die Spieße können 1–2 Stunden vor dem Servieren bis einschließlich Punkt 4 vorbereitet werden. Die Spieße dann zugedeckt kühl stellen. Auch die Seidentofu-Schoko-Sauce können Sie dann schon zubereiten und zugedeckt in den Kühlschrank stellen.

Farfalle mit Paprikasauce

Pikant – scharf

2 Portionen

Pro Portion: E: 21 g, F: 8 g, Kh: 102 g, kJ: 2398, kcal: 573, BE: 7,5

1 kleine Zwiebel
1 milde Peperoni
je ½ kleine rote, grüne und gelbe Paprikaschote (je etwa 100 g)
1 Frühlingszwiebel
2 große Tomaten
1 EL Olivenöl
2–3 EL vegane Gemüsebrühe
2 ½ l Wasser
2 ½ gestr. TL Salz
250 g vegane Nudeln, z. B. Farfalle
Salz, gem. Pfeffer
½ Msp. Sambal Oelek

Zubereitungszeit: 35 Minuten

1. Zwiebel abziehen, zuerst in Scheiben schneiden, dann in Ringe teilen. Peperoni halbieren. Peperoni- und Paprikaschotenhälften entstielen, entkernen und weiße Scheidewände entfernen. Schotenhälften abspülen und abtropfen lassen. Peperonihälften in kleine, Paprikahälften in etwas größere Stücke schneiden.

2. Frühlingszwiebel putzen, abspülen, abtropfen lassen und in dünne Scheiben schneiden. 1 Teelöffel davon zum Garnieren beiseitelegen. Tomaten abspülen, trocken tupfen, halbieren und die Stängelansätze herausschneiden. Tomaten in kleine Stücke schneiden.

3. Olivenöl in einer Pfanne erhitzen. Die Zwiebelringe, Peperoni-, Paprikawürfel und Tomatenstücke hinzugeben, 2–3 Minuten unter Rühren andünsten. Die Brühe unterrühren. Zutaten zum Kochen bringen und etwa 8 Minuten bei schwacher Hitze kochen lassen.

4. In der Zwischenzeit das Wasser in einem großen Topf zugedeckt zum Kochen bringen. Dann Salz und Nudeln hinzugeben. Die Nudeln im geöffneten Topf bei mittlerer Hitze nach Packungsanleitung bissfest kochen, dabei gelegentlich umrühren. Anschließend die Nudeln in ein Sieb geben, mit heißem Wasser abspülen und abtropfen lassen.

5. Die Frühlingszwiebelscheiben kurz vor dem Servieren in die Sauce geben. Die Sauce mit Salz, Pfeffer und Sambal Oelek abschmecken, zu den Nudeln servieren.

Feuriger Erdnuss-Gemüsereis

Schnell

4 Portionen

Pro Portion: E: 16 g, F: 11 g, Kh: 59 g, kJ: 1685, kcal: 400, BE: 4,5

200 g	*Vollkorn-Schnellkochreis (8–10 Minuten Garzeit)*
	Salz
500 g	*Möhren*
2–3 Stangen	*Porree (Lauch, etwa 480 g)*
1,4 kg	*Spitzkohl (ersatzweise China- oder Weißkohl)*
4 TL	*Sojaöl*
4–8 EL	*vegane Sojasauce*
	getrocknete Chiliflocken (ersatzweise Cayennepfeffer)
300 ml	*heiße vegane Gemüsebrühe*
40 g	*geröstete, gesalzene Erdnusskerne*

Zubereitungszeit: 30 Minuten

1. Vollkorn-Schnellkochreis in kochendem Salzwasser nach Packungsanleitung garen.

2. Inzwischen Möhren putzen, schälen, abspülen, abtropfen lassen und in feine Stifte schneiden. Porree putzen, Stangen längs halbieren, gründlich waschen, abtropfen lassen und in feine Streifen schneiden. Von dem Spitzkohl die äußeren welken Blätter entfernen. Spitzkohl halbieren und die dicken Blattrippen herausschneiden. Spitzkohl abspülen, abtropfen lassen und in Stückchen schneiden.

3. Sojaöl in einem Wok oder einer großen beschichteten Pfanne erhitzen. Möhrenstifte darin etwa 1 Minute unter Rühren anbraten. Dann Porreestreifen und Spitzkohlstücke hinzugeben, unter Rühren weitere etwa 2 Minuten mitbraten lassen.

4. Das Gemüse mit etwas Sojasauce oder etwas Salz und Chili oder Cayennepfeffer würzen. Die heiße Brühe zu dem Gemüse geben und zum Kochen bringen. Das Gemüse zugedeckt 8–10 Minuten unter gelegentlichem Rühren dünsten.

5. Inzwischen die Erdnusskerne fein hacken. Den garen Reis evtl. abgießen und mit den Erdnüssen zum Gemüse geben. Die Zutaten bei starker Hitze unter Rühren vorsichtig vermischen. Gemüsereis mit Sojasauce oder Salz und Chili abschmecken.

Feuriger Hot Pot |

Wunderbar aromatisch

4 Portionen

Pro Portion: E: 16 g, F: 17 g, Kh: 25 g, kJ: 1380, kcal: 330, BE: 2,0

30 g getrocknete kleine Shiitakepilze
500 ml lauwarmes Wasser
2 rote Chilischoten
3–4 EL vegane Sojasauce
1 ½ l vegane Gemüsebrühe
200 g Tofu (natur)
2–3 EL dunkles Sesamöl
1 rote Paprikaschote
1 gelbe Paprikaschote
300 g Möhren
1 Fenchelknolle (250 g)
150 g Zuckerschoten
100 g Frühlingszwiebeln
1 EL Erdnussöl
etwa 20 g frischer Ingwer
1 Bund Koriander
Salz
gem. Pfeffer
2 EL Gomasio (gerösteter, gesalzener Sesam)
1 gestr. TL brauner Zucker

Zubereitungszeit: 50 Minuten, ohne Einweichzeit

1. Die Pilze abspülen, abtropfen lassen und in dem lauwarmen Wasser etwa 30 Minuten einweichen. Die Pilze mit einer Schaumkelle aus dem Wasser nehmen, die Stiele entfernen. Größere Pilze in breite Streifen schneiden.

2. Chilischoten längs halbieren, evtl. entkernen, abspülen, abtropfen lassen und fein schneiden. Dann zusammen mit den Pilzen, dem Einweichwasser, 2 Esslöffeln von der Sojasauce sowie der Brühe in einem Topf zum Kochen bringen. Die Zutaten bei schwacher Hitze offen etwa 15 Minuten köcheln lassen.

3. Tofu in Würfel schneiden und in 1 Esslöffel Sojasauce und 1 Teelöffel Sesamöl marinieren.

4. Paprikaschoten halbieren, entstielen, entkernen und die weißen Scheidewände entfernen. Schoten abspülen, abtropfen lassen und in kleine Rauten schneiden.

5. Möhren putzen, schälen, abspülen und abtropfen lassen. Die Möhren der Länge nach halbieren und in dünne Scheiben oder Stifte schneiden.

6. Fenchelknolle putzen, abspülen, abtropfen lassen, halbieren und in Streifen schneiden.

7. Von den Zuckerschoten die Enden abschneiden, evtl. abfädeln. Zuckerschoten abspülen, abtropfen lassen und schräg in Streifen schneiden.

8. Paprika und Möhren in die Suppe geben und 8 Minuten mitgaren. Frühlingszwiebeln putzen, abspülen, abtropfen lassen und in feine Scheiben schneiden.

9. Geschnittene Zuckerschoten, Fenchel und Frühlingszwiebeln in die Suppe geben und 3 Minuten mitgaren.

10. Erdnussöl in einer beschichteten Pfanne erhitzen. Marinierte Tofuwürfel bei mittlerer Hitze unter gelegentlichem Wenden darin braten.

11. Inzwischen Ingwer schälen und fein reiben. Den Koriander abspülen, trocken tupfen und die Blättchen von den Stängeln zupfen.

12. Ingwer in die Suppe geben. Die Suppe kurz aufkochen, mit Salz, Pfeffer, restlicher Sojasauce und restlichem Sesamöl abschmecken.

13. Gebratene Tofuwürfel in der Pfanne mit Gomasio und Zucker bestreuen und darin wenden.

14. Korianderblätter in die Suppe geben. Die Suppe mit Tofuwürfeln anrichten.

Tipp: Gomasio können Sie auch selbst schnell zubereiten. Einfach ungeschälten Sesamsamen in einer Pfanne ohne Fett rösten und abkühlen lassen. Dann im Mörser zerstoßen und mit etwas Meersalz mischen.

Frucht-Mix mit Kokosschaum |

Exotisches Dessert

2 Portionen

Pro Portion: E: 5 g, F: 10 g, Kh: 70 g, kcal: 1774, kJ: 422, BE: 6,0

1 Orange
1 kleine Grapefruit
½ kleine Galia-Melone oder eine andere Zuckermelone
25 g Kokosraspel

Für den Kokosschaum:

250 ml ungesüßter Reisdrink (natur)
20 g Roh-Rohrzucker
20 g Hartweizengrieß
½–1 TL frisch gepresster Zitronensaft

Zubereitungszeit: 25 Minuten
Garzeit: etwa 5 Minuten

1. Orange und Grapefruit so schälen, dass die weiße Haut vollständig mit entfernt wird. Das Orangen- und Grapefruitfruchtfleisch zwischen den Trennhäuten herausschneiden.

2. Die Kerne der Melone mit einem Löffel herausschaben. Melonenhälfte in schmale Spalten schneiden und die Spalten schälen. Einige Melonenspalten zum Garnieren beiseitelegen, das restliche Melonenfruchtfleisch in mundgerechte Stücke schneiden. Orangen- und Grapefruitfruchtfleisch sowie die Melonenstücke in 2 Gläsern anrichten.

3. In einer Pfanne ohne Fett 1 Esslöffel von den Kokosraspeln unter Wenden goldbraun rösten, dann herausnehmen, auf einen Teller geben und abkühlen lassen.

4. Für den Kokosschaum Reisdrink und Zucker in einem Topf verrühren und aufkochen lassen. Grieß und die restlichen Kokosraspeln unterrühren. Das Ganze wieder zum Kochen bringen und bei mittlerer Hitze etwa 4 Minuten köcheln lassen. Den Topf von der Kochstelle nehmen.

5. Die Kokos-Grieß-Masse mit einem Mixer (Rührstäbe) etwa 3 Minuten schaumig schlagen. Den Schaum mit Zitronensaft abschmecken und etwas abkühlen lassen.

6. Den Kokosschaum lauwarm über die Früchte geben. Mit Melonenspalten dekorativ garnieren und mit den gerösteten Kokosraspeln bestreuen.

Tipps: Wer den Kokosgeschmack nicht mag, verzichtet auf die Kokosraspel zum Bestreuen und in dem Reisdrink. Die Galia-Melone mit ihrem hellgrünen Fruchtfleisch zählt zur Gruppe der Zuckermelonen, wie z. B. auch die Honigmelone. Die Zuckermelonen haben je nach Sorte ein gelbes, orangefarbenes oder grünes Fruchtfleisch. Es gibt sie vom Sommer bis zum Winter. Achten Sie beim Einkauf darauf, dass die Früchte aromatisch duften. Kaufen Sie feste Früchte ohne Druckstellen, Risse oder Schimmelbildung. Weichschalige Sorten müssen am Blütenansatz auf leichten Druck nachgeben. Die andere Hälfte der Galia-Melone hält sich mit Frischhaltefolie zugedeckt im Kühlschrank 3–4 Tage. Das Rezept lässt sich ohne weiteres für viele Personen zubereiten. Die Zutatenmenge der Gästeanzahl anpassen.

Rezeptvarianten: Für den Frucht-Mix verwenden Sie am besten die Früchte, die Sie und/oder Ihre Gäste am liebsten mögen bzw. die gerade Saison haben. Gut passt die Kombination von gemischten Beeren wie Brombeeren, Himbeeren und Johannisbeeren. Beliebt ist auch eine Mischung aus Ananas mit Erdbeeren und Weintrauben.

Gebratene Schwarzwurzeln mit Rosenkohl und Sesam

Feines Wintergemüse

4 Portionen

Pro Portion: E: 6 g, F: 12 g, Kh: 5 g, kJ: 634, kcal: 152, BE: 0,5

2 Bio-Zitronen (unbehandelt, ungewachst)
1 l kaltes Wasser
600 g Schwarzwurzeln
300 g Rosenkohl
2 EL Olivenöl
Salz
gem. schwarzer Pfeffer
1 große Tomate
2 EL geröstete Sesamsamen
1 EL schwarzer Sesamsamen (erhältlich im Asialaden)

Zubereitungszeit: 45 Minuten

1. Die Zitronen heiß abwaschen, abtrocknen und die Schale fein abreiben. Zitronen halbieren und den Saft auspressen. Den Zitronensaft mit Wasser in einer Schüssel verrühren.

2. Die Schwarzwurzeln unter fließendem kalten Wasser gründlich abbürsten, mit einem Sparschäler sorgfältig schälen (dabei am besten Einweghandschuhe tragen, um sich vor dem sehr klebrigen Saft zu schützen), abspülen und abtropfen lassen. Die Wurzeln in das Zitronenwasser legen, damit die Stangen weiß bleiben.

3. Von dem Rosenkohl die äußeren Blätter entfernen und etwas vom Strunk abschneiden. Die Röschen am Strunk kreuzförmig einschneiden, abspülen und gut abtropfen lassen. Die Rosenkohlröschen halbieren.

4. Die Schwarzwurzeln abspülen, abtropfen lassen und schräg in etwa 3 cm lange Stücke schneiden. Olivenöl in einer großen Pfanne erhitzen. Die Schwarzwurzelstücke darin etwa 10 Minuten unter mehrmaligem Wenden knackig braun braten, mit Salz, Pfeffer und Zitronenschale würzen.

5. In der Zwischenzeit den Rosenkohl in kochendem Wasser 1–2 Minuten blanchieren, anschließend mit kaltem Wasser abschrecken und abtropfen lassen. Die Tomate abspülen, abtrocknen, vierteln und den Stängelansatz herausschneiden. Tomate entkernen und in kleine Würfel schneiden.

6. Nach etwa 5 Minuten Bratzeit, wenn die Schwarzwurzeln anfangen braun zu werden (sie sollen knackig sein), den Rosenkohl hinzugeben und etwa 5 Minuten mitbraten lassen. Das Gemüse nochmals mit Salz, Pfeffer und Zitronenschale abschmecken. Zuletzt den gerösteten und schwarzen Sesam mit den Tomatenwürfeln unterrühren. Das Gemüse anrichten und sofort servieren.

Gefüllte Zwiebeln mit Bulgur |

Macht richtig satt

4 Portionen

Pro Portion: E: 7 g, F: 22 g, Kh: 28 g, kJ: 1428, kcal: 341, BE: 1,5

Für die gefüllten Zwiebeln:

6 milde weiße Zwiebeln (je etwa 150 g)
Salz
50 g Bulgur
2 große Tomaten
½ Bund Petersilie
2 EL Rosinen
2 EL gehobelte Haselnusskerne
Salz
gem. Pfeffer
etwas Zitronensaft

2 EL vegane Margarine für die Form
200 ml vegane Gemüsebrühe

Für den Salat:

200 g Portulak
200 g Cocktailtomaten
1 EL Himbeeressig
etwas Agavendicksaft
1 EL Walnussöl
2 EL Sonnenblumenöl

Zubereitungszeit: 45 Minuten, ohne Quellzeit
Garzeit: etwa 45 Minuten

1. Für die gefüllten Zwiebeln zunächst die Zwiebeln abziehen und in kochendem Salzwasser etwa 15 Minuten vorgaren. Zwiebeln vorsichtig mit einer Schaumkelle herausnehmen, in ein Sieb geben, mit kaltem Wasser abschrecken und abtropfen lassen. Zwiebeln waagerecht halbieren. Zwiebelhälften mit einem Ausstecher aushöhlen, dabei einen Rand stehen lassen. Das ausgehöhlte Zwiebelfleisch klein schneiden.

2. Bulgur mit kochendem Wasser übergießen und etwa 10 Minuten quellen lassen. Anschließend Bulgur in einem Sieb abtropfen lassen.

3. Den Backofen vorheizen.
Ober-/Unterhitze: etwa 180 °C
Heißluft: etwa 160 °C

4. Die Tomaten abspülen, abtrocknen, vierteln und in kleine Würfel schneiden. Petersilie abspülen, trocken tupfen und die Blättchen von den Stängeln zupfen. Blättchen in Streifen schneiden.

5. Bulgur mit dem klein geschnittenen Zwiebelfleisch, den Tomatenwürfeln, Petersilienstreifen, Rosinen und Haselnusskernen vermischen, mit Salz, Pfeffer und etwas Zitronensaft würzen. Die Bulgurmasse gleichmäßig in den Zwiebelhälften verteilen.

6. Die gefüllten Zwiebeln in eine ofenfeste Form (gefettet) setzen. Die Brühe hinzugießen. Die Form auf dem Rost in den vorgeheizten Backofen schieben. Die gefüllten Zwiebeln **etwa 30 Minuten garen.**

7. In der Zwischenzeit für den Salat Portulak putzen, abspülen und trocken tupfen. Die Tomaten abspülen, abtrocknen, halbieren und evtl. die Stängelansätze herausschneiden. Himbeeressig mit Agavendicksaft verrühren. Beide Öle unterschlagen. Das Dressing mit Salz und Pfeffer würzen. Portulak mit den Tomatenhälften und dem Dressing vermischen. Die gefüllten Zwiebeln mit dem Salat servieren.

Gegrillter Gemüse-Apfel-Salat |

Leichtes Sommeressen

4 Portionen

Pro Portion: E: 5 g, F: 17 g, Kh: 25 g, kJ: 1157, kcal: 277, BE: 1,0

Für den Gemüse-Apfel-Salat:

2 Bund Frühlingszwiebeln
2 Zucchini (je 250 g)
3 Bio-Äpfel, z. B. Cox Orange
40 ml Olivenöl

Für die Zitronen-Soja-Vinaigrette:

3 EL Zitronensaft
6 EL vegane Sojasauce
gem. Pfeffer
2–3 EL Olivenöl
2 Stängel Thymian

1 Kästchen Gartenkresse

Außerdem:

1 Edelstahl-Grillschale

Zubereitungszeit: 40 Minuten

1. Für den Salat Frühlingszwiebeln putzen. Dickere Zwiebeln nach Belieben der Länge nach halbieren. Anschließend die Frühlingszwiebeln abspülen und abtropfen lassen.

2. Die Zucchini abspülen, abtrocknen und die Enden abschneiden. Zucchini in etwa ½ cm dicke Scheiben schneiden. Die Äpfel abwaschen, dann abtrocknen, vierteln und die Kerngehäuse entfernen. Apfelviertel in Spalten schneiden.

3. Die Frühlingszwiebeln, Zucchinischeiben und Apfelspalten in eine Schüssel geben. Die Zutaten mit dem Olivenöl vermischen.

4. Für die Vinaigrette Zitronensaft mit Sojasauce verrühren, mit Pfeffer würzen. Das Olivenöl unterschlagen. Thymian abspülen und trocken tupfen. Die Blättchen von den Stängeln zupfen. Die Thymianblättchen unter die Vinaigrette rühren.

5. Das Gemüse und die Apfelspalten gleichmäßig in der Grillschale verteilen. Die Grillschale auf den heißen Grillrost stellen. Das Gemüse und die Apfelspalten etwa 12 Minuten grillen, dabei die Gemüse-Apfel-Mischung einmal wenden.

6. Kresse abspülen, trocken tupfen und vom Beet schneiden. Das gegrillte Gemüse und die Apfelspalten in eine Schale oder auf eine Platte geben, mit Kresse bestreuen. Den Salat mit der Vinaigrette servieren.

Gemüsecarpaccio

Frühling auf dem Teller

8 Portionen

Pro Portion: E: 3 g, F: 13 g, Kh: 11 g, kJ: 747, kcal: 179, BE: 0,5

Für das Gemüse:

150 g Möhren
750 g grüner Spargel
1/2 Bund Frühlingszwiebeln
200 g Zuckerschoten
Salz
250 g mittelgroße Tomaten
1/2 Topf Kerbel
1/2 Bund glatte Petersilie

Für das Dressing:

2 Schalotten
50 ml weißer Balsamico-Essig
3 EL veganer Orangensaft
1 EL Agavendicksaft
gem. Pfeffer
100 ml Traubenkern- oder Nussöl

Zubereitungszeit: 40 Minuten

1. Für das Gemüse Möhren putzen, schälen, abspülen und abtropfen lassen. Von dem grünen Spargel nur das untere Drittel schälen und die Enden abschneiden. Spargel abspülen und abtropfen lassen. Möhren längs in dünne Scheiben schneiden, Spargel längs halbieren.

2. Die Frühlingszwiebeln putzen, abspülen, abtropfen lassen und in sehr dünne Scheiben schneiden.

3. Von den Zuckerschoten die Enden abschneiden, evtl. abfädeln. Zuckerschoten abspülen, abtropfen lassen und in kochendem Salzwasser 2–3 Minuten garen. Die Zuckerschoten in ein Sieb geben, mit eiskaltem Wasser abschrecken und abtropfen lassen. Die Zuckerschoten nach Belieben halbieren.

4. Die Tomaten kreuzweise einschneiden und mit kochendem Wasser übergießen. Nach 1–2 Minuten herausnehmen und mit kaltem Wasser abschrecken. Tomaten enthäuten, halbieren, entkernen und die Stängelansätze herausschneiden. Tomatenhälften in Spalten schneiden.

5. Kerbel und Petersilie abspülen, trocken tupfen und die Blättchen von den Stängeln zupfen. Etwa die Hälfte der Blättchen klein schneiden. Restliche Blättchen zum Garnieren beiseitelegen.

6. Für das Dressing Schalotten abziehen und in kleine Würfel schneiden. Essig mit Orangensaft und Agavendicksaft verrühren, mit Salz und Pfeffer würzen. Das Öl unterschlagen. Schalotten und klein geschnittene Kräuter unterrühren.

7. Spargel, Möhrenscheiben, Zuckerschoten und Frühlingszwiebelscheiben auf einer großen Platte anrichten. Das Gemüse mit etwa zwei Dritteln des Dressings beträufeln. Die Tomatenspalten darauf verteilen. Das Gemüsecarpaccio mit den beiseitegelegten Kerbel- und Petersilienblättchen garnieren. Restliches Dressing dazureichen.

Gemüseeintopf mit Kokos und Curry | Exotisch

2 Portionen

Pro Portion: E: 11 g, F: 40 g, Kh: 16 g, kJ: 1952, kcal: 470, BE: 0,5

½ Stange Porree (Lauch)
1 Möhre
100 g Zuckerschoten
½ rote Paprikaschote
1 Stange Staudensellerie
2 EL Speiseöl, z. B. Sonnenblumenöl
1 EL Currypulver
500 ml vegane Gemüsebrühe
250 ml Kokosmilch
Salz
¼ TL getrocknete Chiliflocken
50 g Sojakeimlinge
4 Stängel Thai-Basilikum oder Koriander
2 EL geröstete, gesalzene Erdnusskerne

Zubereitungszeit: 30 Minuten
Garzeit: etwa 10 Minuten

1. Die Porreestange putzen, gründlich waschen und abtropfen lassen. Porree in feine Streifen schneiden.

2. Möhre putzen, schälen, abspülen, abtropfen lassen und in dünne Scheiben schneiden. Von den Zuckerschoten die Enden abschneiden, evtl. abfädeln. Die Zuckerschoten abspülen, abtropfen lassen und evtl. halbieren.

3. Paprikahälfte entstielen, entkernen und die weißen Scheidewände entfernen. Schotenhälfte abspülen, abtropfen lassen, in kleine Stücke schneiden. Staudensellerie putzen, abspülen, abtropfen lassen und in kleine Stücke schneiden.

4. Das Speiseöl in einem Topf erhitzen. Das vorbereitete Gemüse darin unter Rühren andünsten. Anschließend Curry daraufstreuen und unterrühren. Gemüsebrühe und Kokosmilch unterrühren. Die Zutaten zum Kochen bringen und mit etwas Salz würzen.

5. Den Eintopf zugedeckt etwa 10 Minuten bei mittlerer Hitze kochen lassen, anschließend mit Salz und Chili abschmecken. Sojakeimlinge in ein Sieb geben, kurz abspülen und abtropfen lassen. Sojakeimlinge in den Eintopf geben und kurz miterwärmen.

6. Kräuter abspülen und trocken tupfen. Die Blättchen von den Stängeln zupfen. Den Gemüseeintopf evtl. nochmals mit den Gewürzen abschmecken, mit Erdnüssen und Kräuterblättchen garnieren und servieren.

Gemüsesalat im Reisblatt

Asia-Snack

4 Portionen

Pro Portion: E: 12 g, F: 21 g, Kh: 27 g, kJ: 1531, kcal: 365, BE: 2,0

4 dünne Frühlingszwiebeln (etwa 50 g)
etwa 150 g Möhren
2 Stangen Staudensellerie
100 g Sojakeimlinge
1 kleine Salatgurke (etwa 100 g)
1 Bund Koriander
1 Bund Minze
12 Blatt getrocknetes Reispapier (16 cm, erhältlich im Asialaden)

100 g geschälte, ungesalzene Erdnusskerne
1 kleine Chilischote
1 Knoblauchzehe
2 EL vegane Sojasauce
200 ml Kokosmilch
Salz
1 EL Voll-Rohrzucker
etwas vegane Sojasauce
Saft von
2 Limetten

Zubereitungszeit: 1 Stunde

1. Die Frühlingszwiebeln putzen, abspülen, abtropfen lassen und in 5 cm lange, sehr dünne Streifen schneiden. Möhren putzen, schälen, abspülen, abtropfen lassen und ebenfalls in sehr dünne Streifen schneiden. Sellerie putzen, abspülen, abtropfen lassen und in schmale Streifen schneiden.

2. Die Sojakeimlinge verlesen, in ein Sieb geben, mit kaltem Wasser abspülen und abtropfen lassen. Gurke abspülen, abtrocknen und die Enden abschneiden. Gurke längs halbieren und die Kerne mit einem Löffel herausschaben. Gurkenhälften in dünne Streifen schneiden.

3. Koriander und Minze abspülen, trocken tupfen. Die Blättchen von den Stängeln zupfen.

4. Die Reispapierblätter einzeln 1–2 Minuten in nasse Geschirrtücher einschlagen und weich werden lassen. Zuerst einige Kräuterblättchen in die Mitte der Reispapierblätter geben, dann jeweils 1 Esslöffel der Gemüsestreifen daraufgeben. Die Seiten einschlagen. Die belegten Reispapierblätter vorsichtig aufrollen (wie eine Roulade) und mit der Öffnung nach unten auf eine Platte oder einen Teller legen.

5. Die Erdnusskerne in einer Pfanne ohne Fett unter Wenden hellbraun rösten und auf einen Teller geben.

6. Chilischote abspülen, trocken tupfen, entstielen und in Ringe schneiden. Knoblauch abziehen und durch eine Knoblauchpresse drücken. Erdnusskerne, Chiliringe, Knoblauch und Sojasauce in einer Küchenmaschine zu einer glatten Paste verarbeiten.

7. Die Erdnusspaste mit der Kokosmilch in einem Topf verrühren und unter Rühren aufkochen lassen. Die Erdnusssauce mit Salz, Zucker, Sojasauce und Limettensaft abschmecken. Den Gemüsesalat mit der Erdnusssauce servieren.

Gemüsesuppe mit Basilikumpesto | Schnell

4 Portionen

Pro Portion: E: 5 g, F: 17 g, Kh: 9 g, kJ: 916, kcal: 219, BE: 0,5

Für die Gemüsesuppe:

2 Stangen Porree (Lauch, etwa 350 g)
4 Stangen Staudensellerie (etwa 300 g)
4 Möhren (etwa 350 g)
2 EL Olivenöl
1 l vegane Gemüsebrühe
Salz, gem. Pfeffer

Für das Basilikumpesto:

1 kleines Bund Basilikum
30 g abgezogene, gem. Mandeln
1 Knoblauchzehe
3 EL Olivenöl

Zubereitungszeit: 20 Minuten
Garzeit: etwa 10 Minuten

1. Für die Suppe den Porree putzen, die Stangen längs halbieren, gründlich waschen und abtropfen lassen. Porree in feine Streifen schneiden. Den Staudensellerie putzen, abspülen, abtropfen lassen und in feine Scheiben schneiden. Die Möhren putzen, schälen, abspülen, gut abtropfen lassen und in dünne Stifte schneiden.

2. Olivenöl in einem Topf erhitzen. Porreestreifen, Selleriescheiben und Möhrenstifte darin etwa 4 Minuten unter gelegentlichem Rühren andünsten.

3. Die Brühe hinzugießen, mit Salz und Pfeffer würzen. Die Zutaten zum Kochen bringen und zugedeckt etwa 10 Minuten bei schwacher Hitze kochen.

4. In der Zwischenzeit für das Pesto Basilikum abspülen, trocken tupfen und die Blättchen von den Stängeln zupfen. Blättchen mit den gemahlenen Mandeln in einen hohen Rührbecher geben. Knoblauch abziehen und hinzugeben.

5. Die Zutaten mit einem Pürierstab fein pürieren. Basilikumpüree herausnehmen und in einer kleinen Schüssel mit Olivenöl glatt rühren. Das Pesto mit Salz und Pfeffer würzen.

6. Die Gemüsesuppe mit Salz und Pfeffer abschmecken. Das Basilikumpesto zu der Suppe reichen.

Gemüsesuppe, scharfe | Für die Party

12 Portionen

Pro Portion: E: 9 g, F: 5 g, Kh: 18 g, kJ: 668, kcal: 159, BE: 1,0

2 Bund Suppengrün (Sellerie, Möhren, Porree)
6 Zwiebeln
4 Knoblauchzehen
2 Chilischoten
3 Stangen Porree (Lauch)
5 EL Speiseöl, z. B. Sonnenblumenöl
4–5 gestr. EL Tomatenmark
Salz
gem. Pfeffer
300 g grüne TK-Bohnen
2 1/2 l vegane Gemüsebrühe
1,6 kg stückige Tomaten (aus der Dose)
500 g abgetropfte Kidneybohnen (aus der Dose)
1 Bund glatte Petersilie
1–2 TL Paprikapulver rosenscharf

Zubereitungszeit: 50 Minuten
Garzeit: etwa 15 Minuten

1. Vom Suppengrün Sellerie und die Möhren putzen, schälen, abspülen, abtropfen lassen und in kleine Würfel schneiden. Porree putzen, die Stangen längs halbieren, gründlich waschen, abtropfen lassen und in kleine Stücke schneiden.

2. Zwiebeln und Knoblauch abziehen, fein würfeln. Von den Chilischoten die Stängelansätze abschneiden. Schoten längs aufschneiden und die Kerne mit einem spitzen Messer herausschaben. Schoten abspülen, trocken tupfen und in Ringe schneiden.

3. Porree putzen, die Stangen längs halbieren, waschen, abtropfen lassen und in Streifen schneiden.

4. Das Speiseöl in einem großen Topf erhitzen. Vorbereites Suppengrün, Zwiebel- und Knoblauchwürfel darin evtl. portionsweise andünsten, dabei gelegentlich umrühren. Das Tomatenmark unterrühren und kurz mitdünsten, mit Salz und Pfeffer würzen.

5. Porreestreifen, die gefrorenen Bohnen und Chiliringe unterrühren. Die Gemüsebrühe hinzugießen. Die Zutaten zum Kochen bringen. Die Suppe zugedeckt etwa 5 Minuten bei mittlerer Hitze kochen lassen.

6. Die stückigen Tomaten unterrühren, wieder zum Kochen bringen. Die Suppe zugedeckt weitere etwa 10 Minuten bei mittlerer Hitze kochen lassen, bis das Gemüse gar ist, dabei gelegentlich umrühren.

7. In der Zwischenzeit die Kidneybohnen in ein Sieb geben, mit kaltem Wasser abspülen, abtropfen lassen, in die Suppe geben und kurz darin erwärmen.

8. Petersilie abspülen, trocken tupfen und die Blättchen von den Stängeln zupfen. Die Blättchen grob hacken. Die Suppe mit Salz, Pfeffer und Paprika abschmecken und mit Petersilie bestreut servieren.

Tipp: Die Suppe lässt sich gut am Vortag bis einschließlich Punkt 7 zubereiten. Die Suppe erkalten lassen und zugedeckt in den Kühlschrank stellen.

Glasnudelsuppe mit Porree |

Schnell

4 Portionen

Pro Portion: E: 5 g, F: 6 g, Kh: 36 g, kJ: 953, kcal: 228, BE: 3,0

2 Stangen	*Porree (Lauch, etwa 300 g)*
150 g	*Glasnudeln*
2 EL	*Sonnenblumenöl*
750 ml	*vegane Gemüsebrühe*
½ Bund	*Zitronenmelisse*
200 g	*Sojakeimlinge (frisch oder abgetropft aus dem Glas)*
3 EL	*vegane Sojasauce*
	Saft von
½	*Zitrone*
	Salz
	gem. weißer Pfeffer
	Cayennepfeffer

Zubereitungszeit: 30 Minuten

1. Porree putzen, die Stangen längs halbieren, gründlich waschen, abtropfen lassen und in feine Streifen schneiden.

2. Glasnudeln in eine Schüssel geben, mit kochendem Wasser übergießen und 1–2 Minuten ziehen lassen. Glasnudeln in einem Sieb abtropfen lassen und mit einer Küchenschere klein schneiden.

3. Das Sonnenblumenöl in einem Wok erhitzen. Die Porreestreifen darin andünsten. Brühe hinzugießen und zum Kochen bringen. Die Porreestreifen bei mittlerer Hitze zugedeckt etwa 5 Minuten garen.

4. In der Zwischenzeit die Zitronenmelisse abspülen, trocken tupfen und die Blättchen von den Stängeln zupfen. Blättchen klein schneiden. Sojakeimlinge in ein Sieb geben, gründlich abspülen und abtropfen lassen. Glasnudeln, Sojakeimlinge, Sojasauce und Zitronensaft zu den Porreestreifen in den Wok geben. Die Zutaten aufkochen lassen. Die Suppe mit Salz, Pfeffer und Cayennepfeffer abschmecken. Kurz vor dem Servieren die Zitronenmelisse unterheben.

Gourmetsalat |

Gemüsevielfalt

4 Portionen

Pro Portion: E: 9 g, F: 16 g, Kh: 45 g, kJ: 1526, kcal: 364, BE: 3,0

Für den Salat:

700 g kleine festkochende Kartoffeln
300 g grüner Spargel
300 g junge Möhren
6 junge Artischocken (etwa 300 g)
200 g Zuckerschoten
2–3 feste Tomaten
1 Bund Frühlingszwiebeln
Salz

Für die Kerbel-Vinaigrette:

1 Topf Kerbel
3 EL Himbeeressig
1 EL Balsamico-Essig
6 EL Olivenöl
gem. Pfeffer

Zubereitungszeit: 45 Minuten, ohne Abkühl- und Durchziehzeit
Garzeit: 15–20 Minuten

1. Für den Salat Kartoffeln unter fließendem Wasser abbürsten, knapp mit Wasser bedeckt, zugedeckt zum Kochen bringen und in 15–20 Minuten gar kochen. Kartoffeln abgießen, mit kaltem Wasser abschrecken und abtropfen lassen. Kartoffeln abkühlen lassen.

2. Inzwischen von dem Spargel das untere Drittel schälen und die unteren, evtl. trockenen Enden abschneiden. Spargel in mundgerechte Stücke schneiden. Möhren putzen, schälen und in Scheiben schneiden. Artischocken halbieren, die Stiele abschneiden.

3. Von den Zuckerschoten die Enden abschneiden, evtl. abfädeln. Die Zuckerschoten schräg in Stücke schneiden. Tomaten kreuzweise einschneiden. Die Frühlingszwiebeln putzen, abspülen, abtropfen lassen und schräg in Scheiben schneiden.

4. Vorbereitetes Gemüse abspülen und nacheinander im kochenden Salzwasser garen. Artischocken etwa 15 Minuten, Möhren etwa 10 Minuten, Spargel etwa 5 Minuten, Zuckerschoten etwa 3 Minuten, Frühlingszwiebeln 2–3 Minuten, Tomaten nur 3–5 Sekunden.

5. Das Gemüse in ein Sieb geben, mit kaltem Wasser abschrecken und abtropfen lassen. Artischocken evtl. kleiner schneiden. Von den Tomaten die Haut abziehen. Tomaten halbieren, evtl. entkernen, die Stängelansätze herausschneiden. Tomaten achteln. Die abgekühlten Kartoffeln längs halbieren.

6. Für die Vinaigrette Kerbel abspülen, trocken tupfen und die Blättchen von den Stängeln zupfen. Blättchen klein schneiden. Beide Essigsorten mit dem Olivenöl verschlagen. Kerbel unterrühren, mit Salz und Pfeffer abschmecken.

7. Die vorbereiteten Salatzutaten vermischen und mit der Vinaigrette beträufeln. Den Salat 1–2 Stunden kalt stellen und durchziehen lassen.

Graupencurry mit Sonnenblumenkernen

Macht richtig satt

4–6 Portionen

Pro Portion: E: 13 g, F: 24 g, Kh: 46 g, kJ: 1941, kcal: 464, BE: 4,0

2 rote Zwiebeln
1 Bund Suppengrün (Möhre, Sellerie, Porree)
150 g Süßkartoffeln
2 EL Olivenöl
1 EL vegane rote Currypaste
75 g Puy- oder Pardina-Linsen
100 g grobe Perlgraupen
750 ml vegane Gemüsebrühe
400 ml Kokosmilch
150 g Wirsing
Salz
1–2 Stängel Zitronengras

Zum Bestreuen:

50 g Sonnenblumenkerne
2 EL vegane Sojasauce

100 g getrocknete, entsteinte, halbierte Aprikosen
2 Stängel Basilikum
gem. Pfeffer

Zubereitungszeit: 40 Minuten
Garzeit: etwa 40 Minuten

1. Zwiebeln abziehen, halbieren und fein würfeln. Suppengrün putzen. Süßkartoffeln schälen. Suppengrün und Süßkartoffeln abspülen, abtropfen lassen und in Würfel schneiden.

2. Das Öl in einem Topf erhitzen. Zwiebelwürfel und Currypaste hinzugeben, 2–3 Minuten unter Rühren andünsten. Das vorbereitete Suppengrün hinzugeben und weitere 3–4 Minuten mitdünsten.

3. Süßkartoffeln, Linsen und Graupen hinzugeben. Brühe und Kokosmilch hinzugießen und unterrühren. Die Zutaten zugedeckt zum Kochen bringen, dann bei schwacher Hitze etwa 20 Minuten köcheln lassen, dabei gelegentlich umrühren.

4. In der Zwischenzeit Wirsing putzen. Den Strunk herausschneiden. Wirsing in feine Streifen schneiden. Salzwasser in einem Topf zugedeckt zum Kochen bringen. Die Wirsingstreifen darin kurz blanchieren, dann in ein Sieb geben, mit eiskaltem Wasser abschrecken und abtropfen lassen.

5. Zitronengrasstängel abspülen, trocken tupfen und platt klopfen. Anschließend einen Knoten in die Stängel machen (so lassen sie sich später gut entfernen).

6. Zum Bestreuen die Sonnenblumenkerne in einer Pfanne ohne Fett unter Wenden anrösten. Pfanne von der Kochstelle nehmen. Sojasauce mit den Sonnenblumenkernen verrühren. Die Sonnenblumenkerne auf einen Teller geben.

7. Wirsing, Zitronengras und Aprikosen in das Curry geben, zugedeckt weitere etwa 10 Minuten köcheln lassen, dabei gelegentlich umrühren.

8. Basilikum abspülen, trocken tupfen und die Blättchen von den Stängeln zupfen. Basilikumblättchen in Streifen schneiden und in das Curry geben. Zitronengras entfernen.

9. Graupencurry vor dem Servieren mit Salz und Pfeffer abschmecken, mit den würzigen Sonnenblumenkernen bestreut servieren.

Griechischer Auberginensalat

Sommergenuss für Gäste

12 Portionen

Pro Portion: E: 4 g, F: 40 g, Kh: 13 g, kJ: 1799, kcal: 430, BE: 0,5

6 Auberginen (etwa 2 1/2 kg)
Salz
6 Zwiebeln
6 Knoblauchzehen
600 g Frühlingszwiebeln
1 1/4 kg Tomaten
240 g abgetropfte schwarze Oliven, ohne Stein
etwa 450 ml Olivenöl
6 EL Weißweinessig
gem. Pfeffer
etwas Voll-Rohrzucker

Zubereitungszeit: 2 Stunden, ohne Ziehzeit

1. Die Auberginen abspülen, abtrocknen und die Enden abschneiden. Auberginen quer in etwa 1 cm dicke Scheiben schneiden, mit Salz bestreuen und etwa 15 Minuten stehen lassen.

2. In der Zwischenzeit Zwiebeln und Knoblauch abziehen, beides fein würfeln. Frühlingszwiebeln putzen, abspülen, abtropfen lassen und in feine Scheiben schneiden.

3. Tomaten abspülen, abtrocknen, halbieren und die Stängelansätze herausschneiden. Tomaten in kleine Würfel schneiden. Die Oliven in Stücke schneiden.

4. Die Zwiebel-, Knoblauchwürfel, Frühlingszwiebelscheiben, Tomatenwürfel und Oliven in einer großen Schüssel vermischen.

5. Etwa 100 ml vom Olivenöl mit dem Essig verrühren, mit Salz, Pfeffer und Zucker würzen. Die Marinade mit den Salatzutaten gut vermischen. Den Salat zugedeckt durchziehen lassen.

6. Inzwischen jeweils etwa 3 Esslöffel von dem Olivenöl in 2 großen Pfannen erhitzen. Je so viele der Auberginenscheiben mit Küchenpapier trocken tupfen, wie nebeneinander in die Pfannen passen, und in dem Öl von jeder Seite in 3–4 Minuten bei mittlerer bis starker Hitze goldbraun braten.

7. Die gebratenen Auberginenscheiben auf Küchenpapier abtropfen lassen. Die restlichen Auberginenscheiben in dem restlichen Öl auf die gleiche Weise zubereiten.

8. Den Salat nochmals durchmischen und mit den Gewürzen abschmecken. Die Auberginenscheiben leicht überlappend auf 12 Tellern oder einer großen Platte anrichten. Salat darauf verteilen.

Beilage: Frisches oder gegrilltes veganes Fladenbrot.

Tipps: Die Auberginen saugen – trotz des Salzens – relativ viel Öl auf. Das Abtropfen auf Küchenpapier verhindert, dass man unnötiges Fett zu sich nimmt. Die Auberginenscheiben können auch auf dem Grill gegrillt werden. Dazu dann die Auberginenscheiben mit dem Olivenöl einstreichen, bevor sie gegrillt werden. Den Salat durchziehen zu lassen lohnt sich. Deshalb kann der Salat etwa 2 Stunden fertig zubereitet sein, bevor Sie die Auberginen braten.

Grießschnitten mit Ananas

Für Kinder

4 Portionen

Pro Portion: E: 4 g, F: 9 g, Kh: 25 g, kJ: 830, kcal: 198, BE: 2,0

1/4	*Vanilleschote*
250 ml	*ungesüßter Sojadrink (natur)*
20 g	*Voll-Rohrzucker*
	abger. Schale von
1/2	*Bio-Zitrone (unbehandelt, ungewachst)*
60 g	*Hartweizengrieß*
etwa 50 g	*vegane Margarine (Dreiviertelfett mit Raps- und Walnussöl)*
etwa 250 g	*Ananasscheiben (aus dem Kühlregal)*
einige	*Zitronenmelisseblättchen*

Zubereitungszeit: 35 Minuten, ohne Quell- und Kühlzeit

1. Vanilleschote mit einem Messer längs aufschneiden, das Mark mit dem Messerrücken herausschaben. Sojadrink mit Zucker, Zitronenschale und Vanillemark in einem Topf zum Kochen bringen.

2. Grieß unter Rühren einstreuen und kurz aufkochen. Den Topf von der Kochstelle nehmen. Den Grieß etwa 5 Minuten quellen lassen.

3. Grießbrei mit einem angefeuchteten Messer etwa 1 cm dick in einer flachen Schale (etwa 15 x 18 cm, mit Wasser ausgespült) verstreichen und mit Frischhaltefolie zugedeckt etwa 30 Minuten in den Kühlschrank stellen.

4. Von der Grießplatte die Folie entfernen und die Grießplatte in kleine Quadrate, Dreiecke oder Rauten schneiden. Jeweils etwas Margarine in einer Pfanne zerlassen. Die Grießschnitten darin portionsweise von beiden Seiten goldbraun braten, herausnehmen und warm stellen.

5. Ananasscheiben halbieren (dicke Ananasscheiben nochmals quer halbieren) und in dem verbliebenen Bratfett von beiden Seiten goldbraun braten.

6. Die Grießschnitten mit den Ananasscheiben auf Tellern anrichten und mit abgespülten, trocken getupften Zitronenmelisseblättchen garniert sofort servieren.

Tipp: Die Grießschnitten vor dem Servieren mit Puderzucker bestreuen.

Grillgemüse-Salat | Mediterran

4 Portionen

Pro Portion: E: 5 g, F: 36 g, Kh: 9 g, kJ: 1590, kcal: 380, BE: 0,5

- *250 g Auberginen*
- *250 g Zucchini*
- *je 200 g rote und gelbe Paprikaschoten*
- *40 g Pinienkerne*
- *2 Bio-Zitronen (unbehandelt, ungewachst)*
- *20 g getrocknete Soft-Tomaten*
- *20 g abgetropfte Kapern (aus dem Glas)*
- *12 EL Olivenöl*
- *Salz, gem. schwarzer Pfeffer*
- *2–3 Stängel Basilikum*

Zubereitungszeit: 45 Minuten, ohne Durchziehzeit

1. Auberginen und Zucchini abspülen, abtrocknen und die Stängelansätze bzw. Enden abschneiden. Auberginen und Zucchini in etwa ½ cm dicke Scheiben schneiden.

2. Paprikaschoten halbieren, entstielen, entkernen und die weißen Scheidewände entfernen. Schoten abspülen, sehr gut abtropfen lassen und achteln.

3. Zwei große Grillpfannen (nicht gefettet) erhitzen. Das vorbereitete Gemüse darin bei starker Hitze von beiden Seiten braten (grillen). Die Auberginen- und Zucchinischeiben etwa 4 Minuten, Paprikaviertel etwa 6 Minuten braten (grillen).

4. Die Pinienkerne in einer Pfanne ohne Fett unter Wenden goldbraun rösten und auf einen Teller legen.

5. Die Zitronen heiß abwaschen, abtrocknen und die Schale fein abreiben. Zitronen halbieren, den Saft auspressen und 6 Esslöffel davon abmessen.

6. Die Tomaten klein würfeln, mit Kapern, Zitronenschale, -saft, Olivenöl, Salz und Pfeffer verrühren. Basilikum abspülen und trocken tupfen. Blättchen von den Stängeln zupfen. Blättchen klein schneiden und mit den Pinienkernen unter die Vinaigrette mischen.

7. Das Gemüse mit der Vinaigrette mischen und mindestens 10 Minuten durchziehen lassen.

Grissini | Für Gäste

24 Stück

Pro Stück: E: 1 g, F: 3 g, Kh: 9 g, kJ: 277, kcal: 66, BE: 1,0

Für den Hefeteig:

100 ml lauwarmes Wasser
10 g frische Hefe
8 Stängel Thymian
250 g Weizenmehl
½ TL Salz
1 gestr. EL Voll-Rohrzucker
50 ml Olivenöl

Für die Gewürzmischung:

1 TL geschroteter schwarzer Pfeffer
10 g gehackte Haselnusskerne
10 g geschälte Sesamsamen
¾ TL grobes Meersalz, z. B. Fleur de Sel

Zum Bestäuben:

etwas Weizenmehl

Zubereitungszeit: 40 Minuten, ohne Abkühlzeit
Ruhe-/Gehzeit: etwa 50 Minuten
Backzeit: 13–15 Minuten je Backblech

1. Für den Teig das Wasser in eine kleine Schüssel geben. Die Hefe hineinbröckeln, kurz mit einer Gabel verrühren. Das Hefewasser etwa 10 Minuten stehen lassen.

2. Thymian abspülen, trocken tupfen und die Blättchen von den Stängeln zupfen. Blättchen fein hacken. Das Hefewasser einmal gut verrühren.

3. Mehl mit Salz, Zucker, Olivenöl, Hefewasser und Thymian in eine Rührschüssel geben. Die Zutaten mit einem Mixer (Knethaken) zunächst kurz auf niedrigster, dann auf höchster Stufe in etwa 5 Minuten zu einem glatten, geschmeidigen Teig verkneten.

4. Den Teig zu einer Kugel formen. Teigkugel mit Mehl bestäuben und zugedeckt an einem warmen Ort gehen lassen, etwa 30 Minuten.

5. Für die Gewürzmischung Pfeffer, Nusskerne, Sesam und Meersalz vermischen, in einem Blitzhacker vorsichtig noch etwas feiner hacken (es sollen die einzelnen Zutaten erkennbar bleiben). Gewürzmischung auf ein großes Brett streuen.

6. Den Teig auf der leicht bemehlten Arbeitsfläche zu einem etwa ½ cm dicken Rechteck (24 x 20 cm) ausrollen und in 24 gleich große Streifen schneiden.

7. Die Streifen mit etwas kaltem Wasser bestreichen und gleichmäßig durch die Gewürzmischung rollen. Dabei die Streifen knapp etwa 25 cm lang ausrollen. Die Teigstreifen mit etwas Abstand auf Backbleche (mit Backpapier belegt) legen. Teigstreifen zugedeckt gehen lassen, etwa 10 Minuten.

8. Inzwischen den Backofen vorheizen.
Ober-/Unterhitze: etwa 200 °C
Heißluft: etwa 180 °C

9. Die Backbleche nacheinander im unteren Drittel in den vorgeheizten Backofen schieben. Grissini in **13–15 Minuten je Backblech so backen,** dass die Grissini-Spitzen goldbraun sind.

10. Die Grissini vorsichtig mit dem Backpapier auf Kuchenroste ziehen und erkalten lassen.

Grüne Smoothies

Zum Frühstück & als Snack

je 2 Portionen

Detox-Drink

(im Foto links)

Pro Portion: E: 3 g, F: 9 g, Kh: 28 g, kJ: 945, kcal: 225, BE: 2,5

3–4 Stängel	*Minze*
2	*Bio-Limetten (unbehandelt, ungewachst)*
50 g	*zarter grüner Blattsalat (vorbereitet gewogen)*
140 g	*Avocadofruchtfleisch (vorbereitet gewogen)*
200 g	*grünes Zuckermelonenfruchtfleisch (vorbereitet gewogen)*
200 ml	*veganer Orangensaft*
1 TL	*Agavendicksaft*

Zubereitungszeit: 5 Minuten

1. Minze abspülen, trocken tupfen und die Blättchen von den Stängeln zupfen. Limetten halbieren, den Saft auspressen und mit der Minze in einen Mixer oder hohen Rührbecher geben.

2. Salat putzen, abspülen, trocken tupfen und grob in Stücke zupfen. Avocado- und Melonenfruchtfleisch mit Orangensaft und Agavendicksaft in den Mixer bzw. Rührbecher geben.

3. Die Zutaten im Mixer oder mit einem Pürierstab fein mixen bzw. pürieren. Salat nach und nach dazugeben. Den Smoothie in vorgekühlten Gläsern sofort genießen.

Blitz-Mix

(im Foto rechts)

Pro Portion: E: 5 g, F: 6 g, Kh: 33 g, kJ: 947, kcal: 226, BE: 3,0

50 g	*junger zarter Blattspinat (vorbereitet gewogen)*
2	*Kiwis (etwa 190 g)*
275 ml	*ungesüßter Mandeldrink (natur)*
1 EL	*Haferkleie*
1 EL	*Hafer-Schmelzflocken*
1	*saftiger säuerlicher Apfel (vorbereitet gewogen 75 g)*
2 EL	*Zitronensaft*
1 EL	*Agavendicksaft*

Zubereitungszeit: 5 Minuten

1. Spinat verlesen, evtl. grobe Blattstiele entfernen. Spinat abspülen und sehr gut ausdrücken. Kiwis schälen, grob schneiden und in einen Mixer oder hohen Rührbecher geben. Sehr gut gekühlten Mandeldrink, Kleie und Schmelzflocken hinzufügen.

2. Den Apfel heiß abwaschen, abtrocknen, vierteln und entkernen. Apfelviertel fein würfeln, mit Zitronensaft und Agavendicksaft zu den restlichen Zutaten geben. Die Zutaten im Mixer oder mit einem Pürierstab fein mixen bzw. pürieren. Den Spinat nach und nach dazugeben. Blitz-Mix in vorgekühlten Gläsern sofort servieren.

Grünkernsuppe | Macht richtig satt

4 Portionen

Pro Portion: E: 8 g, F: 2 g, Kh: 36 g, kJ: 878, kcal: 210, BE: 3,0

180 g Grünkern, ganz
500 ml Wasser
500 ml vegane Gemüsebrühe
350 g Möhren
2 Stangen Staudensellerie
1 Stange Porree (Lauch)
1 TL gekörnte Gemüsebrühe mit Hefeextrakt
Salz, gem. Pfeffer
1 Bund glatte Petersilie

Zubereitungszeit: 25 Minuten, ohne Einweichzeit
Garzeit: etwa 65 Minuten

1. Grünkern in einem Sieb abspülen und abtropfen lassen. Grünkern mit kaltem Wasser übergießen und über Nacht einweichen.

2. Grünkern mit dem Einweichwasser in einen Topf geben. Die Brühe hinzugießen, zum Kochen bringen und zugedeckt etwa 50 Minuten bei schwacher Hitze kochen lassen.

3. Inzwischen die Möhren putzen, schälen, abspülen, abtropfen lassen und in Scheiben schneiden. Sellerie putzen, abspülen, abtropfen lassen und in 1 cm große Stücke schneiden. Möhrenscheiben und Selleriestücke in die Suppe geben, wieder zum Kochen bringen und etwa 10 Minuten mitkochen lassen.

4. Porree putzen, die Stange längs halbieren, gründlich waschen, abtropfen lassen, klein schneiden, in die Suppe geben und noch weitere etwa 5 Minuten mitgaren lassen. Suppe mit Gemüsebrühe, Salz und Pfeffer würzen.

5. Petersilie abspülen und trocken tupfen. Die Blättchen von den Stängeln zupfen. Die Blättchen nach Belieben klein schneiden.

6. Die Suppe mit Petersilie bestreut servieren.

Grünkern-Trifle-Salat |

Fruchtig

4 Portionen

Pro Portion: E: 10 g, F: 31 g, Kh: 51 g, kJ: 2128, kcal: 507, BE: 4,0

200 g Grünkern, ganz

Für die Vinaigrette:

300 ml veganer Orangensaft
3 EL veganer süßer Senf
4 EL Rotweinessig
Salz
gem. Pfeffer
8 EL Traubenkernöl
1 Bund Schnittlauch

100 g Römersalat
40 g Walnusskerne
300 g Möhren
300 g Knollensellerie
200 g Äpfel

Zubereitungszeit: 30 Minuten, ohne Einweich-, Abkühl- und Durchziehzeit
Garzeit: etwa 30 Minuten

1. Am Vortag den Grünkern in eine Schüssel geben, mit kaltem Wasser übergießen, sodass der Grünkern ganz bedeckt ist. Grünkern über Nacht einweichen.

2. Am nächsten Tag den Grünkern abgießen und in einen Topf geben. So viel Wasser hinzugießen, dass der Grünkern ganz bedeckt ist, zum Kochen bringen und etwa 30 Minuten bei schwacher Hitze kochen lassen.

3. Den Topf von der Kochstelle nehmen. Grünkern in dem Kochwasser erkalten lassen. Anschließend in einem Sieb abtropfen lassen.

4. Für die Vinaigrette in der Zwischenzeit Orangensaft, Senf und Essig verrühren, mit Salz und Pfeffer würzen. Das Traubenkernöl unterschlagen. Schnittlauch abspülen, trocken tupfen und in Röllchen schneiden. Schnittlauchröllchen unter die Vinaigrette rühren.

5. Römersalat putzen, abspülen, trocken tupfen und in etwa 1 cm breite Streifen schneiden. Walnusskerne grob hacken. Möhren und Sellerie putzen, schälen, abspülen und abtropfen lassen. Äpfel schälen, halbieren und entkernen. Möhren, Sellerie und Apfelhälften getrennt auf einer Haushaltsreibe grob raffeln.

6. Grünkern, Möhren-, Sellerie-, Apfelraffel und Walnusskerne abwechselnd in Gläser schichten, dabei jede Schicht mit etwas von der Vinaigrette beträufeln. Etwas von der Vinaigrette für die Salatstreifen zurücklassen und beiseitestellen. Den Salat mindestens 15 Minuten gut durchziehen lassen.

7. Zum Servieren den eingeschichteten Salat mit den Salatstreifen belegen und mit der restlichen beiseitegestellten Vinaigrette beträufeln.

Tipp: Den Grünkern-Trifle-Salat zum Mitnehmen in verschließbare Gläser füllen, mit dem Deckel verschließen und kurz vor dem Verzehr kräftig durchschütteln.

Grünkohl-Currytopf

Deftig

4 Portionen

Pro Portion: E: 14 g, F: 25 g, Kh: 28 g, kJ: 1648, kcal: 396, BE: 2,0

2	*Zwiebeln*
1	*rote Chilischote*
2 EL	*Sonnenblumenöl*
1 EL	*vegane gelbe oder grüne Currypaste*
600 g	*TK-Grünkohl*
	Salz
	gem. Pfeffer
400 ml	*Kokosmilch*
400 ml	*vegane Gemüsebrühe*
2	*Möhren*
200 g	*Süßkartoffeln*
30 g	*frischer Ingwer oder Galgant*
200 ml	*Wasser*
50 g	*rote Linsen*
etwas	*Voll-Rohrzucker*

Zubereitungszeit: 30 Minuten
Garzeit: etwa 1 Stunde

1. Zwiebeln abziehen und in Scheiben schneiden. Chilischote entstielen, längs aufschneiden, entkernen, abspülen, abtropfen lassen und in feine Ringe schneiden.

2. Das Sonnenblumenöl in einem großen Topf erhitzen. Currypaste, Zwiebelscheiben und Chiliringe hinzugeben und kurz unter Rühren andünsten. Den Grünkohl hinzugeben, unterrühren und etwa 5 Minuten mitdünsten, mit Salz und Pfeffer würzen.

3. Kokosmilch und Gemüsebrühe zum Grünkohl in den Topf gießen. Die Zutaten zum Kochen bringen und zugedeckt bei schwacher Hitze etwa 15 Minuten kochen lassen, dabei gelegentlich umrühren.

4. In der Zwischenzeit die Möhren putzen. Die Süßkartoffeln und Möhren schälen, abspülen, abtropfen lassen und in Würfel schneiden. Ingwer oder Galgant schälen, fein reiben oder in sehr kleine Würfel schneiden.

5. Süßkartoffel-, Möhrenwürfel und Ingwer oder Galgant in den Eintopf geben. Den Eintopf zugedeckt wieder zum Kochen bringen und bei mittlerer Hitze weitere etwa 45 Minuten kochen lassen, dabei gelegentlich umrühren.

6. In der Zwischenzeit das Wasser zugedeckt in einem Topf zum Kochen bringen. Die Linsen hinzugeben und etwa 8 Minuten bei schwacher Hitze kochen lassen. Die Linsen in ein Sieb geben und abtropfen lassen.

7. Die Linsen in den Eintopf geben und unterrühren. Den Grünkohl-Currytopf mit Salz, Pfeffer und 1 Prise Zucker abschmecken, in Suppenschalen anrichten und servieren.

Tipp: Statt Currypaste können Sie auch 2–3 Teelöffel Currypulver verwenden.

Guacamole |

Klassisch

4 Portionen

Pro Portion: E: 2 g, F: 22 g, Kh: 3 g, kJ: 922, kcal: 221, BE: 0,25

50 g Frühlingszwiebeln
2 Bio-Limetten (unbehandelt, ungewachst)
1 grüne Chilischote
1 Bund Koriander
500 g Avocado
Salz

Zubereitungszeit: 20 Minuten

1. Die Frühlingszwiebeln putzen, abspülen und grob würfeln. Limetten heiß abwaschen, abtrocknen und die Schale fein abreiben. Limetten halbieren, den Saft auspressen und 5 Esslöffel Saft abmessen.

2. Die Chilischote entstielen, längs aufschneiden, entkernen, abspülen, abtropfen lassen und klein würfeln. Koriander abspülen und trocken tupfen. Die Blättchen von den Stängeln zupfen und grob zerkleinern.

3. Die Avocados halbieren und entkernen. Das Fruchtfleisch aus den Schalen lösen und grob zerschneiden. Avocadofruchtfleisch mit Limettenschale, abgemessenem Limettensaft, Chili-, Frühlingszwiebelwürfeln und Koriander in der Küchenmaschine fein pürieren. Die Guacamole mit Salz würzen.

Gurkenrelish

Raffiniert

4–5 Portionen

Pro Portion: E: 2 g, F: 1 g, Kh: 23 g, kJ: 471, kcal: 113, BE: 1,0

100 g Zwiebeln
400 g Salatgurke
1 Apfel (etwa 125 g, Granny Smith)
1 TL Kümmelsamen
1 EL Senfkörner
8 Wacholderbeeren
1 Lorbeerblatt
100 ml Weißweinessig
75 g Voll-Rohrzucker
Salz
½ Bund Dill

Zubereitungszeit: 15 Minuten
Garzeit: etwa 25 Minuten

1. Zwiebeln abziehen und in kleine Würfel schneiden. Von der Gurke die Enden abschneiden. Gurke schälen, längs vierteln und in etwa 3 mm breite Scheiben schneiden. Den Apfel schälen und das Kerngehäuse mit einem Apfelausstecher entfernen. Apfel ebenfalls in etwa 3 mm breite Scheiben schneiden.

2. Die vorbereiteten Zutaten mit Kümmel, Senfkörnern, Wacholderbeeren, Lorbeerblatt, Essig und Zucker in einem Topf mischen und mit Salz würzen. Alle Zutaten zum Kochen bringen und bei schwacher Hitze etwa 25 Minuten kochen lassen, bis keine Flüssigkeit mehr vorhanden ist.

3. Dill abspülen und trocken tupfen. Die Spitzen von den Stängeln zupfen, Spitzen klein schneiden und unter das Relish mischen. Gurkenrelish erkalten lassen.

Hafer-Beeren-Porridge |

Zum Frühstück

2 Portionen

Pro Portion: E: 13 g, F: 9 g, Kh: 42 g, kJ: 1296, kcal: 308, BE: 3,5

2 TL	*gehackte Haselnusskerne*
4 geh. EL	*kernige Haferflocken (30 g)*
400 ml	*ungesüßter Mandel- oder Sojadrink (natur)*
2–4 TL	*Agavendicksaft*
200–300 g	*frische Beeren der Saison, z. B. Erdbeeren, Himbeeren, Heidelbeeren (ersatzweise TK-Beeren)*
1 Prise	*gem. Zimt*

Zubereitungszeit: 10 Minuten

1. Haselnusskerne und Haferflocken in einem kleinen, möglichst beschichteten Topf bei mittlerer Hitze ohne Fett unter Rühren anrösten, bis sie anfangen zu duften. Dann den Drink vorsichtig hinzugießen und zum Kochen bringen. Agavendicksaft unterrühren. Masse etwa 5 Minuten bei schwacher Hitze unter gelegentlichem Rühren ausquellen lassen.

2. Beeren verlesen, evtl. kurz abspülen und gut abtropfen lassen. Beeren entstielen, Erdbeeren je nach Größe halbieren oder vierteln.

3. Hafer-Porridge evtl. noch mit etwas Agavendicksaft und 1 Prise Zimt abschmecken und mit den Beeren anrichten.

Tipps: Zum Süßen können Sie statt Agavendicksaft auch Stevia verwenden. Stevia ist ein aus dem südamerikanischen Süßkraut gewonnener Pflanzenextrakt, der eine bis zu 30-fach höhere Süßkraft als Zucker hat und praktisch keine Kalorien enthält. Als Süßungsmittel sind Steviaprodukte (z. B. Streu-Süße) bei uns in Reformhäusern, Drogerien und gut sortierten Supermärkten erhältlich. Aufgrund der hohen Süßkraft von Steviaprodukten, sollten Sie unbedingt die Dosierungsanleitung auf der Packung beachten! Achtung: Nicht alle Steviaprodukte sind vegan!

Hafer-Mangold-Auflauf

Mit Zwiebel-Nuss-Kruste

4 Portionen

Pro Portion: E: 16 g, F: 37 g, Kh: 38 g, kJ: 2316, kcal: 554, BE: 2,5

2 TL	*Tomatenmark*
800 ml	*vegane Gemüsebrühe*
200 g	*grobe Hafergrütze*
1	*Lorbeerblatt*
	Salz, gem. Pfeffer
1 Staude	*Mangold (etwa 800 g)*
3	*mittelgroße Zwiebeln*
1	*Knoblauchzehe*
6 EL	*Speiseöl*
40 g	*grob gehackte Macadamia- oder Walnusskerne*
200 ml	*Sojacreme zum Kochen*
	ger. Muskatnuss
etwas	*vegane Margarine für die Form*
350 g	*mittelgroße Tomaten*

Zubereitungszeit: 30 Minuten, ohne Quellzeit
Garzeit: etwa 15 Minuten

1. Tomatenmark mit Brühe verrühren. Hafergrütze in einen Topf geben und bei mittlerer Hitze unter Wenden anrösten, bis der Hafer zu duften beginnt. Die Brühe-Tomatenmark-Mischung unter Rühren hinzugießen. Das Lorbeerblatt hinzugeben, alles mit etwas Salz und Pfeffer würzen, kurz aufkochen lassen. Den Topf von der Kochstelle nehmen und die Grütze zugedeckt etwa 20 Minuten quellen lassen. Lorbeerblatt entfernen.

2. Inzwischen Mangold putzen, die Stiele von den Blättern schneiden. Blätter und Stängel gründlich waschen und abtropfen lassen. Die Blätter und die Stängel in kleine Stücke schneiden.

3. Zwiebeln und Knoblauch abziehen und würfeln. Etwas von dem Öl in einer Pfanne erhitzen. Zwiebel- und Knoblauchwürfel darin goldbraun andünsten. Danach die Zwiebel- und Knoblauchwürfel aus der Pfanne nehmen, mit den gehackten Nüssen mischen.

4. Restliches Öl in der Pfanne erhitzen. Mangoldstiele darin bei starker Hitze etwa 3 Minuten anbraten, dabei gelegentlich umrühren. Mangoldblätter hinzugeben und kurz mit anbraten. Die Sojacreme angießen. Das Ganze mit Salz, Pfeffer und Muskat würzen. Die Flüssigkeit offen bei starker Hitze leicht sämig einkochen. Mangold und verbliebene Flüssigkeit in eine große Auflaufform (gefettet) geben.

5. Den Backofen vorheizen.
Ober-/Unterhitze: etwa 220 °C
Heißluft: etwa 200 °C

6. Tomaten abspülen, abtrocknen, in dünne Scheiben schneiden, dabei die Stängelansätze herausschneiden. Die Tomatenscheiben und die gequollene Hafergrütze abwechselnd streifenweise auf den Mangold schichten. Dabei die Tomatenscheiben mit etwas Salz und Pfeffer würzen.

7. Die Nuss-Zwiebel-Mischung auf dem Auflauf verteilen. Die Form auf dem Rost in den vorgeheizten Backofen schieben. Den Auflauf **etwa 15 Minuten garen.**

Tipp: Die Tomatenscheiben zusätzlich mit Kräutern der Provence bestreuen.

Havanna-Moon-Chili-Flip I

Flüssigsnack

2 Portionen

Pro Portion: E: 2 g, F: 7 g, Kh: 20 g,
kJ: 658, kcal: 157, BE: 1,5

1/4 rote Chilischote
1/4 Papaya (etwa 75 g)
1/4 Avocado (etwa 75 g, ohne Stein)
1 kleine Banane (etwa 75 g)
300 ml veganer Orangensaft
2 EL Limettensaft
200 ml Mineralwasser mit Kohlensäure
evtl. einige Eiswürfel

Zubereitungszeit: 15 Minuten

1. Chili abspülen, trocken tupfen, entstielen, vierteln und fein schneiden. Papaya längs vierteln und die Kerne herausschaben. Papayaviertel schälen. Avocadofruchtfleisch mithilfe eines Esslöffels aus der Schale lösen. Die Banane schälen.

2. Die vorbereiteten Früchte in grobe Stücke schneiden und in einen hohen Rührbecher oder einen Mixer geben. Chili, Orangen-, Limettensaft und Mineralwasser hinzugeben.

3. Die Zutaten mit einem Pürierstab oder im Mixer fein pürieren. Havanna-Moon-Chili-Flip nach Belieben auf Eiswürfeln servieren.

Tipp: Die Avocado ist aufgrund ihres hohen Fettanteils (etwa 23 g pro 100 g) sehr sättigend.

Heidelbeer-Soja-Eissmoothie

Fruchtig – erfrischend

4 Portionen

Pro Portion: E: 5 g, F: 3 g, Kh: 30 g, kJ: 763, kcal: 182, BE: 2,5

1 Glas Heidelbeeren mit Saft (540 g Füllmenge)
375 g Sojajoghurt (natur)
1–2 EL Agavendicksaft

Außerdem:

1 flache gefriergeeignete Form

Zubereitungszeit: 10 Minuten, ohne Abkühlzeit
Gefrierzeit: etwa 2 Stunden
(Eismaschine: etwa 35 Minuten)

1. Die Heidelbeeren mit dem Saft in einen hohen Rührbecher geben und pürieren. Sojajoghurt unter das Püree rühren und mit Agavendicksaft abschmecken.

2. Die Heidelbeer-Joghurt-Masse in die Form geben und zugedeckt in den Gefrierschrank stellen. Die Masse etwa 2 Stunden gefrieren lassen. Dabei die Heidelbeer-Joghurt-Masse alle 30 Minuten umrühren. Oder die Heidelbeer-Joghurt-Masse in einer vorbereiteten Eismaschine in etwa 35 Minuten gefrieren lassen.

3. Die gefrorene Heidelbeer-Joghurt-Masse mit einem Pürierstab pürieren. Heidelbeer-Soja-Eissmoothie in Gläsern servieren.

Tipp: Allein zu Haus? Die Heidelbeer-Joghurt-Masse kann auch in kleinen Portionen aus dem Gefrierschrank genommen und püriert werden. Der Rest bleibt dann einfach bis zur nächsten „Lust auf Eis" eingefroren.

Rezeptvariante: Für einen **Apfel-Mango-Eissmoothie** (im Foto hinten) 700 g Apfel-Mango-Mark mit 50 ml Limettensirup und 300 ml Mangosaft verrühren, in die Form geben und wie beschrieben gefrieren lassen, dann pürieren und servieren.

Himbeertorte mit Mandel-Amaranth-Boden | Für Gäste

12 Stücke

Pro Stück: E: 4 g, F: 9 g, Kh: 23 g, kJ: 820, kcal: 195, BE: 2,0

Für den Tortenboden:

70 g abgezogene, gem. Mandeln
120 g vegane weiße Schokolade
20 g veganes Kokosfett
50 g gepuffter Amaranth (Amaranth-Pops)
100 g Himbeerfruchtaufstrich

Für die Creme:

50 g Roh-Rohrzucker
etwa 7 g Agar-Agar
250 ml veganer Orangensaft
250 g Himbeeren
300 g Sojajoghurt (natur)

Zum Garnieren:

70 g Himbeerfruchtaufstrich

Zubereitungszeit: 25 Minuten, ohne Kühlzeit

1. Für den Tortenboden Mandeln in einer Pfanne ohne Fett unter Wenden goldbraun rösten, danach auf einem Teller erkalten lassen. Die Schokolade in kleine Stücke brechen, mit dem Kokosfett in einem Topf im Wasserbad bei schwacher Hitze unter Rühren schmelzen.

2. Die Mandeln mit der Schokomasse und dem Amaranth in einer Schüssel gut vermischen, in eine Springform (Ø 26 cm, Boden mit Backpapier belegt) geben. Die Masse mit einem Löffel fest zu einem Boden andrücken. Die Form etwa 1 Stunde in den Kühlschrank stellen.

3. Den Aufstrich gleichmäßig auf dem Tortenboden verstreichen. Die Form wieder in den Kühlschrank stellen.

4. Für die Creme Zucker und Agar-Agar in einen Topf geben. Den Orangensaft unterrühren und das Ganze unter Rühren etwa 2 Minuten kochen lassen. Die Geliermasse unter gelegentlichem Rühren abkühlen lassen, bis sie lauwarm (etwa 40 °C) ist, aber noch nicht geliert.

5. Inzwischen die Himbeeren verlesen. Die Hälfte der Himbeeren grob zerteilen. Erst die zerteilten Himbeeren, dann den Joghurt zügig unter die Geliermasse rühren. Die Creme sofort in die Form auf den Mandel-Amaranth-Boden geben und verstreichen.

6. Die restlichen Himbeeren dekorativ auf der Torte verteilen. Die Form zugedeckt mindestens 1 Stunde in den Kühlschrank stellen.

7. Die Torte vorsichtig aus der Form lösen und auf eine Tortenplatte setzen.

8. Zum Garnieren den Fruchtaufstrich durch ein Sieb streichen und in einen kleinen Gefrierbeutel geben. Eine kleine Spitze vom Beutel abschneiden und die Torte mit dem Fruchtaufstrich garnieren.

Hirsemüsli | Zum Frühstück

2 Portionen

Pro Portion: E: 10 g, F: 4 g, Kh: 48 g, kJ: 1180, kcal: 282, BE: 4,0

Für das Müsli:

80 g Hirse
1 Pck. Dr. Oetker Bourbon-Vanille-Zucker
250 ml Wasser
200 g Himbeeren oder Erdbeeren
1 Banane
200 g Sojajoghurt (natur)
2–4 TL Zitronensaft

Zubereitungszeit: 15 Minuten, ohne Quell- und Abkühlzeit

1. Für das Müsli die Hirse mit dem Vanille-Zucker und Wasser in einem Topf zum Kochen bringen. Die Hirse zugedeckt etwa 35 Minuten bei schwacher Hitze quellen lassen. Anschließend die gequollene Hirse etwas abkühlen lassen.

2. Die Himbeeren verlesen, evtl. kurz abspülen und vorsichtig trocken tupfen. Oder die Erdbeeren abspülen, gut trocken tupfen, entstielen und halbieren.

3. Die Banane schälen und in Scheiben schneiden. Den Sojajoghurt glatt rühren. Den Joghurt mit den vorbereiteten Beeren und den Bananenscheiben vorsichtig unter die Hirsemasse heben und mit etwas Zitronensaft abschmecken.

Tipps: Das Müsli mit Nüssen, Sonnenblumenkernen oder Kokosraspeln bestreut servieren. Alles vorher in einer Pfanne ohne Fett unter Wenden anrösten, so schmeckt das Eigenaroma intensiver hervor.

Rezeptvariante: Für ein **Quinoamüsli** nehmen Sie statt Hirse dieselbe Menge Quinoa. Quinoa mit der doppelten Menge Wasser in einen Topf geben und aufkochen. Anschließend bei schwacher Hitze zugedeckt etwa 25 Minuten köcheln lassen (Packungsanleitung beachten!). Den Topf von der Kochstelle nehmen. Quinoa etwa 5 Minuten weiter ausquellen und dann abkühlen lassen. Anschließend gehen Sie weiter nach Rezept vor.

Hirsesalat | Macht richtig satt

4 Portionen

Pro Portion: E: 10 g, F: 9 g, Kh: 46 g, kJ: 1278, kcal: 305, BE: 3,5

200 g	*Hirse*
2–3	*Schalotten*
2 TL	*Speiseöl, z. B. Sonnenblumenöl*
etwa 600 ml	*vegane Gemüsebrühe*
200 g	*Zuckerschoten*
	Salz
etwa 600 g	*Chinakohl*
etwa 200 g	*Kohlrabi*
4 TL	*Obstessig*
etwa 6 TL	*frisch gepresster Zitronensaft*
etwas	*Currypulver*
etwas	*gem. Ingwer*
4 TL	*Weizenkeimöl*
	gem. schwarzer Pfeffer

Zubereitungszeit: 40 Minuten, ohne Abkühl- und Durchziehzeit

1. Hirse in ein feines Sieb geben, mit heißem Wasser abspülen und gut abtropfen lassen. Schalotten abziehen und fein würfeln. Speiseöl in einem Topf erhitzen. Die Schalottenwürfel darin andünsten. Die Hirse mit etwa 440 ml Gemüsebrühe hinzugeben und nach Packungsanleitung garen. Die gegarte Hirse in eine Schüssel geben und zum Abkühlen beiseitestellen.

2. Von den Zuckerschoten die Enden abschneiden, die Schoten evtl. abfädeln. Zuckerschoten abspülen, abtropfen lassen und in kochendem Salzwasser in etwa 2 Minuten bissfest garen. Zuckerschoten abgießen, mit kaltem Wasser abschrecken, abtropfen lassen und nach Belieben schräg in Stücke schneiden.

3. Chinakohl putzen, abspülen, abtropfen lassen und in feine Streifen schneiden. Kohlrabi schälen, abspülen und abtropfen lassen. Kohlrabi auf der Haushaltsreibe grob raspeln.

4. Die beiseitegestellte Hirse mit 2 Gabeln etwas auflockern. Zuckerschoten, Chinakohlstreifen und Kohlrabiraspel unterheben.

5. Restliche Gemüsebrühe mit Obstessig, 4 Teelöffeln Zitronensaft, Currypulver und gemahlenem Ingwer verrühren. Das Weizenkeimöl unterschlagen. Das Dressing mit Salz und Pfeffer würzen.

6. Das Dressing zu den Salatzutaten geben und alles gut vermischen. Den Salat kurz durchziehen lassen.

7. Vor dem Servieren den Salat nochmals mit restlichem Zitronensaft, Curry und Ingwer frisch-säuerlich abschmecken und in Salatschälchen anrichten.

Tipps: Statt frischer Zuckerschoten können Sie auch TK-Zuckerschoten oder TK-Erbsen verwenden. Diese in kochendem Salzwasser nach Packungsanleitung garen, abgießen, mit kaltem Wasser abspülen und gut abtropfen lassen.

Hirsesalat mit Paprika und Zucchini

Für Gäste – gut vorzubereiten

4 Portionen

Pro Portion: E: 9 g, F: 15 g, Kh: 53 g, kJ: 1706, kcal: 406, BE: 4,0

200 g Hirse
400 ml vegane Gemüsebrühe
1 Zwiebel
2 rote Paprikaschoten
2 Zucchini
50 g Korinthen
5 EL Olivenöl
Salz, gem. Pfeffer
1 Bund glatte Petersilie
2–3 EL Weißweinessig

Zubereitungszeit: 25 Minuten, ohne Abkühlzeit
Garzeit: etwa 25 Minuten

1. Die Hirse in ein Sieb geben, mit kaltem Wasser abspülen und abtropfen lassen. Brühe in einem Topf zum Kochen bringen. Hirse hinzugeben, unter Rühren wieder zum Kochen bringen und zugedeckt etwa 15 Minuten bei schwacher Hitze garen.

2. In der Zwischenzeit Zwiebel abziehen, halbieren und in Streifen schneiden. Paprikaschoten vierteln, entstielen, entkernen und die weißen Scheidewände entfernen. Paprikaviertel abspülen, abtropfen lassen und in kurze Streifen schneiden.

3. Zucchini abspülen, abtrocknen und die Enden abschneiden. Zucchini in kurze Streifen schneiden. Korinthen in ein Sieb geben, mit heißem Wasser abspülen und abtropfen lassen.

4. Olivenöl in einem Topf erhitzen. Die Zwiebelstreifen darin andünsten. Paprikastreifen und Korinthen hinzugeben und zugedeckt etwa 10 Minuten garen. Dann Zucchinistreifen unterheben, mit Salz und Pfeffer würzen. Das Gemüse mit der Hirse vermischen. Den Salat etwas abkühlen lassen.

5. Petersilie abspülen und trocken tupfen. Die Blättchen von den Stängeln zupfen, Blättchen klein schneiden und unter den Hirsesalat heben. Den Salat mit Salz, Pfeffer und Essig würzen.

Hummus | Orientalische Spezialität

10 Portionen

Pro Portion: E: 5 g, F: 9 g, Kh: 8 g, kJ: 579, kcal: 139, BE: 0,5

400 g abgetropfte Kichererbsen (aus der Dose)
1 Knoblauchzehe
5 Stängel Minze
80 g Tahini (Sesampaste)
4 EL Olivenöl
1 TL Salz
gem. Pfeffer
einige getrocknete Chiliflocken
1 TL Paprikapulver rosenscharf
1 TL gem. Kreuzkümmel (Cumin)
4–5 EL kaltes Wasser
3 EL frisch gepresster Zitronensaft

Zubereitungszeit: 25 Minuten

1. Die Kichererbsen in ein Sieb geben, mit kaltem Wasser abspülen und gut abtropfen lassen. Knoblauch abziehen. Die Minze abspülen, trocken tupfen und die Blättchen von den Stängeln zupfen. Blättchen klein schneiden.

2. Kichererbsen in einen Rührbecher geben. Tahinipaste, Olivenöl, Salz, 1 Messerspitze Pfeffer, 1 Messerspitze Chiliflocken, Paprika, Kreuzkümmel, Wasser und Zitronensaft hinzugeben.

3. Die Zutaten mit einem Pürierstab fein pürieren. Die Minze unterrühren. Hummus zugedeckt in den Kühlschrank stellen.

Beilage: Geröstete vegane Brotscheiben.

Tipps: Hummus mit Paprikapulver rosenscharf und gerösteten Sesamsamen bestreuen. Die Tahinipaste vor dem Verzehr durchrühren. Hummus hält sich zugedeckt im Kühlschrank etwa 1 Woche.

Hummus im Bananenblatt

Vom Grill – für Gäste

12 Portionen (60 Päckchen)

Pro Portion: E: 28 g, F: 62 g, Kh: 40 g, kJ: 3554, kcal: 855, BE: 3,0

Für den Salat:

1 kg Tomaten
3 Salatgurken
2 Bund glatte Petersilie
2 TL Essigbaumgewürz (aus dem türk. Lebensmittelladen)
100 ml Weißweinessig
Salz
gem. Pfeffer
1 Prise Voll-Rohrzucker
200 ml Olivenöl

Für den Hummus im Bananenblatt:

2 Bund glatte Petersilie
6 Knoblauchzehen
6 Dosen Kichererbsen (2,4 kg mit Fond)
900 g Tahini (Sesampaste)
½–1 TL gem. Kreuzkümmel (Cumin)
½–1 TL Paprikapulver edelsüß
Saft von 2 Limetten
6 ganze Bananenblätter

etwas Olivenöl zum Einstreichen

Außerdem:

Küchengarn
Edelstahl-Grillschalen

Zubereitungszeit: 1 ½ Stunden
Grillzeit: 10–15 Minuten

1. Für den Salat Tomaten und Gurken abspülen und abtropfen lassen. Die Tomaten in Stücke schneiden, dabei die Stängelansätze herausschneiden. Gurkenenden abschneiden. Gurken längs vierteln und ebenfalls in kleine Stücke schneiden.

2. Die Petersilie abspülen, trocken tupfen, die Blättchen von den Stängeln zupfen und fein schneiden.

3. Essigbaumgewürz mit Weinessig verrühren, mit Salz, Pfeffer und Zucker würzen, Olivenöl unterschlagen. Das Dressing mit Tomaten-, Gurkenstücken und Petersilie vermischen. Salat zugedeckt etwa 40 Minuten ziehen lassen.

4. Inzwischen für den Hummus Petersilie abspülen, trocken tupfen und die Blättchen von den Stängeln zupfen. Blättchen etwas kleiner zupfen. Knoblauch abziehen.

5. Kichererbsen mit Fond, Tahini, Petersilie und Knoblauch zu einer glatten Masse pürieren, mit dem Kreuzkümmel, Paprikapulver, Salz, Pfeffer und Limettensaft pikant abschmecken.

6. Die Bananenblätter an der Rispe längs halbieren. Dann die Bananenblätter in 60 etwa 15 cm große Quadrate schneiden, kurz in kochendem Wasser blanchieren, abtropfen lassen.

7. Auf jedes Bananenblattquadrat mittig 1 gehäuften Esslöffel Hummus geben, die Blätter jeweils zu Päckchen zusammenfalten und danach mit Küchengarn zusammenbinden.

8. Die Päckchen mit Olivenöl einstreichen und nebeneinander in die Grillschalen setzen. Die Grillschalen auf den Grillrost des heißen Grills stellen. Die gefüllten Bananenblattpäckchen 10–15 Minuten grillen, dabei einmal wenden. Zum Servieren die Bananenblattpäckchen öffnen, den Hummus herauslöffeln und den Salat dazureichen.

Tipps: Die Bananenblätter dienen als Grillhülle und werden nicht mitgegessen. Bekommen Sie keine Bananenblätter, dann greifen Sie auf Chinakohl zurück. Dazu von 4 Chinakohlköpfen die Blätter vom Strunk lösen. Dicke Blattrippen heraus- bzw. flach schneiden. Die Blätter kurz blanchieren, abtropfen lassen, wie beschrieben füllen und die Päckchen grillen. Die Päckchen können bereits etwa 5 Stunden vor dem Grillen fertig zubereitet und dann zugedeckt im Kühlschrank aufbewahrt werden.

Indischer Blumenkohl-Reis-Auflauf I

Mit Papadam-Knusperkruste

4 Portionen

Pro Portion: E: 17 g, F: 33 g, Kh: 90 g, kJ: 3018, kcal: 725, BE: 7,5

300 g Basmatireis
175 g Möhren
25 g Sultaninen
2 EL vegane Margarine
1 EL Garam Masala
Salz
450 ml Wasser
650 g Blumenkohl
200 g rote Zwiebeln
3 EL vegane Margarine
10 Minzeblättchen
200 ml Kokosmilch
1 EL Garam Masala

Für die Knusperkruste:

125 g vegane Papadams (dünn frittierte Fladen aus Linsenmehl)
50 g vegane Margarine

Zubereitungszeit: 40 Minuten
Garzeit: etwa 40 Minuten

1. Den Reis in einem Sieb unter fließendem kalten Wasser abspülen und gut abtropfen lassen.

2. Die Möhren putzen, abspülen, abtropfen lassen und grob raspeln. Den Reis mit Möhren, Sultaninen, Margarine, Garam Masala und etwas Salz in einem Topf mischen. Das Wasser hinzugießen und alles zum Kochen bringen. Die Reismischung zugedeckt bei schwacher Hitze etwa 13 Minuten garen, dabei nicht umrühren.

3. Inzwischen vom Blumenkohl die Blätter entfernen und den Strunk abschneiden. Den Blumenkohl in Röschen teilen, abspülen und abtropfen lassen. Die Röschen mit Salzwasser in einem Topf zum Kochen bringen, etwa 3 Minuten garen, dann in einem Sieb abtropfen lassen.

4. Die Zwiebeln abziehen und in etwa 5 mm dicke Scheiben schneiden. Margarine in einer Pfanne zerlassen. Die Zwiebelscheiben darin unter Wenden etwa 5 Minuten braten.

5. Die Minzeblättchen abspülen, trocken tupfen, klein schneiden, mit Kokosmilch und Garam Masala verrühren, mit etwas Salz würzen.

6. Den Backofen vorheizen.
Ober-/Unterhitze: etwa 200 °C
Heißluft: etwa 180 °C

7. Für die Knusperkruste die Papadams mit den Händen in kleine Stücke brechen, dann im Blitzhacker zu groben Bröseln verarbeiten. Margarine zerlassen.

8. Eine große Auflaufform mit etwa 2 Esslöffeln von der zerlassenen Margarine einfetten. Das restliche Fett mit den Papadam-Bröseln gut vermischen.

9. Zuerst den Blumenkohl mit den Zwiebeln in der Form verteilen. Die gewürzte Kokosmilch daraufgießen. Die Reismischung darauf verteilen und verstreichen. Zum Schluss die Papadam-Brösel mit einem Esslöffel gleichmäßig auf dem Reis verstreichen.

10. Die Form auf dem Rost in den vorgeheizten Backofen schieben. Den Blumenkohl-Reis-Auflauf **etwa 40 Minuten garen,** bis die Papadam-Brösel schön knusprig sind.

Ingwerkekse I

Für zwischendurch und zum Kaffee

40 Stück

Pro Stück: E: 1 g, F: 3 g, Kh: 8 g, kJ: 269, kcal: 64, BE: 0,5

Für den Knetteig:

80 g kandierter oder gezuckerter Ingwer
250 g Weizenmehl (Type 405)
½ TL Dr. Oetker Backin
150 g kalte vegane Margarine
100 g Roh-Rohrzucker
1 Msp. Salz
2 EL kaltes Wasser

Zubereitungszeit: 20 Minuten, ohne Kühlzeit
Backzeit: etwa 15 Minuten

1. Für den Teig Ingwer im Blitzhacker fein hacken. Mehl mit Backpulver in einer Rührschüssel mischen. Margarine in kleine Stücke schneiden. Gehackten Ingwer, Margarine, Zucker, Salz und Wasser hinzufügen. Die Zutaten mit einem Mixer (Knethaken) zunächst kurz auf niedrigster, dann auf höchster Stufe gut durcharbeiten. Anschließend auf der leicht bemehlten Arbeitsfläche kurz zu einem Teig verkneten und etwas flacher rollen.

2. Einen Bogen Backpapier (etwa 35 x 25 cm) auf die Arbeitsfläche legen und fixieren (z.B. mit Margarine). Den Teig darauflegen und zu einem Rechteck (etwa 30 x 20 cm) ausrollen.

3. Mit einer Gabel dicht an dicht Muster in den Teig drücken, die Teigränder z.B. mit einem Lineal gerade drücken. Den Teig mit dem Backpapier z.B. auf einem Tablett oder Brett zugedeckt mindestens 2 Stunden in den Kühlschrank stellen.

4. Den Backofen vorheizen.
Ober-/Unterhitze: etwa 180 °C
Heißluft: etwa 160 °C

5. Den gekühlten Teig mit dem Backpapier auf ein Backblech legen. Das Backblech auf mittlerer Einschubleiste in den vorgeheizten Backofen schieben. Die Gebäckplatte **etwa 15 Minuten backen.**

6. Das Backblech auf einen Kuchenrost stellen. Die heiße Gebäckplatte mit einem Sägemesser in Rechtecke (je etwa 5 x 3 cm) schneiden. Die Ingwerkekse erkalten lassen.

Tipp: Die Ingwerkekse halten sich luftdicht verpackt 2–3 Wochen.

Italienische Gemüsesuppe I

Mediterran

4 Portionen

Pro Portion: E: 13 g, F: 11 g, Kh: 42 g, kJ: 1393, kcal: 332, BE: 3,0

1/2 Gemüsezwiebel
1 Knoblauchzehe
250 g Staudensellerie (etwa 4 Stangen)
4 EL Olivenöl
1 l vegane Gemüsebrühe
125 g vegane Spaghetti
125 g TK-Erbsen
2 Tomaten
315 g abgetropfte, italienische Bohnenkerne oder weiße Bohnen (aus der Dose)
Salz
gem. Pfeffer
getrocknete italienische Kräutermischung
evtl. klein geschnittene italienische Kräuter, z. B. Basilikum, Oregano

Zubereitungszeit: 50 Minuten
Garzeit: etwa 20 Minuten

1. Zwiebel und Knoblauch abziehen und klein würfeln. Staudensellerie putzen, abspülen und abtropfen lassen. Selleriestangen in kleine Stücke schneiden.

2. Olivenöl in einem großen Topf erhitzen. Zwiebel-, Knoblauchwürfel und Selleriestücke darin andünsten. Brühe hinzugießen, zum Kochen bringen und zugedeckt etwa 10 Minuten kochen lassen.

3. Spaghetti einmal durchbrechen, mit den gefrorenen Erbsen in die Brühe geben, noch weitere etwa 10 Minuten unter gelegentlichem Rühren kochen lassen.

4. Tomaten abspülen, abtrocknen, vierteln, entkernen und die Stängelansätze herausschneiden. Tomaten in Würfel schneiden, zusammen mit den Bohnenkernen oder Bohnen in die Suppe geben und nochmals erhitzen. Die Suppe mit Salz, Pfeffer und der Kräutermischung würzen.

5. Suppe in Tellern anrichten, nach Belieben mit den italienischen Kräutern bestreuen und sofort servieren.

Johannisbeer-Streusel-Kuchen |

Sommerlicher Knuspergenuss

12 Stücke

Pro Stück: E: 4 g, F: 15 g, Kh: 38 g, kJ: 1322, kcal: 315, BE: 3,0

Zum Vorbereiten:

120 g gem. Erdmandeln (erhältlich im Bioladen und Reformhaus)

Für den Streuselteig:

200 g Weizenmehl (Type 550)
1/2 TL Dr. Oetker Backin
1 Msp. gem. Zimt
120 g Voll-Rohrzucker
1 Pck. Dr. Oetker Vanillin-Zucker
180 g feste vegane Margarine
1 EL kaltes Wasser

Für die Füllung:

500 g rote Johannisbeeren (frisch oder TK)
80 g Voll-Rohrzucker
1 Pck. Dr. Oetker Bourbon-Vanille-Zucker
2 gestr. EL Weizenmehl (Type 550)
40 g zarte Haferflocken

Zum Bestäuben:

1 EL Puderzucker

Zubereitungszeit: 30 Minuten, ohne Abkühlzeit
Backzeit: etwa 50 Minuten

1. Zum Vorbereiten die Erdmandeln in einer Pfanne ohne Fett unter Wenden goldbraun rösten und dann auf einen Teller geben.

2. Den Backofen vorheizen.
Ober-/Unterhitze: etwa 180 °C
Heißluft: etwa 160 °C

3. Für den Teig Mehl mit 100 g Erdmandeln, Backpulver und Zimt in einer Rührschüssel mischen. Zucker, Vanillin-Zucker und Margarine in kleinen Stücken hinzufügen, mit einem Mixer (Rührstäbe) auf niedriger Stufe zu Streuseln von gewünschter Größe verarbeiten. Während des Rührens das Wasser dazugeben.

4. Die Hälfte der Streusel in einer Springform (Ø etwa 26 cm, Boden mit Backpapier belegt) verteilen und zu einem Boden andrücken. Restliche Streusel zugedeckt in den Kühlschrank stellen.

5. Die Form auf dem Rost im unteren Drittel in den vorgeheizten Backofen schieben. Den Streuselboden **etwa 10 Minuten vorbacken.**

6. Für die Füllung inzwischen frische Johannisbeeren abspülen, gut abtropfen lassen und die Beeren von den Rispen streifen. Frische Beeren oder die gefrorenen Beeren mit Zucker, Vanille-Zucker, Mehl, Haferflocken und restlichen Erdmandeln vermischen.

7. Die Backform aus dem Backofen nehmen und auf einen Kuchenrost stellen. Etwas von den Streuseln als schmalen Ring am Rand der Springform verteilen. Die Füllung auf dem Streuselboden verteilen und mit den restlichen Streuseln bedecken.

8. Die Form wieder auf dem Rost in den vorgeheizten Backofen schieben. Den Kuchen **bei gleicher Backofentemperatur weitere etwa 40 Minuten backen.**

9. Die Form auf einen Kuchenrost stellen. Den Kuchen etwa 10 Minuten abkühlen lassen. Dann den Springformrand vorsichtig lösen und entfernen. Den Kuchen vollständig erkalten lassen. Zum Servieren den Kuchen mit Puderzucker bestäuben.

Kalabrischer Chili-Nudel-Eintopf |

Schnell – einfach – fettarm

4 Portionen

Pro Portion: E: 21 g, F: 2 g, Kh: 81 g, kJ: 1935, kcal: 462, BE: 6,5

Salz
300 g TK-Dicke Bohnen
3 1/2 l Wasser
3 1/2 gestr. TL Salz
350 g vegane Muschelnudeln
900 ml vegane Gemüsebrühe
2 Lorbeerblätter
2–3 kleine getrocknete Chilischoten
500 g Fenchelknollen
1 Bund Frühlingszwiebeln
2 Fleischtomaten (etwa 300 g)

Zubereitungszeit: 30 Minuten

1. Wasser in einem Topf zugedeckt zum Kochen bringen. Etwas Salz und die Bohnen hinzufügen. Bohnen in dem Wasser 4–5 Minuten garen. Anschließend in einem Sieb kurz mit kaltem Wasser abspülen und abtropfen lassen.

2. Für die Nudeln inzwischen Wasser in einem großen Topf zugedeckt zum Kochen bringen. Dann Salz und Nudeln zugeben. Die Nudeln im geöffneten Topf bei mittlerer Hitze nach Packungsanleitung bissfest kochen, dabei gelegentlich umrühren.

3. Inzwischen Brühe in einem weiteren großen Topf zum Kochen bringen. Lorbeer und Chilischoten hinzugeben.

4. Vom Fenchel das zarte Grün abschneiden und beiseitelegen. Fenchelknollen putzen, abspülen, abtropfen lassen, halbieren und den harten Stielansatz herausschneiden. Fenchel in feine Streifen schneiden und in der Brühe zunächst etwa 4 Minuten garen.

5. Frühlingszwiebeln putzen, abspülen, abtropfen lassen und in feine Scheiben schneiden. Frühlingszwiebeln und Bohnen in die Brühe geben, mit dem Fenchel darin etwa 5 Minuten garen. Anschließend die Brühe mit Salz nochmals kräftig abschmecken.

6. Die gegarten Nudeln in ein Sieb geben, mit heißem Wasser abspülen und abtropfen lassen.

7. Tomaten abspülen, abtrocknen und vierteln. Stängelansätze und Kerne herausschneiden. Das Fruchtfleisch nach Belieben von den Schalen schneiden und klein schneiden.

8. Tomatenstücke und Nudeln in den Eintopf geben. Die Zutaten nochmals 2–3 Minuten erhitzen. Fenchelgrün abspülen, trocken tupfen und fein schneiden. Den Eintopf vor dem Servieren nochmals abschmecken, mit Fenchelgrün bestreuen und anrichten.

Karamellisierte Pfirsiche

Aromatisiert mit Rosenblütensirup

4 Portionen

Pro Portion: E: 1 g, F: 0 g, Kh: 51 g, kJ: 911, kcal: 218, BE: 4,5

4 Pfirsiche
1 Vanilleschote
250 ml Wasser
100 g Zucker
1 TL Rosenwasser
1 frische Rosenblüte (unbehandelt)
125 g Himbeeren
50 g Zucker

Zubereitungszeit: 30 Minuten

1. Pfirsiche kurz in kochendes Wasser legen, dann sofort in kaltem Wasser abschrecken. Die Pfirsiche enthäuten, halbieren und entsteinen.

2. Vanilleschote mit einem Messer längs aufschneiden und das Mark mit dem Messerrücken vorsichtig herausschaben.

3. Wasser mit dem Zucker, der ausgekratzten Vanilleschote, dem Vanillemark und dem Rosenwasser in einem Topf aufkochen.

4. Die Rosenblüte vorsichtig abspülen und trocken tupfen. Die Blütenblätter von der Rose zupfen. Die Himbeeren verlesen.

5. Zucker in einer Edelstahlpfanne hell karamellisieren lassen.

6. Die Pfirsichhälften darin schwenken und anschließend in 4 tiefen Tellern verteilen. Den Rosenblütensirup daraufgeben.

7. Die karamellisierten Pfirsiche mit den Himbeeren und Blütenblättern garnieren.

Karamellisierter Ananas-Kürbis-Salat

Für Gäste

12 Portionen

Pro Portion: E: 2 g, F: 20 g, Kh: 18 g, kJ: 1123, kcal: 268, BE: 1,5

850 g Ananasfruchtfleisch (vorbereitet gewogen)
1 kg Hokkaido-Kürbis
4 EL Olivenöl
4 EL Voll-Rohrzucker (etwa 50 g)
6 Schalotten (etwa 200 g)
4 Knoblauchzehen
6 milde Peperoni (etwa 100 g)
1–2 EL gehackte Koriander- oder glatte Petersilienblättchen

Für die Salatsauce:

150 ml Weißweinessig
Salz
gem. Pfeffer
200 ml Olivenöl

200 g Feldsalat
200 g Rucola (Rauke)
100 g Rote-Bete-Blätter oder rot-grüner Pflücksalat
200 g Portulak
1 Topf rotes Basilikum

Zubereitungszeit: 1 Stunde und 45 Minuten

1. Das Ananasfruchtfleisch zuerst in etwa 1 cm dicke Scheiben und dann in mundgerechte Stücke schneiden. Den Kürbis achteln, schälen und entkernen. Das Fruchtfleisch in kleine Stücke schneiden.

2. Etwa die Hälfte des Olivenöls in einer beschichteten Pfanne erhitzen. Die Ananasstücke unter Wenden darin anbraten, mit etwa der Hälfte des Zuckers bestreuen, unter mehrmaligem Wenden die Ananasstücke karamellisieren. Die karamellisierten Ananasstücke in eine große Schüssel geben.

3. Restliches Olivenöl in der Pfanne erhitzen. Die Kürbisstücke darin ebenfalls unter Wenden anbraten, restlichen Zucker daraufstreuen und die Kürbisstücke unter Wenden karamellisieren. Die Kürbisstücke zu den Ananasstücken geben und abkühlen lassen.

4. Inzwischen Schalotten und Knoblauchzehen abziehen. Die Schalotten längs halbieren und in Scheiben schneiden. Knoblauch durch eine Knoblauchpresse drücken.

5. Peperoni halbieren, entstielen, entkernen und die Scheidewände entfernen. Peperonihälften abspülen, abtropfen lassen und in feine Streifen schneiden.

6. Die Koriander- oder Petersilienblättchen mit Schalotten, Knoblauch und Peperoni unter die Ananas-Kürbis-Mischung rühren.

7. Für die Salatsauce Weinessig mit Salz und Pfeffer würzen, das Olivenöl unterschlagen. Die Salatsauce mit den Salatzutaten in der Schüssel gut vermischen, etwa 30 Minuten durchziehen lassen.

8. Inzwischen den Feldsalat putzen und die Wurzeln entfernen. Rucola, Rote-Bete-Blätter oder Pflücksalat und Portulak verlesen und evtl. die dicken Stängel entfernen.

9. Die Basilikumblätter von den Stängeln zupfen. Die Salate und Blättchen abspülen und gut abtropfen lassen, evtl. leicht trocken schleudern.

10. Etwa drei Viertel der Blattsalate und Basilikumblättchen auf einer großen Platte zu einem Salatbett auslegen. Darauf den vorbereiteten Salat anrichten und mit den restlichen Salatblättern und Basilikumblättchen garniert servieren.

Beilage: Ofenwarmes veganes Baguette.

Tipp: Der Salat kann bis einschließlich Punkt 7 etwa 4 Stunden vor dem Servieren zubereitet werden und zugedeckt im Kühlschrank durchziehen.

Kartoffel-Gemüse-Salat

Mit Senfmarinade

10 Portionen

Pro Portion: E: 4 g, F: 3 g, Kh: 26 g, kJ: 655, kcal: 156, BE: 2,0

1 1/2 kg Kartoffeln
250 g Staudensellerie
300 g Möhren
200 g Radieschen
3 Frühlingszwiebeln
250 g Cocktailtomaten

Für die Senfmarinade:

2 EL veganer grobkörniger Senf
6 EL weißer Balsamico-Essig
Saft von
1 Zitrone
3 EL Olivenöl
Salz
1 Prise Voll-Rohrzucker
gem. Pfeffer

Zubereitungszeit: 40 Minuten, ohne Abkühlzeit

1. Die Kartoffeln gründlich waschen, in einem Topf knapp mit Wasser bedeckt, zugedeckt zum Kochen bringen und in etwa 25 Minuten gar kochen. Die Kartoffeln abgießen, mit kaltem Wasser abspülen, abtropfen und etwas abkühlen lassen. Die heißen Kartoffeln pellen, abkühlen lassen und in Scheiben schneiden.

2. In der Zwischenzeit Staudensellerie putzen, abspülen, abtropfen lassen und in dünne Scheiben schneiden. Die Möhren putzen, schälen, abspülen, abtropfen lassen und auf einem Gemüsehobel in feine Scheiben hobeln.

3. Radieschen putzen, abspülen, abtropfen lassen und ebenfalls in feine Scheiben schneiden.

4. Die Frühlingszwiebeln putzen, abspülen, abtropfen lassen und in dünne Scheiben schneiden. Tomaten abspülen, abtrocknen, halbieren und evtl. die Stängelansätze herausschneiden.

5. Vorbereitete Gemüsezutaten in eine große Salatschüssel geben und mit den Kartoffeln vermischen.

6. Für die Marinade den Senf mit Essig und Zitronensaft verrühren. Das Olivenöl unterschlagen. Die Marinade mit Salz und Zucker würzen.

7. Die Marinade kurz vor dem Servieren unter die Salatzutaten mischen. Den Salat mit Salz und Pfeffer abschmecken.

Kartoffel-Kraut-Quiche

Gut vorzubereiten

4 Portionen

Pro Portion: E: 8 g, F: 14 g, Kh: 41 g, kJ: 1392, kcal: 333, BE: 3,5

- *500 g vorwiegend festkochende Kartoffeln*
- *2–3 Stängel frischer oder ½ TL gerebelter Thymian*
- *300 ml vegane Gemüsebrühe*
- *1 Zwiebel*
- *2 ½ EL Speiseöl*
- *2 EL Agavendicksaft*
- *250 g abgetropftes Sauerkraut (frisch oder aus der Dose)*
- *Salz, gem. Pfeffer*
- *1 Prise Chiliflocken*
- *100 ml Wasser*
- *100 g Pflanzencreme zum Kochen (etwa 16 % Fett)*
- *½ rote Paprikaschote (100 g)*
- *3 Blätter veganer Filoteig (hauchdünne Teigblätter aus dem Kühlregal, etwa 30 x 30 cm; ersatzweise veganer Strudelteig)*
- *2 EL Sonnenblumenkerne*

Zubereitungszeit: 25 Minuten
Garzeit: etwa 24 Minuten
Backzeit: 20–25 Minuten

1. Kartoffeln schälen, abspülen, abtropfen lassen, in etwa ½ cm dünne Scheiben schneiden oder hobeln. Frischen Thymian abspülen, trocken tupfen und die Blättchen von den Stängeln zupfen. Die Brühe mit Thymian in einem Topf zum Kochen bringen. Kartoffelscheiben darin bei mittlerer Hitze 8–10 Minuten zugedeckt vorgaren. Dann in einem Sieb abtropfen lassen, die Kochflüssigkeit dabei auffangen.

2. Inzwischen Zwiebel abziehen und fein würfeln. ½ Esslöffel von dem Speiseöl in einem Topf erhitzen. Zwiebelwürfel darin glasig dünsten. Agavendicksaft zugeben und leicht karamellisieren lassen. Sauerkraut untermischen, mit Salz, Pfeffer und Chili würzen. Das Wasser hinzugießen, zugedeckt etwa 10 Minuten leise schmoren lassen. Die Pflanzencreme und die aufgefangene Kartoffelbrühe hinzugießen. Sauerkraut weitere etwa 4 Minuten bei starker Hitze offen schmoren.

3. Inzwischen Paprikaschote entstielen, entkernen und die weißen Scheidewände entfernen. Die Schote abspülen, abtropfen lassen und in sehr feine Streifen schneiden. Paprika unter das Sauerkraut mischen.

4. Den Backofen vorheizen.
Ober-/Unterhitze: etwa 200 °C
Heißluft: etwa 180 °C

5. Die Filoteigblätter auf der Arbeitsfläche ausbreiten, mit dem restlichen Öl bestreichen und übereinanderlegen. Eine Spring- oder Pieform (Ø 26 cm, so mit Backpapier ausgelegt, dass es über den Formrand hinausragt) damit auslegen.

6. Die Kartoffeln gleichmäßig in der Form verteilen. Anschließend das Sauerkraut darauf verteilen und mit Sonnenblumenkernen bestreuen. Die Form auf dem Rost in den vorgeheizten Backofen (unterste Schiene) schieben. Kartoffel-Kraut-Quiche in **20–25 Minuten knusprig backen.**

7. Die Form auf einen Kuchenrost stellen. Die Quiche nach Belieben mithilfe des Backpapiers vorsichtig aus der Form heben. Quiche in Stücke schneiden und sofort servieren.

Kartoffelsalat | Zum Mitnehmen

2–3 Portionen

Pro Portion: E: 8 g, F: 9 g, Kh: 46 g, kJ: 1280, kcal: 304, BE: 3,0

700 g gegarte Pellkartoffeln
2 Zwiebeln
100 ml vegane Gemüsebrühe
3 EL Kräuteressig
Salz, gem. Pfeffer
1 Prise Voll-Rohrzucker
1 Bio-Salatgurke
4 Tomaten
½ Bund Schnittlauch
2 EL Speiseöl, z. B. Rapsöl

Zubereitungszeit: 30 Minuten

1. Kartoffeln pellen, in Scheiben schneiden (evtl. mit einem Eierschneider) und in eine große Salatschüssel geben.

2. Zwiebeln abziehen, halbieren und in kleine Würfel schneiden. Zwiebelwürfel und Brühe in einem Topf kurz aufkochen. Den Topf von der Kochstelle nehmen. Essig unterrühren. Die Marinade mit Salz, Pfeffer und Zucker abschmecken, mit den Kartoffelscheiben vermengen. Die Kartoffelscheiben einige Minuten durchziehen lassen.

3. Inzwischen Gurke abspülen und abtrocknen oder evtl. schälen, die Enden abschneiden. Gurke in gleichmäßig dünne Scheiben schneiden oder auf einem Gemüsehobel in Scheiben hobeln.

4. Tomaten abspülen, abtrocknen, halbieren und die Stängelansätze herausschneiden. Tomatenhälften in Würfel schneiden. Schnittlauch abspülen, trocken tupfen und in Röllchen schneiden.

5. Speiseöl unter die marinierten Kartoffelscheiben rühren. Die Gurkenscheiben unterheben. Den Salat mit Salz, Pfeffer und Essig abschmecken, mit Tomatenwürfeln und Schnittlauchröllchen anrichten.

Kartoffelsalat mit Kresse

Einfach

2 Portionen

Pro Portion: E: 11 g, F: 18 g, Kh: 49 g, kJ: 1694, kcal: 404, BE: 4,0

600 g festkochende Kartoffeln
1 große Möhre (etwa 150 g)

Für die Sauce:
200 ml vegane Gemüsebrühe
1 1/2 EL weißer Balsamico-Essig
Salz, gem. Pfeffer
2 EL Olivenöl

250 g rosé oder braune Champignons
1 1/2 EL Olivenöl
1 Kästchen rote Daikonkresse

Zubereitungszeit: 20 Minuten, ohne Durchzieh- und Abkühlzeit
Garzeit: 20–25 Minuten

1. Die Kartoffeln unter fließendem Wasser abbürsten, knapp mit Wasser bedeckt, zugedeckt zum Kochen bringen und in etwa 20 Minuten gar kochen. Kartoffeln abgießen, mit kaltem Wasser abschrecken, abtropfen lassen. Kartoffeln noch warm pellen, in Scheiben schneiden und in eine Schüssel geben.

2. Möhre putzen, schälen, abspülen und abtropfen lassen. Anschließend die Möhre auf einer Haushaltsreibe fein raspeln.

3. Für die Sauce Brühe mit Essig, Salz und Pfeffer verrühren. Das Olivenöl unterschlagen. Möhrenstreifen und Sauce zu den Kartoffelscheiben geben, vorsichtig untermischen. Den Salat etwa 30 Minuten durchziehen lassen.

4. In der Zwischenzeit die Champignons putzen, evtl. kurz abspülen und trocken tupfen. Pilze in Scheiben schneiden. Olivenöl in einer Pfanne erhitzen. Die Champignonscheiben hinzufügen und unter gelegentlichem Rühren in 3–4 Minuten hellbraun braten, mit Pfeffer würzen. Champignons abkühlen lassen und unter den Kartoffelsalat heben.

5. Kresse abspülen und trocken tupfen. Die Blättchen von den Stängeln schneiden. Den Salat mit Salz und Pfeffer würzen. Die Kresseblättchen unterheben.

Tipps: Die rote Daikonkresse erinnert im Geschmack an Kreuzkümmel (Cumin). Sie kann durch einfache Kresse ersetzt werden. Der Kartoffelsalat ist zum Sattessen als Hauptgericht gedacht. Soll der Salat nur eine Beilage sein, reichen 400 g Kartoffeln und 1 kleine Möhre (etwa 100 g) aus. Die restlichen Zutatenmengen müssen jedoch nicht verändert werden und bleiben gleich.

Kartoffelsalat mit Oliven und Dill

Mediterran

4 Portionen

Pro Portion: E: 8 g, F: 10 g, Kh: 32 g, kJ: 1124, kcal: 269, BE: 2,5

750 g	*festkochende Kartoffeln*
1	*Bio-Salatgurke (etwa 400 g)*
	Salz
1	*Zwiebel*
2–3	*Knoblauchzehen*
etwa 70	*abgetropfte schwarze Oliven*
300 g	*Sojajoghurt (natur)*
2 EL	*Weißweinessig*
2 EL	*Distelöl*
2 Bund	*Dill*
	gem. Pfeffer

Zubereitungszeit: 35 Minuten, ohne Abkühl- und Durchziehzeit

1. Die Kartoffeln unter fließendem Wasser abbürsten, knapp mit Wasser bedeckt, zugedeckt zum Kochen bringen und in etwa 20 Minuten gar kochen. Kartoffeln abgießen, mit kaltem Wasser abschrecken, abtropfen lassen. Kartoffeln noch warm pellen und erkalten lassen.

2. In der Zwischenzeit die Gurke heiß abwaschen, abtrocknen und die Enden abschneiden. Die Gurke der Länge nach halbieren, entkernen und in sehr kleine Stücke schneiden. Gurkenstücke mit 1 Teelöffel Salz mischen. Zwiebel und Knoblauch abziehen. Zwiebel halbieren und in sehr kleine Würfel schneiden. Knoblauch durch eine Knoblauchpresse drücken. Oliven zuerst vom Stein, dann in Streifen schneiden.

3. Sojajoghurt mit Essig in einer Schüssel verrühren, Distelöl unterschlagen. Die Kartoffeln in dünne Scheiben schneiden und zur Marinade in die Schüssel geben. Gurken-, Zwiebelwürfel, durchgepressten Knoblauch und Olivenstreifen unter die Kartoffelscheiben heben. Den Kartoffelsalat etwa 15 Minuten durchziehen lassen.

4. Dill abspülen und trocken tupfen. Spitzen von den Stängeln zupfen und klein schneiden. Den Dill unter den Kartoffelsalat heben. Den Salat mit Salz und Pfeffer abschmecken.

Kartoffelspalten mit Avocadodip

Einfach

2 Portionen

Pro Portion: E: 9 g, F: 30 g, Kh: 48 g, kJ: 2095, kcal: 500, BE: 4,0

750 g festkochende Kartoffeln
1 EL Olivenöl
1–1 ½ gestr. TL grobes Meersalz

Für den Avocadodip:

150 g kleine Tomaten
1 kleine Knoblauchzehe
1–2 reife Avocados (etwa 275 g)
2 EL veganer Orangensaft
Salz
1 Msp. gem. Koriander
etwas Cayennepfeffer
½ Bund glatte Petersilie

Zubereitungszeit: 20 Minuten
Backzeit: etwa 45 Minuten

1. Den Backofen vorheizen.
Ober-/Unterhitze: etwa 200 °C
Heißluft: etwa 180 °C

2. Kartoffeln unter fließendem kalten Wasser gründlich abbürsten und abtropfen lassen. Die Kartoffeln je nach Größe der Länge nach in 4 oder 6 Spalten schneiden.

3. Kartoffelspalten auf einem Backblech verteilen, mit Olivenöl und Meersalz vermischen. Das Backblech in den vorgeheizten Backofen schieben. Kartoffeln unter gelegentlichem Wenden **etwa 45 Minuten backen.**

4. In der Zwischenzeit für den Dip Tomaten abspülen, abtropfen lassen, halbieren und die Stängelansätze herausschneiden. Die Tomaten entkernen und klein würfeln. Knoblauch abziehen, durch eine Knoblauchpresse drücken und zu den Tomatenwürfeln geben.

5. Avocados in der Mitte längs durchschneiden und jeweils den Stein herauslösen. Das Fruchtfleisch mit einem Löffel aus den Schalen lösen und mit einem Pürierstab grob pürieren. Das Püree unter die Tomatenwürfel rühren. Den Orangensaft unterrühren. Den Dip mit Salz, Koriander und Cayennepfeffer würzen.

6. Petersilie abspülen und trocken tupfen. Blättchen von den Stängeln zupfen. Die Blättchen klein schneiden und unter den Avocadodip rühren. Den Dip mit Salz, Orangensaft und Cayennepfeffer abschmecken. Die gebackenen Kartoffelspalten mit dem Avocadodip servieren.

Kartoffelsuppe mit Radieschen und Kohlrabi | Macht richtig satt

2 Portionen

Pro Portion: E: 6 g, F: 6 g, Kh: 35 g, kJ: 917, kcal: 218, BE: 3,0

500 g mehligkochende Kartoffeln
1 EL Speiseöl, z. B. Sonnenblumenöl oder Rapsöl
500 ml vegane Gemüsebrühe
1 kleiner Kohlrabi (etwa 150 g)
6 Radieschen (etwa 100 g)
½ Kästchen Gartenkresse oder Gartenrucola (ersatzweise frisches Kohlrabi-Blättergrün)
Salz, gem. Pfeffer
ger. Muskatnuss
evtl. 1–2 EL frisch gepresster Zitronensaft

Zubereitungszeit: 30 Minuten
Garzeit: etwa 15 Minuten

1. Kartoffeln schälen, abspülen, abtropfen lassen und in Würfel schneiden. Das Speiseöl in einem Topf erhitzen. Die Kartoffelwürfel darin bei mittlerer Hitze unter gelegentlichem Rühren etwa 3 Minuten anbraten.

2. Die Gemüsebrühe hinzugießen. Die Zutaten zum Kochen bringen. Kartoffelwürfel in der Brühe bei mittlerer Hitze zugedeckt in etwa 15 Minuten gar kochen.

3. In der Zwischenzeit den Kohlrabi schälen, evtl. die zarten Kohlrabiblätter in Streifen schneiden und zum Garnieren beiseitelegen. Kohlrabi abspülen und abtropfen lassen. Von den Radieschen Blätter, Spitzen und schlechte Stellen abschneiden. Die Radieschen gut abspülen und trocken tupfen. 1 Radieschen in dünne Scheiben schneiden und dann zum Garnieren beiseitelegen.

4. Kohlrabi und restliche Radieschen auf der Haushaltsreibe grob reiben. Kresse oder Rucola abspülen, trocken tupfen und die Blättchen abschneiden.

5. Kartoffeln in der Brühe mit dem Kartoffelstampfer fein zermusen. Die Suppe mit Salz, Pfeffer, Muskat und nach Belieben mit Zitronensaft abschmecken. Die Suppe evtl. erneut erwärmen.

6. Die Kohlrabi- und Radieschenraspel in 2 Suppenschälchen verteilen und mit heißer Kartoffelsuppe auffüllen. Die Kartoffelsuppe mit Kresse, Rucola oder Kohlrabiblätterstreifen sowie den beiseitegelegten Radieschenscheiben garnieren.

Tipps: Steht die Suppe etwas länger, wird sie dicker. Dann 50–100 ml Gemüsebrühe zusätzlich unterrühren und die Suppe nochmals kurz erwärmen. Der Kohlrabi wird bekömmlicher, wenn Sie ihn in dünne Stifte schneiden und in der zermusten Kartoffelsuppe 3–5 Minuten bei mittlerer Hitze garen, dabei ab und zu umrühren.

Rezeptvariante: Für eine **Kartoffelsuppe mit Möhre und Petersilie** (im Foto oben, 2 Portionen) 1 Möhre (etwa 100 g) putzen, schälen, abspülen und abtropfen lassen, dann auf der Haushaltsreibe grob reiben oder in dünne Stifte schneiden. ½ Bund Petersilie abspülen und trocken tupfen. Die Blättchen von den Stängeln zupfen, Blättchen klein schneiden. Die Möhre mit Petersilie in 2 Tellern verteilen und mit der Kartoffelsuppe auffüllen.

Kartoffel-Tofu-Eintopf I

„Gulasch" mit Zitrone und Knoblauch

4 Portionen

Pro Portion: E: 30 g, F: 14 g, Kh: 37 g, kJ: 1679, kcal: 400, BE: 3,0

2 rote Zwiebeln
1 große gelbe Paprikaschote
800 g festkochende Kartoffeln, z. B. Linda
600 g Tofu (natur)
2 EL Olivenöl
2 EL Tomatenmark
1 EL Paprikapulver edelsüß
1 TL Kümmelsamen
1,2 l vegane Gemüsebrühe
Salz
gem. Pfeffer
1 Bio-Zitrone (unbehandelt, ungewachst)
2 Knoblauchzehen
1 kleines Bund Petersilie

Zubereitungszeit: 45 Minuten
Garzeit: etwa 20 Minuten

1. Zwiebeln abziehen, halbieren und in kleine Würfel schneiden. Paprikaschote halbieren, entstielen, entkernen und die weißen Scheidewände entfernen. Die Schote abspülen, abtropfen lassen und würfeln. Die Kartoffeln schälen, abspülen, abtropfen lassen und in 2 cm große Würfel schneiden. Den Tofu in ebenfalls in etwa 2 cm große Würfel schneiden.

2. Olivenöl in einem Topf erhitzen. Zwiebel-, Paprika- und Kartoffelwürfel darin portionsweise andünsten. Tomatenmark, Paprika und Kümmel unterrühren. Die Gemüsebrühe hinzugießen, mit Salz und Pfeffer würzen. Das Gemüse zugedeckt etwa 20 Minuten bei schwacher Hitze kochen lassen.

3. In der Zwischenzeit Zitrone heiß abwaschen, abtrocknen und die Schale abreiben. Knoblauch abziehen und fein hacken. Petersilie abspülen, trocken tupfen und Blättchen von den Stängeln zupfen. Blättchen klein schneiden. Zitronenschale mit Knoblauch und Petersilie vermischen, zugedeckt beiseitestellen.

4. Nach etwa 20 Minuten Garzeit die Tofuwürfel zum „Gulasch" geben und miterhitzen, mit Salz und Pfeffer abschmecken. Den Kartoffel-Tofu-Eintopf mit der beiseitegestellten Kräutermischung bestreuen oder die Kräutermischung dazureichen.

Kartoffel-Zucchini-Puffer I

Mit Spinatsalat und Hummus

4 Portionen

Pro Portion: E: 12 g, F: 46 g, Kh: 42 g, kJ: 2673, kcal: 638, BE: 2,5

4 große festkochende Kartoffeln, z. B. Linda
2 Zucchini
Salz, gem. Pfeffer

Für den Spinatsalat:

500 g junger Blattspinat
8 dünne Frühlingszwiebeln
24 Cocktailtomaten
4 EL Zitronensaft
8 EL Olivenöl

8 EL Olivenöl zum Braten
8 EL Hummus (Kichererbsenpüree)

Zubereitungszeit: 30 Minuten

1. Die Kartoffeln schälen, abspülen, abtropfen lassen und auf einer Haushaltsreibe grob reiben. Die Zucchini abspülen, abtrocknen und die Enden abschneiden. Zucchini ebenfalls reiben. Kartoffel- und Zucchiniraspel mit Salz und Pfeffer würzen.

2. Für den Salat den Blattspinat verlesen und die dicken Stiele entfernen. Spinat gründlich waschen, abtropfen lassen und trocken schleudern. Die Frühlingszwiebeln putzen, abspülen, abtropfen lassen und in feine Scheiben schneiden. Die Cocktailtomaten abspülen, trocken tupfen, halbieren und die Stängelansätze herausschneiden.

3. Zitronensaft mit Salz und Pfeffer verrühren, Olivenöl unterschlagen.

4. Etwas von dem Olivenöl in einer Pfanne erhitzen. Die Kartoffel-Zucchini-Masse portionsweise in die Pfanne geben und etwas flach drücken. Die Puffer bei mittlerer Hitze von beiden Seiten goldbraun braten, mit einem Pfannenwender herausnehmen und auf Küchenpapier abtropfen lassen.

5. Den Blattspinat mit den Frühlingszwiebelscheiben, den Tomatenhälften und dem Dressing vermischen. Die Kartoffel-Zucchini-Puffer mit dem Spinatsalat und dem Hummus anrichten.

Kichererbseneintopf mit Gemüse I

Fettarm – gut vorzubereiten

2 Portionen

Pro Portion: E: 22 g, F: 10 g, Kh: 53 g, kJ: 1686, kcal: 403, BE: 4,0

200 g	*grüne TK-Bohnen*
1	*Zwiebel*
etwas	*frischer Ingwer oder*
	1 Prise gem. Ingwer
200 g	*Knollensellerie*
2	*große Möhren (etwa 250 g)*
2	*Zucchini (etwa 300 g)*
350 g	*abgetropfte Kichererbsen (aus Dosen)*
2 TL	*Speiseöl*
2 gestr. TL	*Currypulver*
600 ml	*vegane Gemüsebrühe*
	Salz
	gem. Pfeffer
1	*große Tomate (etwa 100 g)*
2 TL	*Zitronensaft*
1 TL	*vegane Sojasauce*

Zubereitungszeit: 30 Minuten
Garzeit: etwa 13 Minuten

1. Für den Eintopf die Bohnen antauen lassen.

2. In der Zwischenzeit die Zwiebel abziehen und in kleine Würfel schneiden. Frischen Ingwer schälen und sehr fein würfeln.

3. Sellerie putzen, schälen, abspülen, abtropfen lassen und in dünne Streifen schneiden. Die Möhren putzen, schälen, abspülen und abtropfen lassen. Möhren ebenfalls in dünne Streifen schneiden. Die Zucchini abspülen, abtrocknen und die Enden abschneiden. Zucchini längs halbieren und in dünne Scheiben schneiden.

4. Die Kichererbsen mit kaltem Wasser abspülen und gut abtropfen lassen.

5. Die angetauten Bohnen etwas kleiner schneiden.

6. Das Speiseöl in einem Topf erhitzen. Die Zwiebel-, Ingwerwürfel, Sellerie- und Möhrenstreifen mit dem Curry darin etwa 3 Minuten unter gelegentlichem Rühren andünsten.

7. Bohnenstücke, Zucchinischeiben und Kichererbsen hinzugeben. Brühe hinzugießen, mit Salz und Pfeffer würzen. Die Zutaten zum Kochen bringen. Den Eintopf zugedeckt bei schwacher Hitze etwa 8 Minuten leicht kochen lassen.

8. In der Zwischenzeit die Tomate kreuzweise einschneiden und mit kochendem Wasser übergießen. Nach 1–2 Minuten herausnehmen und mit kaltem Wasser abschrecken. Tomate enthäuten, halbieren und den Stängelansatz herausschneiden. Die Tomate achteln, in den Eintopf geben und weitere etwa 2 Minuten kochen lassen. Den Eintopf mit Zitronensaft, Sojasauce, Salz und Pfeffer abschmecken.

Beilage: Reichen Sie einen **Sojajoghurt-Dip** zu dem Eintopf. Dafür pro Portion 200 g Sojajoghurt und 1 Esslöffel Schnittlauchröllchen in einer kleinen Schüssel glatt rühren. Den Dip mit Salz und Pfeffer abschmecken.

Kichererbsensalat | Schnell

4 Portionen

Pro Portion: E: 8 g, F: 10 g, Kh: 22 g, kJ: 974, kcal: 233, BE: 2,0

- *1 Möhre (etwa 100 g)*
- *1 kleine gelbe Paprikaschote*
- *1 Knoblauchzehe*
- *200 g Staudensellerie*
- *400 g abgetropfte Kichererbsen (aus Dosen)*
- *1 EL gehackte Petersilie*
- *1 TL gehackter Oregano*

Für die Marinade:

- *3 EL Obstessig*
- *1 TL Agavendicksaft*
- *Salz, gem. Pfeffer*
- *gem. Kreuzkümmel (Cumin)*
- *3 EL Rapsöl*

Zubereitungszeit: 30 Minuten, ohne Durchziehzeit

1. Die Möhre putzen, schälen, abspülen, abtropfen lassen. Paprikaschote halbieren, entstielen, entkernen und die weißen Scheidewände entfernen. Knoblauch abziehen. Staudensellerie putzen, abspülen, abtropfen lassen. Das vorbereitete Gemüse mit dem Knoblauch in kleine Würfel schneiden.

2. Kichererbsen in ein Sieb geben, mit kaltem Wasser abspülen und abtropfen lassen. Kichererbsen mit den Gemüsewürfeln in eine Schüssel geben. Petersilie und Oregano hinzugeben.

3. Für die Marinade Essig mit Agavendicksaft, Salz, Pfeffer und Kreuzkümmel verrühren, dann das Rapsöl unterschlagen.

4. Die Marinade mit den Salatzutaten vermischen. Den Kichererbsensalat etwas durchziehen lassen. Vor dem Servieren nochmals mit den Gewürzen abschmecken.

Tipp: Sie können den Salat bereits einen Tag im Voraus zubereiten.

Kichererbsensalat mit Granatapfel I

Fruchtig

2 Portionen

Pro Portion: E: 14 g, F: 46 g, Kh: 39 g, kJ: 2623, kcal: 627, BE: 3,0

285 g abgetropfte Kichererbsen (aus der Dose)
1 Limette
1 reife Avocado
1 rote Zwiebel
½ Granatapfel
1 Orange
3 EL Olivenöl
Salz
gem. Pfeffer
4 Stängel Pfefferminze

Zubereitungszeit: 20 Minuten

1. Kichererbsen in ein Sieb geben, mit kaltem Wasser abspülen und abtropfen lassen. Limette halbieren und den Saft auspressen.

2. Avocado halbieren und den Stein herauslösen. Die Avocado schälen, in kleine Stücke schneiden und sofort mit dem Limettensaft vermischen.

3. Zwiebel abziehen, halbieren, zunächst in feine Scheiben schneiden, dann in Ringe teilen. Die Kerne aus dem Granatapfel mit einer Gabel herauslösen (Vorsicht: Es kann spritzen und Farbflecke geben!), dabei die weißen Fruchthäute entfernen.

4. Die Orange so schälen, dass die weiße Haut vollständig mit entfernt wird. Orange in Stücke schneiden.

5. Die Kichererbsen, Avocadowürfel, Zwiebelscheiben, Granatapfelkerne und Orangenstücke mit dem Olivenöl in einer Schüssel vermischen, mit Salz und Pfeffer würzen.

6. Pfefferminze abspülen, trocken tupfen und die Blättchen von den Stängeln zupfen. Einige Blättchen zum Garnieren beiseitelegen. Die restlichen Blättchen klein schneiden und unter den Salat geben.

7. Den Salat mit den beiseitegelegten Pfefferminzblättchen garnieren und servieren.

Kokosmilch-Gazpacho |

Erfrischend – für die Party

12 Portionen

Pro Portion: E: 13 g, F: 35 g, Kh: 31 g, kJ: 2077, kcal: 501, BE: 2,0

300 g rote Linsen
3 Gemüsezwiebeln
10–12 Knoblauchzehen
6 Bio-Salatgurken
12 gelbe Paprikaschoten
1 Bund Thymian
2,4 l Kokosmilch (aus der Dose)
100–125 ml Weißweinessig
6 EL frisch gepresster Zitronensaft
Salz
gem. Pfeffer

Außerdem:
etwa 15 Eiswürfel

Zubereitungszeit: 1 Stunde, ohne Durchziehzeit

1. Die Linsen nach Packungsanleitung in reichlich Wasser bissfest garen. Anschließend in ein Sieb abgießen und mit kaltem Wasser abschrecken. Die Linsen abtropfen und abkühlen lassen.

2. Inzwischen Gemüsezwiebeln und Knoblauch abziehen, fein würfeln. Gurken abspülen, abtrocknen und nach Belieben schälen. Die Gurkenenden abschneiden. Die Gurken längs halbieren und entkernen. 6 Gurkenhälften in große Stücke schneiden. Die anderen Gurkenhälften fein würfeln und als Suppeneinlage beiseitestellen.

3. Die Paprikaschoten halbieren, entstielen, entkernen und die weißen Scheidewände entfernen. Schoten abspülen und abtropfen lassen. 12 Paprikahälften in große Stücke schneiden. Die anderen Paprikahälften fein würfeln und ebenso als Suppeneinlage beiseitestellen.

4. Die Hälfte des Thymians abspülen, trocken tupfen und die Blättchen von den Stängeln zupfen. Restlichen Thymian zum Garnieren beiseitelegen.

5. Gemüsezwiebel- und Knoblauch-, Gurken- und Paprikastücke in eine große Rührschüssel oder einen großen Topf geben. Kokosmilch, 100 ml Essig, Zitronensaft, 1 Prise Salz und abgezupften Thymian hinzufügen. Die Zutaten mit dem Pürierstab fein pürieren, mit Pfeffer und nach Belieben etwas Salz abschmecken. Die Kokosmilchsuppe zugedeckt mindestens 2 Stunden im Kühlschrank durchziehen lassen.

6. Vor dem Servieren den beiseitegelegten Thymian abspülen, trocken tupfen und die Blättchen abzupfen. Gazpacho gut umrühren, nochmals mit Salz, Pfeffer und nach Belieben etwas Essig abschmecken.

7. Die Eiswürfel in die Suppe geben. Die beiseitegelegten gegarten Linsen, Gurken- und Paprikastücke unter die Suppe rühren oder getrennt dazureichen. Die Thymianblättchen in die Suppe rühren.

Beilage: Vegane Vollkornbrötchen.

Kornknacker

Für die Party

12 Stück

Pro Stück: E: 12 g, F: 15 g, Kh: 36 g, kJ: 1381, kcal: 330, BE: 3,0

Zum Vorbereiten:

400 ml Wasser
100 g Weizenkörner

Für den Hefeteig:

250 g Roggenmehl (Type 1150)
75 g Weizenmehl (Type 550)
125 g Roggen-Vollkornschrot
21 g frische Hefe
350 ml lauwarmes Wasser
1 geh. EL veganer Zuckerrübensirup
2–3 gestr. TL Salz
2 EL dunkler Balsamico-Essig
100 g Sonnenblumenkerne

Außerdem:

250 g Sonnenblumenkerne
etwas Weizenmehl

Zubereitungszeit: 45 Minuten, ohne Abkühlzeit
Ruhe-/Gehzeit: etwa 2 Stunden und 10 Minuten
Backzeit: 25–30 Minuten

1. Zum Vorbereiten Wasser und Weizenkörner aufkochen und zugedeckt bei schwacher Hitze etwa 12 Minuten kochen lassen. Den Topf von der Kochstelle nehmen. Die Weizenkörner in dem Wasser erkalten lassen.

2. Für den Teig Mehle und Schrot in der Rührschüssel einer Küchenmaschine vermischen. In die Mitte eine Vertiefung drücken. Hefe hineinbröckeln, mit 100 ml von dem lauwarmen Wasser verrühren und mit Mehl bedeckt etwa 30 Minuten gehen lassen.

3. Restliches lauwarmes Wasser, Zuckerrübensirup, Salz und Essig hinzufügen. Die Zutaten in der Küchenmaschine (Knethaken) zunächst kurz auf niedrigster, dann auf mittlerer Stufe in etwa 5 Minuten zu einem glatten Teig verarbeiten.

4. Die Weizenkörner in einem Sieb abtropfen lassen, dann mit 100 g Sonnenblumenkernen unter den Teig kneten. Den Teig zugedeckt nochmals so lange an einem warmen Ort gehen lassen, bis er sich sichtbar vergrößert hat, etwa 1 Stunde.

5. Den Teig auf der leicht bemehlten Arbeitsfläche flach drücken (nicht kneten) und in 12 gleich große Stücke schneiden. Sonnenblumenkerne (250 g) in eine kleine Schüssel geben. Mit nassen Händen aus jedem Teigstück ein längliches, ovales Brötchen formen, rundherum in den Sonnenblumenkernen wälzen, mit etwas Abstand auf ein Backblech (mit Backpapier belegt) legen und nochmals zugedeckt so lange an einem warmen Ort gehen lassen, bis sie sich sichtbar vergrößert haben, etwa 40 Minuten.

6. Den Backofen vorheizen.
Ober-/Unterhitze: etwa 200 °C
Heißluft: etwa 180 °C

7. Das Backblech in den vorgeheizten Backofen schieben. Die Kornknacker **25–30 Minuten backen.**

8. Das Backblech auf einen Kuchenrost stellen. Die Kornknacker erkalten lassen.

Kürbiscurry mit Reis | Exotisch

4 Portionen

Pro Portion: E: 9 g, F: 45 g, Kh: 46 g, kJ: 2620, kcal: 629, BE: 3,5

150 g	*Basmatireis*
225 ml	*kaltes Wasser*
1 gestr. TL	*Salz*
40 g	*vegane Margarine*
1 kg	*Hokkaido-Kürbis*
100 g	*Zwiebeln*
½	*grüne Chilischote*
10	*grüne Kardamomkapseln*
4 EL	*Maiskeimöl*
1 gestr. EL	*gem. Zimt*
1 gestr. EL	*Paprikapulver edelsüß*
1 TL	*braune Senfkörner*
1 gestr. EL	*Currypulver*
600 ml	*Kokosmilch*
300 ml	*vegane Gemüsebrühe*
	Salz
2 EL	*frisch gepresster Zitronensaft*
3 Stängel	*Minze*

Zubereitungszeit: 40 Minuten

1. Den Reis in einem Sieb kurz mit lauwarmem Wasser abspülen und gut abtropfen lassen. Den Reis mit Wasser und Salz im offenen Topf bei starker Hitze kochen lassen, bis das Wasser den Reis nicht mehr bedeckt. Die Margarine hinzugeben. Den Reis zugedeckt etwa 15 Minuten bei schwacher Hitze quellen lassen. Dann den Topf von der Kochstelle nehmen und den Reis zugedeckt warm halten.

2. In der Zwischenzeit Kürbis abspülen, abtrocknen und halbieren. Kerne und faserigen Innenteil entfernen. Kürbis schälen und in etwa 3 ½ cm große Stücke schneiden. Zwiebeln abziehen und in dünne Spalten schneiden.

3. Chilischote entstielen, halbieren, entkernen, abspülen, abtropfen lassen und fein würfeln. Kardamomsamen aus den Kapseln lösen und im Mörser fein zerstoßen.

4. Das Maiskeimöl in einem weiten Topf erhitzen. Kürbisstücke und Zwiebelspalten darin unter Wenden bei starker Hitze anbraten. Chiliwürfel, Kardamomsamen, Zimt, Paprika, Senfkörner und Curry unterrühren, noch etwa 1 weitere Minute braten. Kokosmilch, Brühe und Salz hinzugeben und unterrühren.

5. Das Curry im geöffneten Topf bei starker Hitze etwa 15 Minuten kochen lassen, dabei ab und zu umrühren. Dann den Zitronensaft unterrühren.

6. Minze abspülen, trocken tupfen und die Blättchen von den Stängeln zupfen. Die Blättchen grob zerschneiden. Kürbiscurry anrichten und mit Minze bestreut servieren. Den Reis dazu servieren.

Kürbisgemüse mit Polentaschnitten

Mediterran

2 Portionen

Pro Portion: E: 11 g, F: 14 g, Kh: 67 g, kJ: 1843, kcal: 441, BE: 5,5

Für die Polentaschnitten:

500 ml Wasser
1/4 – 1/2 gestr. TL Salz
1/2 EL Speiseöl, z. B. Olivenöl
125 g Polenta (Maisgrieß)
2–3 Stängel Majoran

Für das Kürbisgemüse:

1 Zwiebel
1 Knoblauchzehe
1 grüne Paprikaschote
1 mittelgroßer Hokkaido-Kürbis
4 Stängel Majoran
2 EL Speiseöl, z. B. Olivenöl
100 ml vegane Gemüsebrühe
1–1 1/2 EL weißer Balsamico-Essig

Zubereitungszeit: 35 Minuten, ohne Abkühlzeit

1. Für die Polentaschnitten am Vortag Polenta nach Packungsanleitung zubereiten. Dafür Wasser mit Salz in einem kleinen, hohen Topf zugedeckt zum Kochen bringen. 1/2 Esslöffel Speiseöl mit der Polenta einrühren, zum Kochen bringen und zugedeckt bei schwacher Hitze etwa 2 Minuten kochen lassen.

2. Den Topf von der Kochstelle nehmen. Die Polenta etwa 5 Minuten abkühlen und ausdünsten lassen.

3. In der Zwischenzeit den Majoran abspülen und trocken tupfen. Die Blättchen von den Stängeln zupfen.

4. Eine rechteckige Form oder eine Aufschnittplatte (3–5 cm hoch, mindestens 400 ml Fassungsvermögen) mit kaltem Wasser ausspülen.

5. Die Majoranblättchen unter die gegarte Polenta rühren und evtl. mit Salz abschmecken. Polenta in die Form füllen, glatt streichen und mit Frischhaltefolie zudecken. Polenta über Nacht erkalten lassen.

6. Am nächsten Tag für das Kürbisgemüse Zwiebel und Knoblauch abziehen, beides klein würfeln.

7. Paprikaschote halbieren, entstielen, entkernen und die weißen Scheidewände entfernen. Schote abspülen, abtropfen lassen und in mundgerechte Stücke schneiden.

8. Kürbis abspülen und abtropfen lassen. Kürbis vierteln und die Kerne mit einem Löffel herausschaben. Kürbisviertel zuerst in Spalten und dann in mundgerechte Stücke schneiden.

9. Majoran abspülen und trocken tupfen. Von 2 Stängeln die Blättchen abzupfen und beiseitelegen.

10. Von dem Speiseöl 1 Esslöffel in einem möglichst breiten Topf erhitzen. Zwiebel- und Knoblauchwürfel darin andünsten. Paprika- und Kürbisstücke hinzufügen und 1–2 Minuten mitdünsten, dabei ab und zu umrühren.

11. Die Gemüsebrühe hinzugießen, Salz und restliche Majoranstängel hinzugeben.

12. Die Zutaten zum Kochen bringen und zugedeckt bei mittlerer Hitze etwa 10 Minuten garen, bis der Kürbis leicht weich ist, dabei gelegentlich umrühren.

13. In der Zwischenzeit Frischhaltefolie von der Polenta entfernen. Polenta auf ein Brett stürzen und in längliche Stücke schneiden.

14. Das restliche Speiseöl in einer großen Pfanne erhitzen. Die Polentastücke darin von beiden Seiten etwa 6 Minuten knusprig braten.

15. Die Majoranstängel aus dem Gemüse entfernen. Beiseitegelegte Majoranblättchen und 1 Esslöffel Essig unter das Kürbisgemüse rühren. Kürbisgemüse mit etwas Salz und Essig abschmecken. Polentaschnitten dazu servieren.

Kürbis-Mango-Mix | Für zwischendurch

8 Portionen

Pro Portion: E: 1 g, F: 1 g, Kh: 27 g, kJ: 514, kcal: 123, BE: 2,5

600 g Kürbisfleisch, geputzt, ohne faserigen Innenteil
100 g Voll-Rohrzucker
abger. Schale von
2 Bio-Zitronen (unbehandelt, ungewachst)
6 EL Zitronensaft
2 reife Mangos (je etwa 500 g)
einige Stängel Minze
evtl. etwa 1 l Mineralwasser

Zubereitungszeit: 10 Minuten, ohne Abkühlzeit
Garzeit: etwa 15 Minuten

1. Das Kürbisfleisch in kleine Würfel schneiden. Kürbiswürfel, Zucker, Zitronenschale und -saft in einem Topf zum Kochen bringen. Zugedeckt etwa 15 Minuten dünsten. Die Kürbismasse erkalten lassen.

2. Mangos halbieren, das Fruchtfleisch jeweils vom Stein schneiden, schälen und danach in kleine Würfel schneiden.

3. Die Mangowürfel zur Kürbismasse geben und die Zutaten pürieren.

4. Minze abspülen, trocken tupfen und die Blättchen von den Stängeln zupfen. Blättchen klein schneiden und zum Kürbis-Mango-Püree geben.

5. Den Kürbis-Mango-Mix nach Belieben mit Mineralwasser auffüllen.

Tipp: Das Püree in Eiswürfelbehältern einfrieren. Die Püreewürfel z.B. für eine Bowle verwenden.

Kürbis-Möhren-Eintopf

Macht richtig satt

2–3 Portionen

Pro Portion: E: 14 g, F: 14 g, Kh: 66 g, kJ: 1894, kcal: 453, BE: 5,0

3 Stangen Porree (Lauch, etwa 600 g)
4 Möhren (etwa 400 g)
600 g festkochende Kartoffeln
3 Zwiebeln (etwa 160 g)
4 TL Sonnenblumenöl
Salz, gem. Pfeffer
etwas mildes Currypulver
2–3 Lorbeerblätter
600 ml vegane Gemüsebrühe
200 g Pflanzencreme zum Kochen
1,2 kg Hokkaido-Kürbis (vorbereitet gewogen etwa 800 g)

Zubereitungszeit: 40 Minuten
Garzeit: etwa 15 Minuten

1. Den Porree putzen, die Stangen längs halbieren, gründlich waschen und abtropfen lassen. Porree in Streifen schneiden. Möhren putzen, schälen, abspülen, abtropfen lassen und in Scheiben schneiden. Kartoffeln schälen, abspülen, abtropfen lassen und würfeln. Zwiebeln abziehen, ebenfalls klein würfeln.

2. Sonnenblumenöl in einem Topf erhitzen. Zwiebelwürfel darin andünsten. Die Möhrenscheiben und Kartoffelwürfel hinzugeben, kurz mitdünsten lassen, mit Salz, Pfeffer, Curry und Lorbeerblättern würzen. Alles mit Brühe und Pflanzencreme ablöschen, zum Kochen bringen und zugedeckt etwa 3 Minuten bei schwacher Hitze kochen lassen.

3. In der Zwischenzeit Kürbis abspülen, abtrocknen, halbieren, entkernen und mit der Schale in etwa 2 cm große Würfel schneiden. Porreestreifen und Kürbiswürfel zu den Möhrenscheiben und Kartoffelwürfeln in den Topf geben, wieder zum Kochen bringen und zugedeckt weitere 6–8 Minuten bei schwacher Hitze unter gelegentlichem Rühren kochen lassen.

4. Danach den Deckel abnehmen. Den Eintopf noch etwa 1 Minute sämig einkochen lassen. Den Eintopf vor dem Anrichten nochmals mit Salz, Pfeffer und evtl. etwas Currypulver abschmecken.

Beilage: Frisches veganes Fladenbrot.

Kürbis-Rote-Bete-Salat

Herbstgenuss – macht richtig satt

4 Portionen

Pro Portion: E: 7 g, F: 20 g, Kh: 38 g, kJ: 1543, kcal: 369, BE: 2,5

Für den Salat:

1 Lollo bionda
300 g Rucola (Rauke)
½ Hokkaido-Kürbis (300 g)
1 EL Olivenöl
Salz
gem. Pfeffer
4 Rote-Bete-Kugeln (vorgegart, vakuumverpackt)
½ Bio-Salatgurke
1 Mango
½ Granatapfel
4 Frühlingszwiebeln
2 Möhren (120 g)
16 Cocktailtomaten

Für das Dressing:

1 EL Ahornsirup
2 EL Limettensaft
6 EL Distelöl
20 g frischer Ingwer

Zum Bestreuen:

1 EL geröstete Pinienkerne

Zubereitungszeit: 30 Minuten

1. Für den Salat Lollo bionda putzen, abspülen, gut abtropfen lassen oder trocken schleudern. Salat in kleine Stücke zupfen. Den Rucola verlesen und dicke Stängel abschneiden. Rucola abspülen, gut abtropfen lassen oder trocken schleudern und evtl. etwas kleiner zupfen.

2. Die Kerne des Hokkaido mit einem Esslöffel herausschaben. Den Kürbis mit kaltem Wasser abspülen, trocken tupfen und dann in 1–2 cm dicke Scheiben schneiden. Olivenöl in einer Pfanne erhitzen. Die Kürbisscheiben darin von jeder Seite etwa 5 Minuten braten, dann mit Salz und Pfeffer würzen.

3. Die Rote-Bete-Kugeln in Spalten schneiden. Die Salatgurke abspülen, abtrocknen, längs halbieren und in dünne Scheiben schneiden. Die Mango heiß abwaschen, abtrocknen, halbieren und die Hälften vom Stein lösen. Mangohälften schälen und in etwa ½ cm dicke Scheiben schneiden. Die Kerne aus dem Granatapfel mithilfe einer Gabel herauslösen. (Vorsicht: Es kann spritzen und Farbflecke geben!), dabei die weißen Fruchthäute entfernen.

4. Frühlingszwiebeln putzen, abspülen, trocken tupfen und in feine Scheiben schneiden. Die Möhren putzen, schälen, abspülen, abtropfen lassen und in sehr dünne Scheiben hobeln. Tomaten abspülen, abtrocknen, halbieren, evtl. die Stängelansätze herausschneiden.

5. Für das Dressing Ahornsirup mit Limettensaft verschlagen. Distelöl langsam unterschlagen. Ingwer schälen und dazureiben. Das Dressing mit Salz und Pfeffer würzen.

6. Alle Salatzutaten mischen und mit Salz und Pfeffer würzen. Das Dressing dazugeben und untermischen. Den Kürbis-Rote-Bete-Salat auf Tellern verteilen und mit Pinienkernen bestreut servieren.

Kürbisspalten aus dem Backofen

Einfach

8 Portionen

Pro Portion: E: 1 g, F: 6 g, Kh: 6 g, kJ: 397, kcal: 95, BE: 0,5

1,2 kg Hokkaido-Kürbis
1 Knoblauchzehe
1 Pck. Dr. Oetker Finesse Orangenschalen-Aroma
½ TL getrocknete Chiliflocken
½ TL gem. Pfeffer
1 TL Kräuter der Provence
½ TL gem. Kreuzkümmel (Cumin)
5 EL Olivenöl
Salz
gem. Pfeffer

Zubereitungszeit: 20 Minuten, ohne Marinierzeit
Garzeit: etwa 30 Minuten

1. Kürbis abspülen, abtropfen lassen, nicht schälen, halbieren, vierteln und entkernen, dabei die Innenfasern entfernen. Den Kürbis der Länge nach in etwa 2 ½ cm dicke Spalten schneiden.

2. Knoblauchzehe abziehen und fein hacken. Orangenschalen-Aroma, Chiliflocken, Pfeffer, Kräuter der Provence, Kreuzkümmel und Knoblauch mit dem Olivenöl in einer großen Schüssel verrühren. Die Kürbisspalten zu der Marinade in die Schüssel geben und mindestens 30 Minuten darin marinieren.

3. Den Backofen vorheizen.
Ober-/Unterhitze: etwa 200 °C
Heißluft: etwa 180 °C

4. Die Kürbisspalten auf ein Backblech (mit Backpapier belegt) legen. Das Backblech in den vorgeheizten Backofen (unteres Drittel) schieben. Die Kürbisspalten **etwa 30 Minuten garen.**

5. Das Backblech auf einen Rost stellen. Die Kürbisspalten mit Salz und Pfeffer abgeschmeckt servieren.

Linguine mit Kräuter-Tofu-Sauce

Schnell

2 Portionen

Pro Portion: E: 27 g, F: 30 g, Kh: 79 g, kJ: 3033, kcal: 725, BE: 6,5

Für die Sauce:

1	*Zwiebel*
1	*Knoblauchzehe*
1	*Möhre*
100 g	*Staudensellerie*
2 EL	*Olivenöl*
125 ml	*vegane Gemüsebrühe*

Für die Linguine:

2 l	*Wasser*
2 gestr. TL	*Salz*
200 g	*vegane Linguine (schmale Bandnudeln)*
200 g	*Tofu mit Kräutern*
100 ml	*Sojacreme zum Kochen*
einige Stängel	*glatte Petersilie oder Basilikum*
	Salz, gem. Pfeffer
	gem. Koriander

Zubereitungszeit: 20 Minuten

1. Für die Sauce Zwiebel und Knoblauch abziehen, in kleine Würfel schneiden. Möhre putzen, schälen, abspülen, abtropfen lassen und klein würfeln. Staudensellerie putzen, abspülen, abtropfen lassen und in feine Scheiben schneiden.

2. Olivenöl in einem Topf erhitzen. Die Zwiebel- und Knoblauchwürfel darin kurz andünsten. Möhrenwürfel und Selleriescheiben hinzugeben und mitdünsten lassen. Brühe hinzugießen und zum Kochen bringen. Alles etwa 10 Minuten bei schwacher Hitze dünsten.

3. In der Zwischenzeit für die Linguine das Wasser in einem großen Topf zugedeckt zum Kochen bringen. Dann Salz und Nudeln hinzugeben. Die Nudeln im geöffneten Topf bei mittlerer Hitze nach Packungsanleitung bissfest kochen, dabei gelegentlich umrühren.

4. Tofu klein würfeln, mit Sojacreme zum Gemüse geben und aufkochen lassen. Petersilie oder Basilikum abspülen und trocken tupfen. Die Blättchen von den Stängeln zupfen, Blättchen klein schneiden.

5. Die gegarten Nudeln in Sieb geben, mit heißem Wasser abspülen und abtropfen lassen.

6. Die Tofusauce mit Salz, Pfeffer und Koriander würzen. Die Sauce mit den Nudeln anrichten und mit Kräutern bestreut servieren.

Linguine mit Oliven, Kapern und Tomaten | Scharf & aromatisch

4 Portionen

Pro Portion: E: 18 g, F: 30 g, Kh: 96 g, kJ: 3146, kcal: 754, BE: 8,0

2 kleine rote Chilischoten
2 Knoblauchzehen
100 g abgetropfte getrocknete Tomaten (in Öl)
180 g abgetropfte Artischockenböden (in Lake, aus dem Glas)
1 Bund Rucola (Rauke)
5 l Wasser
5 gestr. TL Salz
500 g vegane Linguine (schmale Bandnudeln)
Tomatenöl (von den Tomaten)
4 EL Taggiasca-Oliven, ohne Stein
2 EL abgetropfte feine Kapern (aus dem Glas)
2 EL Olivenöl

Zubereitungszeit: 30 Minuten

1. Chilischoten abspülen, trocken tupfen und entstielen. Chilischoten in feine Ringe schneiden. Knoblauch abziehen und in feine Scheiben schneiden. Von den getrockneten Tomaten das Öl auffangen. Die Tomaten vierteln.

2. Artischockenböden abspülen, abtropfen lassen und in gleich große Stücke schneiden. Rucola verlesen und die dicken Stiele entfernen. Rucola abspülen und gut trocken tupfen. Rucola grob zerschneiden.

3. Wasser in einem großen Topf zugedeckt zum Kochen bringen. Dann Salz und Nudeln hinzugeben. Die Nudeln im geöffneten Topf bei mittlerer Hitze nach Packungsanleitung bissfest kochen, dabei gelegentlich umrühren.

4. In der Zwischenzeit das aufgefangene Öl von den Tomaten in einer Pfanne erhitzen. Die Chiliringe, Knoblauchscheiben, Tomatenviertel und Artischocken darin andünsten. Eine Suppenkelle von dem kochenden Nudelwasser hinzugeben, Oliven und Kapern unterrühren.

5. Die gegarten Nudeln in ein Sieb geben, mit heißem Wasser abspülen und abtropfen lassen.

6. Die Linguine mit dem Olivenöl und dem Gemüse vermengen. Linguine anrichten und mit Rucola bestreut servieren.

Linsen-Apfel-Salat |

Gut vorzubereiten

4 Portionen

Pro Portion: E: 11 g, F: 11 g, Kh: 35 g, kJ: 1199, kcal: 286, BE: 2,5

50 g Belugalinsen
50 g rote Linsen
50 g gelbe Linsen
600 ml ungesalzene vegane Gemüsebrühe
1–2 Möhren (etwa 100 g)
etwa 100 g Knollensellerie
1 Zwiebel (etwa 100 g)
2 EL Traubenkern- oder Olivenöl
Salz
gem. Pfeffer
2 süßsaure Äpfel, z. B. Cox Orange
1 kleines Bund glatte Petersilie

Für die Marinade:

4 EL weißer Balsamico-Essig
abger. Schale und Saft von 1 Bio-Zitrone (unbehandelt, ungewachst)
1 Prise Voll-Rohrzucker oder 1 EL Agavendicksaft
4 EL veganer Apfelsaft
2 EL Traubenkern- oder Olivenöl

Zubereitungszeit: 20 Minuten, ohne Abkühl- und Durchziehzeit

1. Die Linsen mit der Gemüsebrühe in einem Topf nach Packungsanleitung gar kochen. Die gegarten Linsen in einem Sieb abtropfen und erkalten lassen.

2. Möhren und Sellerie putzen, schälen, abspülen, abtropfen lassen und jeweils in kleine Würfel schneiden. Zwiebel abziehen und ebenfalls klein würfeln.

3. Traubenkern- oder Olivenöl in einer Pfanne erhitzen. Die Zwiebelwürfel darin andünsten. Möhren- und Selleriewürfel hinzugeben und 3–4 Minuten mitdünsten lassen, mit Salz und Pfeffer würzen. Gemüsewürfel erkalten lassen.

4. Äpfel schälen, vierten, entkernen und in erbsengroße Würfel schneiden. Petersilie abspülen und trocken tupfen. Die Blättchen von den Stängeln zupfen und klein schneiden.

5. Apfelwürfel und Petersilie in eine Schüssel geben. Die Linsen und Gemüsewürfel untermischen.

6. Für die Marinade Essig mit Zitronenschale, -saft, Salz, Pfeffer, Rohrzucker oder Agavendicksaft und Apfelsaft verrühren. Traubenkern- oder Olivenöl unterschlagen.

7. Die Marinade über den Linsensalat geben und vorsichtig unterheben. Den Salat etwa 30 Minuten durchziehen lassen und vor dem Servieren nochmals mit den Gewürzen abschmecken.

Linseneintopf | Beliebter Klassiker

4 Portionen

Pro Portion: E: 20 g, F: 7 g, Kh: 48 g, kJ: 1489, kcal: 354, BE: 4,0

1 Bund	*Suppengrün (Sellerie, Möhren, Porree)*
250 g	*getrocknete Tellerlinsen*
500 g	*vorwiegend festkochende Kartoffeln*
2	*Zwiebeln*
2 EL	*Speiseöl, z. B. Sonnenblumen- oder Rapsöl*
1 1/2 l	*vegane Gemüsebrühe*
	Weißweinessig
	Salz, gem. Pfeffer
etwas	*Voll-Rohrzucker*
2 EL	*klein geschnittene glatte Petersilie*

Zubereitungszeit: 25 Minuten
Garzeit: etwa 40 Minuten

1. Sellerie und Möhren putzen, schälen, abspülen und abtropfen lassen. Porree putzen, die Stange längs halbieren, gründlich waschen und abtropfen lassen. Vorbereitetes Suppengrün in kleine Stücke schneiden.

2. Linsen in ein Sieb geben, mit kaltem Wasser abspülen und abtropfen lassen. Kartoffeln schälen, abspülen, abtropfen lassen und in Würfel schneiden. Zwiebeln abziehen, halbieren, in Scheiben schneiden.

3. Speiseöl in einem Topf erhitzen. Vorbereitetes Gemüse und Kartoffelwürfel darin andünsten. Gemüsebrühe und Linsen hinzugeben, zum Kochen bringen und zugedeckt bei mittlerer Hitze etwa 40 Minuten kochen.

4. Eintopf mit Essig, Salz, Pfeffer und 1 Prise Zucker abschmecken, mit Petersilie bestreut servieren.

Tipps: Nach Belieben 1 Lorbeerblatt mitkochen und vor dem Servieren herausnehmen. Sie können die Suppe bis zu 2 Tage im Voraus zubereiten.

Rezeptvarianten: Für einen **schnellen Linseneintopf** die vorbereiteten Kartoffeln in 750 ml veganer Gemüsebrühe zugedeckt etwa 15 Minuten bei mittlerer Hitze kochen. Zum Schluss 800 g vegane Linsen mit Suppengrün (aus der Dose) hinzufügen, alles weitere etwa 5 Minuten kochen. Mit Salz, Pfeffer, Essig und Voll-Rohrzucker abschmecken. Für einen **Kürbis-Linsen-Eintopf** 3 Zwiebeln und 2 Knoblauchzehen abziehen, beides klein würfeln. 500 g Kürbis halbieren, entkernen, schälen, das Fruchtfleisch in Stücke schneiden. 200 g Staudensellerie putzen, abspülen, abtropfen lassen, würfeln. 450 g Kartoffeln schälen, abspülen, abtropfen lassen, würfeln. 100 g Tellerlinsen mit kaltem Wasser abspülen, abtropfen lassen. 2 Esslöffel Kürbiskernöl in einem Topf erhitzen. Zwiebel- und Knoblauchwürfel darin andünsten. Vorbereitetes Gemüse mit Linsen und 1 Liter veganer Gemüsebrühe hinzugeben, zum Kochen bringen, zugedeckt 20–25 Minuten bei mittlerer Hitze kochen. 200 g vegane „Wiener“ in Scheiben schneiden. 1 Bund Zitronenthymian abspülen, trocken tupfen. Blättchen von den Stängeln zupfen. „Würstchen“ und Thymian in die Suppe geben, zugedeckt noch 10 Minuten garen. Die Suppe mit Salz und Pfeffer abschmecken.

Linsenpaste | Lecker aufs Brot

4–6 Portionen

Pro Portion: E: 8 g, F: 5 g, Kh: 17 g, kJ: 609, kcal: 145, BE: 1,5

150 g Linsen, z. B. rote Linsen
300 ml vegane Gemüsebrühe
1 Zwiebel
150 g Mangofruchtfleisch (vorbereitet gewogen)
1 EL Currypulver
2 EL Leinöl
Salz, gem. Pfeffer

Zubereitungszeit: 15 Minuten, ohne Abkühlzeit
Garzeit: etwa 12 Minuten

1. Die Linsen mit der Gemüsebrühe in einem Topf zum Kochen bringen. Linsen zugedeckt bei mittlerer Hitze etwa 12 Minuten kochen lassen (die Flüssigkeit soll von den Linsen vollständig aufgenommen werden – Packungsanleitung beachten!). Linsen erkalten lassen, dabei gelegentlich umrühren. Die Linsen mithilfe einer Gabel nur leicht zerdrücken.

2. Zwiebel abziehen und in kleine Würfel schneiden. Das Mangofruchtfleisch vom Stein schneiden, schälen und das Fruchtfleisch in kleine Würfel schneiden.

3. Linsen mit den Zwiebel- und Mangowürfeln verrühren. Curry und Leinöl unterrühren. Die Linsenpaste mit Salz und Pfeffer abschmecken.

4. Die Linsenpaste in ein verschließbares Gefäß füllen und in den Kühlschrank stellen.

Beilage: Veganes Vollkornbrot.

Tipps: Aufgestrichene Linsenpaste mit klein geschnittener Petersilie bestreuen. Im Kühlschrank und gut verschlossen ist die Linsenpaste 3–4 Tage haltbar.

Linsensuppe | Indian Style – schnell

4 Portionen

Pro Portion: E: 12 g, F: 3 g, Kh: 30 g, kJ: 833, kcal: 198, BE: 2,5

1 kleine Zwiebel (etwa 50 g)
1 Knoblauchzehe
1 TL Speiseöl
1 Msp. gem. Kreuzkümmel (Cumin)
1 Msp. gem. Koriander
1 Msp. Cayennepfeffer
160 g getrocknete gelbe Linsen
1 EL Rosinen
500 ml vegane Gemüsebrühe
140 g abgetropfter Gemüsemais (aus der Dose)
Salz, gem. Pfeffer
1 TL frisch gepresster Zitronen- oder Limettensaft
2–3 Stängel glatte Petersilie

Zubereitungszeit: 15 Minuten
Garzeit: 20–25 Minuten

1. Zwiebel und Knoblauch abziehen, in kleine Würfel schneiden. Das Speiseöl in einem Topf erhitzen, die Zwiebelwürfel darin andünsten. Knoblauchwürfel hinzugeben und kurz mitdünsten lassen, mit Kreuzkümmel, Koriander und Cayennepfeffer würzen.

2. Linsen, Rosinen und Brühe hinzugeben, gut verrühren und aufkochen lassen. Die Suppe zugedeckt bei schwacher Hitze 20–25 Minuten unter gelegentlichem Rühren kochen lassen.

3. Mais unter die Suppe rühren, miterwärmen. Die Suppe mit Salz, Pfeffer und Zitronen- oder Limettensaft würzen.

4. Petersilie abspülen und trocken tupfen. Die Blättchen von den Stängeln zupfen und klein schneiden.

5. Die Suppe in Tellern anrichten und mit Petersilie bestreut servieren.

Beilagen: Die Suppe mit ofenfrischem veganem Baguette servieren. Etwa 200 g Sojajoghurt zu der Suppe reichen.

Linsensuppe mit Kichererbsen

Für die Party

12 Portionen

Pro Portion: E: 21 g, F: 8 g, Kh: 43 g, kJ: 1398, kcal: 334, BE: 3,5

3 Zwiebeln
3 Knoblauchzehen
3 Chilischoten
6 EL Olivenöl
3 TL Currypulver
750 g rote Linsen
3 gestr. TL gem. Kreuzkümmel (Cumin)
4 ½ l vegane Gemüsebrühe

3 Bio-Zitronen (unbehandelt, ungewachst)
1–2 Bund Koriander
600 g abgetropfte Kichererbsen (aus der Dose)
Salz, gem. Pfeffer

Zubereitungszeit: 45 Minuten
Garzeit: etwa 15 Minuten

1. Zwiebeln und Knoblauch abziehen. Die Zwiebeln in kleine Würfel schneiden. Knoblauch durch eine Knoblauchpresse drücken. Chilischoten entstielen, entkernen, abspülen, trocken tupfen und in feine Ringe schneiden.

2. Das Olivenöl in einem großen Topf erhitzen. Zwiebelwürfel, Curry, Knoblauch und Chiliringe darin unter Rühren andünsten. Die Linsen hinzufügen und mit Kreuzkümmel bestreuen. Gemüsebrühe hinzugießen. Die Zutaten zum Kochen bringen und zugedeckt bei schwacher Hitze etwa 15 Minuten leicht kochen lassen, dabei gelegentlich umrühren.

3. In der Zwischenzeit die Zitronen heiß abwaschen, abtrocknen und die Schalen fein abreiben. Die Zitronen halbieren und den Saft auspressen. Den Koriander abspülen und gut trocken tupfen. Die Blättchen von den Stängeln zupfen. Einige Korianderblättchen zum Garnieren beiseitelegen, die restlichen Blättchen grob zerkleinern.

4. Etwa die Hälfte der Linsen mit einer Schaumkelle aus der Suppe nehmen. Die restliche Suppe mit einem Pürierstab fein pürieren.

5. Die abgeschöpften Linsen mit den Kichererbsen und den zerkleinerten Korianderblättchen in die pürierte Suppe geben und miterhitzen. Die Suppe mit Salz, Pfeffer, Zitronenschale und -saft abschmecken. Die Linsensuppe mit Korianderblättchen garniert servieren.

Beilage: Die Linsensuppe mit veganen Papadams (frittierte Fladen aus Linsenmehl), veganem Fladen- oder Naanbrot (indisches Fladenbrot) servieren. Achtung: Fertiges Naanbrot enthält häufig Milch oder Joghurt.

Tipps: Die Suppe ist schnell gemacht, kann aber auch am Vorabend zubereitet werden. Die Linsen dann nur knapp gar kochen, damit sie beim Wiedererwärmen nicht ganz zerfallen. Die erkaltete Suppe in den Kühlschrank stellen. Den Koriander erst kurz vor dem Servieren in die Suppe geben.

Linsen-Tomaten-Topf

Gut vorzubereiten

4 Portionen

Pro Portion: E: 29 g, F: 8 g, Kh: 63 g, kJ: 1907, kcal: 453, BE: 5,0

150 g grüne Linsen
150 g rote Linsen
150 g gelbe Linsen
2 Frühlingszwiebeln
400 g Tomaten
2 Bund glatte Petersilie
2–3 EL Olivenöl
Salz
gem. Pfeffer
500 ml vegane Gemüsebrühe

Zubereitungszeit: 25 Minuten
Garzeit: etwa 35 Minuten

1. Die verschiedenen Linsen getrennt voneinander nach Packungsanleitung knapp bissfest garen (je nach Sorte 10–30 Minuten) und anschließend abtropfen lassen.

2. Die Frühlingszwiebeln putzen, abspülen, abtropfen lassen und in feine Scheiben schneiden. Die Tomaten abspülen, abtrocknen, halbieren und die Stängelansätze herausschneiden. Die Tomatenhälften grob würfeln.

3. Die Petersilie abspülen, trocken tupfen und die Blättchen von den Stängeln zupfen. Die Blättchen klein schneiden.

4. Das Olivenöl in einem Topf erhitzen. Frühlingszwiebelscheiben und Tomatenwürfel darin unter Rühren andünsten. Rote, gelbe und grüne Linsen mit der Petersilie hinzufügen. Die Linsen-Gemüse-Mischung mit Salz und Pfeffer kräftig würzen.

5. Die Gemüsebrühe hinzugießen. Die Zutaten zum Kochen bringen und zugedeckt bei schwacher Hitze etwa 5 Minuten köcheln lassen.

Beilage: Geröstete Brotstreifen. Dafür schneiden Sie 2 Scheiben veganes Toastbrot jeweils in 4 Streifen. Geben Sie 1 Esslöffel Knoblauch-Olivenöl in eine Pfanne und rösten Sie die Brotstreifen darin bei mittlerer Hitze goldbraun. Die Brotstreifen mit etwas Salz und evtl. gerebeltem Thymian würzen.

Tipp: Der bunte Linsentopf ist ideal, wenn Sie schon am Vortag wissen, dass die Zeit zum Kochen am nächsten Tag knapp ist. Garen Sie die Linsen nach Packungsanleitung. Stellen Sie die erkalteten Linsen bis zur Verwendung in den Kühlschrank.

Maisbrötchen | Am besten frisch genießen

14 Stück

Pro Stück: E: 4 g, F: 2 g, Kh: 29 g, kJ: 633, kcal: 151, BE: 2,5

Für den Hefeteig:

250 g Weizenmehl
250 g Maismehl
42 g frische Hefe
2 TL Voll-Rohrzucker
400 ml lauwarmes Wasser
1 gestr. TL Salz
1–2 TL Sambal Oelek
½ TL gem. Kurkuma (Gelbwurz)
3 TL Olivenöl

etwas Weizenmehl
50 g Maisgrieß (Polenta)

Zubereitungszeit: 15 Minuten
Ruhe-/Gehzeit: 55–60 Minuten
Backzeit: 15–20 Minuten

1. Für den Teig beide Mehlsorten in einer Rührschüssel mischen und in die Mitte eine Vertiefung eindrücken. Hefe hineinbröckeln, Zucker und 100 ml lauwarmes Wasser hinzufügen. Dann mit einem kleinen Teil des Mehls mithilfe einer Gabel vorsichtig verrühren und zugedeckt 10–15 Minuten stehen lassen.

2. Restliches Wasser (300 ml), Salz, Sambal Oelek, Kurkuma und Olivenöl hinzufügen. Die Zutaten mit einem Mixer (Knethaken) zunächst kurz auf niedrigster, dann auf höchster Stufe in etwa 5 Minuten zu einem glatten Teig verarbeiten.

3. Den Teig zugedeckt so lange an einem warmen Ort gehen lassen, bis er sich sichtbar vergrößert hat, etwa 30 Minuten.

4. Den gegangenen Teig auf der leicht bemehlten Arbeitsfläche nochmals gut durchkneten. Den Teig in 14 gleich große Portionen teilen und zu Kugeln formen. Die Kugeln etwas flacher drücken.

5. Ein Backblech (mit Backpapier belegt) etwa mit der Hälfte Maisgrieß bestreuen. Die Brötchen darauflegen. Die Brötchen mit Wasser bestreichen, mit dem restlichen Maisgrieß bestreuen und anschließend zugedeckt etwa 15 Minuten an einem warmen Ort gehen lassen.

6. Den Backofen vorheizen.
Ober-/Unterhitze: etwa 200 °C
Heißluft: etwa 180 °C

7. Backblech in den vorgeheizten Backofen schieben. Die Brötchen **15–20 Minuten backen.** Die Brötchen mit dem Backpapier vom Backblech auf einen Kuchenrost ziehen und erkalten lassen.

Maismehl-Buns mit Peperoni |

Perfekt für vegane Burger

8 Stück

Pro Stück: E: 9 g, F: 14 g, Kh: 63 g, kJ: 1763, kcal: 421, BE: 5,0

125 g	*rote Zwiebeln*
je 1	*rote und grüne Peperoni (je etwa 20 g)*
50 g	*vegane Margarine*
25 g	*frische Hefe*
350 ml	*lauwarmes Wasser*
275 g	*Maismehl*
400 g	*Weizenmehl*
60 ml	*Sonnenblumenöl*
1 EL	*Voll-Rohrzucker*
1 TL	*gem. Koriander*
1 EL	*Paprikapulver rosenscharf*
1 gestr. TL	*Salz*
etwas	*Weizenmehl*

Zubereitungszeit: 40 Minuten, ohne Abkühlzeit
Ruhe-/Gehzeit: etwa 1 Stunde und 15 Minuten
Backzeit: 20–25 Minuten

1. Die Zwiebeln abziehen und klein würfeln. Rote und grüne Peperoni abspülen, trocken tupfen, entstielen und mit den Kernen in kleine Würfel schneiden. Margarine in einer Pfanne zerlassen. Die Zwiebel- und Peperoniwürfel darin bei mittlerer Hitze leicht goldbraun braten und abkühlen lassen.

2. Die Hefe in das lauwarme Wasser bröckeln und gut verrühren, bis sie aufgelöst ist. Maismehl, Weizenmehl, Sonnenblumenöl, Zucker, Koriander, Paprika und Salz hinzufügen.

3. Die Zutaten mit einem Mixer (Knethaken) zunächst kurz auf niedrigster, dann auf höchster Stufe zu einem glatten, elastischen Teig verkneten (Teig darf nicht mehr kleben). Zuletzt die Zwiebel-Peperoni-Mischung unterarbeiten.

4. Den Teig mit einem Geschirrtuch abdecken und an einem warmen Ort gehen lassen, bis er sich sichtbar verdoppelt hat, etwa 1 Stunde.

5. Den gegangenen Teig aus der Schüssel nehmen, auf der leicht bemehlten Arbeitsfläche in 8 gleich große Portionen teilen und dann zu runden Buns formen. Die Buns auf ein Backblech (mit Backpapier belegt) legen und mit einem Geschirrtuch zudecken. Die Buns nochmals an einem warmen Ort gehen lassen, etwa 15 Minuten.

6. In der Zwischenzeit den Backofen vorheizen.
Ober-/Unterhitze: etwa 180 °C
Heißluft: etwa 160 °C

7. Das Backblech in den vorgeheizten Backofen (unteres Drittel) schieben. Die Buns **20–25 Minuten backen.**

8. Die Buns mit dem Backpapier vom Backblech auf einen Kuchenrost ziehen. Die Buns noch warm dünn mit Wasser bestreichen, sodass die Kruste weich wird. Die Buns erkalten lassen.

Tipp: Die Buns vor dem Füllen bzw. Belegen waagerecht durchschneiden und nochmals kurz toasten.

Makkaroni mit Paprika-Feigen-Sauce | Gelingt leicht

4–5 Portionen

Pro Portion: E: 18 g, F: 11 g, Kh: 96 g, kJ: 2453, kcal: 585, BE: 8,0

Für die Paprika-Feigen-Sauce:

1 kg gemischte Paprikaschoten (rot, grün, gelb)
4 EL Olivenöl
400 g gewürfelte Tomaten mit Kräutern (aus Dosen)
Salz, gem. Pfeffer
etwas Voll-Rohrzucker
3 reife Feigen

5 l Wasser
5 gestr. TL Salz
500 g vegane Makkaroni

Zum Bestreuen:

evtl. Basilikumblättchen

Zubereitungszeit: 30 Minuten

1. Für die Sauce Paprikaschoten halbieren, entstielen, entkernen und die weißen Scheidewände entfernen. Die Schotenhälften abspülen, abtropfen lassen und in kleine Würfel schneiden.

2. Das Olivenöl in einem großen Topf erhitzen. Die Paprikawürfel darin evtl. in 2 Portionen unter Rühren andünsten. Tomatenwürfel aus der Dose unterrühren, anschließend mit Salz, Pfeffer und Zucker würzen. Die Zutaten zum Kochen bringen und etwa 10 Minuten unter gelegentlichem Rühren garen.

3. In der Zwischenzeit die Feigen abspülen, trocken tupfen, entstielen und evtl. schälen. Feigen in Streifen oder Stücke schneiden. Nach etwa 10 Minuten Garzeit die Feigenstreifen oder -stücke unter die Sauce rühren und erwärmen. Die Sauce warm stellen.

4. Wasser in einem großen Topf zugedeckt zum Kochen bringen. Dann Salz und Makkaroni hinzugeben. Die Makkaroni im geöffneten Topf bei mittlerer Hitze nach Packungsanleitung kochen lassen, dabei gelegentlich umrühren.

5. Anschließend die Makkaroni in ein Sieb geben, mit heißem Wasser abspülen und abtropfen lassen.

6. Die Makkaroni mit der Paprika-Feigen-Sauce auf Tellern anrichten. Nach Belieben mit abgespülten und trocken getupften Basilikumblättchen garnieren.

Mandelcreme mit Beerenkompott | Fruchtig

4 Portionen

Pro Portion: E: 7 g, F: 12 g, Kh: 48 g, kJ: 1434, kcal: 342, BE: 4,0

6 g Agar-Agar
600 ml ungesüßter Mandeldrink (natur)
½ Vanilleschote
80 g Roh-Rohrzucker
½ Stange Zimt
8 Tropfen Bittermandel-Aroma
4 EL gehobelte Mandeln
500 g Erdbeeren
2 EL Dr. Oetker Bourbon-Vanille-Zucker
250 g Himbeeren
125 g Heidelbeeren

Zubereitungszeit: 30 Minuten, ohne Kühlzeit

1. Agar-Agar in einer halben Tasse Mandeldrink glatt rühren. Restlichen Mandeldrink mit der ausgekratzten Vanilleschote und dem Vanillemark, Zucker, Zimt und Aroma in einem Topf zum Kochen bringen. Das angerührte Agar-Agar unter ständigem Rühren in den Topf geben und 1–2 Minuten unter Rühren kochen lassen.

2. Den Mandeldrink durch ein ganz feines Sieb passieren und sofort in 4 mit kaltem Wasser ausgespülten Förmchen verteilen. Die Förmchen mit Frischhaltefolie zugedeckt etwa 2 Stunden in den Kühlschrank stellen.

3. Inzwischen die Mandeln in einer Pfanne ohne Fett unter Wenden goldbraun rösten, auf einen Teller geben und erkalten lassen.

4. Die Erdbeeren putzen, abspülen, gut abtropfen lassen und vierteln. Die Hälfte der Erdbeeren mit Vanille-Zucker pürieren. Die Himbeeren und Heidelbeeren verlesen, evtl. kurz abspülen, trocken tupfen und mit den restlichen Erdbeeren in die pürierte Erdbeersauce geben.

5. Die Förmchen mit der Mandelcreme kurz in heißes Wasser tauchen und anschließend auf Dessertteller stürzen. Die Mandelcreme mit dem Beerenkompott und den Mandeln garnieren und servieren.

Mandelsüppchen mit Croûtons und Olivenöl | Für Gäste

4 Portionen

Pro Portion: E: 15 g, F: 45 g, Kh: 16 g, kJ: 2191, kcal: 524, BE: 1,5

2	*Schalotten*
1	*Knoblauchzehe*
6 EL	*Olivenöl*
125 g	*gehobelte Mandeln*
1 EL	*Weizenmehl*
750 ml	*vegane Gemüsebrühe*
	Salz
2 große Scheiben	*veganer Mehrkorntoast*
2 EL	*nicht abgezogene Mandeln, grob gehackt*
2 Stängel	*Rosmarin*
250 ml	*ungesüßter Mandeldrink (natur)*
	gem. Pfeffer

Zubereitungszeit: 30 Minuten

1. Schalotten und Knoblauch abziehen, grob zerkleinern. 2 Esslöffel von dem Olivenöl in einem Topf erhitzen. Die Schalotten- und Knoblauchstückchen darin kurz andünsten. Die Mandeln hinzugeben und kurz mitdünsten lassen, mit Mehl bestäuben und kurz unterrühren. Die Gemüsebrühe hinzugießen, zum Kochen bringen und mit Salz würzen. Die Zutaten etwa 10 Minuten bei schwacher Hitze kochen lassen.

2. In der Zwischenzeit die Toastscheiben entrinden und in Würfel schneiden. 2 weitere Esslöffel des Olivenöls in einer Pfanne erhitzen. Die Brotwürfel darin langsam von allen Seiten goldgelb braten. Wenn die Brotwürfel anfangen Farbe zu nehmen, die gehackten Mandeln und 1 abgespülten, trocken getupften Rosmarinstängel mitbraten lassen, mit Salz würzen. Die Brotwürfel-Mandel-Mischung aus der Pfanne nehmen und auf Küchenpapier abtropfen lassen. Rosmarinstängel entfernen.

3. Den Mandeldrink in die Suppe geben und kurz mitkochen lassen. Die Suppe in mit einem Pürierstab fein pürieren, mit Salz und Pfeffer abschmecken.

4. Restlichen Rosmarinstängel abspülen und trocken tupfen. Nadeln von dem Stängel zupfen. Die Suppe in vorgewärmten Tellern verteilen und jeweils etwas von dem restlichen Olivenöl daraufträufeln. Jeweils einige Croûtons mit den Mandeln in die Suppe geben, mit Rosmarinnadeln bestreuen.

Mandel-Zitronen-Sauce zu Pasta |

Fein & edel

4 Portionen

Pro Portion: E: 18 g, F: 10 g, Kh: 95 g, kJ: 2344, kcal: 560, BE: 8,0

2 Knoblauchzehen
2 Schalotten
1 mehligkochende Kartoffel (etwa 150 g)
2 EL Sonnenblumenöl
500 ml vegane Gemüsebrühe
1 kleines Lorbeerblatt

5 l Wasser
5 gestr. TL Salz
500 g vegane Nudeln, z. B. Castellane

1 Bio-Zitrone (unbehandelt, ungewachst)
3 TL weißes Mandelmus (aus dem Glas, erhältlich im Reformhaus oder Bioladen)
Salz
gem. Pfeffer
2–3 EL Schnittlauchröllchen (frisch oder TK)

Zubereitungszeit: 30 Minuten

1. Die Knoblauchzehen und Schalotten abziehen und fein würfeln. Kartoffel schälen, abspülen, abtropfen lassen und in etwa 1 cm große Würfel schneiden.

2. Das Sonnenblumenöl in einem Topf erhitzen. Knoblauch- und Schalottenwürfel darin unter Rühren goldgelb andünsten. Kartoffelwürfel, Brühe und Lorbeerblatt hinzugeben. Die Zutaten zum Kochen bringen und die Flüssigkeit offen etwa um die Hälfte einkochen lassen.

3. Inzwischen Wasser in einem großen Topf zugedeckt zum Kochen bringen. Dann Salz und Nudeln zugeben. Die Nudeln im geöffneten Topf bei mittlerer Hitze nach Packungsanleitung bissfest kochen, dabei gelegentlich umrühren.

4. Das Lorbeerblatt aus dem eingekochten Saucenfond entfernen, dann den Fond mit einem Pürierstab so lange kräftig durchpürieren, bis eine sämige Sauce entstanden ist.

5. Zitrone heiß abwaschen und abtrocknen. ½ Teelöffel Zitronenschale fein abreiben. Zitrone halbieren, den Saft auspressen und 3 Esslöffel davon abmessen.

6. Zitronenschale und Mandelmus zu der Sauce geben und sorgfältig unterrühren. Die Sauce mit Salz, Pfeffer und 2 Esslöffeln Zitronensaft abschmecken. Die Schnittlauchröllchen unterrühren. Evtl. den restlichen Zitronensaft unterrühren.

7. Die Nudeln in ein Sieb geben, mit heißem Wasser abspülen, abtropfen lassen und mit der Sauce servieren.

Tipps: Nach Belieben können Sie zusätzlich Brokkoliröschen, gedünsteten Spinat oder Mangold kurz mit den Nudeln mitkochen. Auf die Schnittlauchröllchen in der Sauce können Sie auch verzichten.

Mango-Kichererbsen-„Frikadellen“ I

Serviert mit Paprikasauce

2 Portionen

Pro Portion: E: 29 g, F: 22 g, Kh: 56 g, kJ: 2269, kcal: 543, BE: 4,5

Für die Mango-Kichererbsen-„Frikadellen“:

125 g rote Linsen
1 Zwiebel
1 EL Olivenöl

Für die Paprikasauce:

1 rote Paprikaschote (etwa 200 g)
100 ml vegane Gemüsebrühe

75 g Mangofruchtfleisch (vorbereitet gewogen)
150 g abgetropfte Kichererbsen (aus der Dose)
2 EL Sojamehl (erhältlich im Reformhaus oder Naturkostladen, möglichst kein Vollfett-Mehl)
Salz
gem. Pfeffer
1 Msp. Cayennepfeffer
1 Knoblauchzehe
1 EL Apfel- oder weißer Balsamico-Essig
2 EL Olivenöl

Zubereitungszeit: 40 Minuten

1. Für die „Frikadellen“ die Linsen nach Packungsanleitung in reichlich Wasser in 10–15 Minuten bissfest garen. Gegarte Linsen in ein Sieb abgießen und mit kaltem Wasser abspülen. Anschließend Linsen abtropfen und abkühlen lassen.

2. In der Zwischenzeit die Zwiebel abziehen und fein würfeln. Öl in einer Pfanne erhitzen.

3. Die Zwiebelwürfel darin andünsten. Zwiebelmasse auf einen Teller geben und beiseitestellen.

4. Für die Sauce die Paprikaschote halbieren, entstielen, entkernen und die weißen Scheidewände entfernen. Schote abspülen, abtropfen lassen und in kleine Würfel schneiden. Die Paprikawürfel in einer Pfanne ohne Fett bei mittlerer bis starker Hitze in etwa 10 Minuten braun anbraten, dabei gelegentlich umrühren. Gemüsebrühe angießen, alles einmal aufkochen lassen und die Paprikawürfel zugedeckt bei schwacher Hitze etwa 10 Minuten gar dünsten.

5. In der Zwischenzeit Mangofruchtfleisch in kleine Würfel schneiden. Die Kichererbsen abspülen, gut abtropfen lassen und in einer Schüssel pürieren. Die Kichererbsenmasse mit Linsen, Zwiebelmasse, Mangowürfeln, Sojamehl sowie Salz, Pfeffer und etwas Cayennepfeffer gut verrühren, nach Belieben nochmals mit den Gewürzen abschmecken.

6. Die Pfanne mit der Paprika von der Kochstelle nehmen. Knoblauch abziehen, grob hacken und mit den Paprikawürfeln in einen hohen Rührbecher geben. Essig und 1 Esslöffel von dem Olivenöl hinzufügen. Die Zutaten mit dem Pürierstab zu einer glatten, leicht dicklichen Sauce verrühren. Paprikasauce mit Salz und Pfeffer abschmecken.

7. Aus der Kichererbsenmasse mit leicht angefeuchteten Händen 6 flache „Frikadellen“ formen. Das restliche Öl in einer Pfanne erhitzen. Die „Frikadellen“ darin bei mittlerer bis starker Hitze in 3–4 Minuten braun anbraten, dabei vorsichtig wenden. Die Mango-Kichererbsen-„Frikadellen“ mit der Paprikasauce anrichten.

Beilage: Ein frischer grüner Salat.

Tipps: Für mehr Schärfe die Paprikasauce zusätzlich mit ½–1 Teelöffel Harissa (scharfe Gewürzpaste) abschmecken. Die „Frikadellen“ sind auch kalt ein Genuss. Fertig gegarte „Frikadellen“ gut verpackt am besten im Kühlschrank aufheben. Sie schmecken zum Beispiel auch als Brotbelag. Für Gäste lassen sich größere Mengen „Frikadellen“ prima im Backofen garen. Dafür den Backofen vorheizen (Ober-/Unterhitze: etwa 200 °C bzw. Heißluft: etwa 180 °C). Die „Frikadellen“ mit etwas Abstand auf ein mit Backpapier belegtes Backblech legen und 20–25 Minuten backen.

Mango-Melonen-Sekt-Sorbet

Erfrischend

6 Portionen

Pro Portion: E: 1 g, F: 0 g, Kh: 61 g, kJ: 1231, kcal: 295, BE: 5,0

250 ml Wasser
300 g Roh-Rohrzucker
300 g Honigmelone
1 Mango (etwa 200 g)
Saft von
1 Zitrone
400 ml veganer Sekt

Zubereitungszeit: 20 Minuten, ohne Abkühl- und Durchziehzeit
Gefrierzeit: 4–5 Stunden (Eismaschine: etwa 30 Minuten)

1. Wasser mit Zucker in einem Topf zum Kochen bringen und etwa 1 Minute kochen lassen. Wasser-Zucker-Lösung erkalten lassen.

2. Inzwischen die Honigmelone entkernen, in Spalten schneiden, schälen und in Stücke schneiden. Mangofruchtfleisch vom Stein schneiden, schälen und ebenfalls in Stücke schneiden.

3. Die Obststücke in eine Schale geben, mit Zitronensaft und Sekt übergießen und etwa 1 Stunde durchziehen lassen.

4. Anschließend die vorbereiteten Obststücke durch ein Sieb passieren. Die Wasser-Zucker-Lösung gut unterrühren.

5. Die Sorbetmasse in eine gefriergeeignete Form geben. Die Form zugedeckt in den Gefrierschrank stellen. Die Sorbetmasse 4–5 Stunden gefrieren lassen. Dabei das Sorbet alle 30 Minuten mit einem Schneebesen kräftig durchschlagen. Oder die Masse in eine vorbereitete Eismaschine füllen und in etwa 30 Minuten gefrieren lassen.

6. Zum Servieren das Sorbet kugelförmig in Gläsern anrichten und servieren.

Tipps: Nach Belieben Melonenkugeln und Mangospalten zum Sorbet servieren. Zusätzlich das Sorbet mit Minze- oder Zitronenmelisseblättchen garnieren. Für noch mehr exotischen Fruchtgenuss können Sie zum Sorbet eine selbst gemachte **Mangosauce** servieren. Dafür das Fruchtfleisch von 1 großen, reifen Mango (etwa 500 g) vom Stein schneiden, schälen und in kleine Stücke schneiden. Die Fruchtstücke in einen hohen Rührbecher geben und mit einem Pürierstab fein pürieren. Das Püree mit 1–2 Esslöffeln frischem Limettensaft abschmecken.

Mariniertes Grillgemüse I

Mit Alkohol

10 Portionen

Pro Portion: E: 7 g, F: 19 g, Kh: 14 g, kJ: 1112, kcal: 266, BE: 0,5

je 2 rote, gelbe und grüne Paprikaschoten (etwa 1 ½ kg)
4 Zucchini (etwa 1 kg)
3 Auberginen (etwa 1 kg)
2 Staudensellerie (etwa 1 kg)
400 g weiße Champignons
4 Knoblauchzehen
500 g Schalotten
3 Stängel Rosmarin
1 kleiner Topf Thymian

8 EL Olivenöl

Für die Marinade:

100 ml veganer trockener Weißwein
100 ml Olivenöl
6 EL Rotweinessig
2 EL Balsamico-Essig
2 Lorbeerblätter
Salz
etwas Voll-Rohrzucker
gem. Pfeffer

Außerdem:

2 große Edelstahl-Grillschalen (ohne Löcher)

Zubereitungszeit: 1 Stunde, ohne Marinierzeit
Grillzeit: etwa 30 Minuten

1. Die Paprikaschoten vierteln, entstielen, entkernen und die weißen Scheidewände entfernen. Die Schoten abspülen, abtropfen lassen und in Stücke schneiden.

2. Zucchini und Auberginen abspülen, abtrocknen und die Enden bzw. Stängelansätze abschneiden. Zucchini und Auberginen längs vierteln und in etwa 1 cm dicke Scheiben schneiden.

3. Staudensellerie putzen, abspülen und abtropfen lassen. Sellerie in etwa 3 cm lange Stücke schneiden. Champignons putzen und halbieren.

4. Knoblauch und Schalotten abziehen. Knoblauch in dünne Scheiben schneiden. Die Schalotten vierteln. Die Kräuter abspülen, trocken tupfen, die Nadeln bzw. Blättchen von den Stängeln zupfen und grob hacken.

5. Das Olivenöl in einer großen Pfanne erhitzen. Das Gemüse darin portionsweise anbraten und dann in eine große Schüssel geben.

6. Für die Marinade Wein, Olivenöl, beide Essigsorten und die Lorbeerblätter in einem Topf verrühren, aufkochen lassen, mit Salz, Zucker und Pfeffer abschmecken. Das gemischte Gemüse mit der Marinade begießen und erkalten lassen. Dann das Gemüse zugedeckt etwa 2 Stunden in den Kühlschrank stellen, dabei 2–3-mal umrühren.

7. Das Gemüse gemischt in den Grillschalen verteilen. Die Grillschalen auf den Grillrost des heißen Grills stellen und das Gemüse etwa 30 Minuten grillen, dabei gelegentlich umrühren.

Beilage: Gegrilltes veganes Knoblauchbrot.

Mini-Paprikas & Pimentos am Spieß

Kleiner Grillsnack

12 Portionen (24 Spießchen)

Pro Portion: E: 2 g, F: 2 g, Kh: 6 g, kJ: 245, kcal: 58, BE: 0,5

je 12 gelbe und rote Mini-Paprikaschoten
48 Pimentos (Bratpaprika)

Für die Marinade:

8 Knoblauchzehen
1 1/2 EL grüne Pfefferkörner (in Lake, etwa 30 g)
300 ml Olivenöl

Zum Bestreuen:

etwas Salz

Außerdem:

24 kleine Grillspieße, z. B. Bambusspieße (etwa 5 cm, über Nacht in Wasser eingelegt), oder Metallspieße

Zubereitungszeit: 1 Stunde, ohne Marinierzeit
Grillzeit: etwa 10 Minuten

1. Die Paprikaschoten halbieren, evtl. entstielen und entkernen. Die weißen Scheidewände entfernen. Die Schotenhälften und die Pimentos abspülen und abtropfen lassen.

2. Wasser in einem großen Topf zum Kochen bringen. Paprikahälften portionsweise kurz darin blanchieren.

3. Anschließend Paprikahälften mit einer Schaumkelle herausnehmen und mit kaltem Wasser abschrecken. Die Paprikahälften in einem Sieb gut abtropfen lassen.

4. Jeweils 4 Paprikahälften auf die Hälfte der Spieße stecken. Jeweils 4 Pimentos auf die restlichen Spieße stecken.

5. Für die Marinade Knoblauch abziehen und in dünne Scheiben schneiden. Die Pfefferkörner leicht zerdrücken. Anschließend Pfefferkörner und Knoblauchscheiben mit dem Öl verrühren.

6. Die Paprika- und Pimentosspieße in eine flache Schale legen und mit der Marinade übergießen. Die Spieße zugedeckt im Kühlschrank etwa 1 Stunde marinieren, dabei gelegentlich wenden.

7. Die Spieße abtropfen lassen, auf den Grillrost (gefettet) des heißen Grills legen und unter mehrmaligem Wenden etwa 10 Minuten grillen. Die Spieße mit Salz bestreut servieren.

Beilagen: Servieren Sie die Spieße mit verschiedenen veganen Dips, z. B. mit einem **edlen Pinienkern-Dip.** Dafür 180 g geröstete Pinienkerne, 1 eingeweichte, ausgedrückte vegane Toastbrotscheibe, 2 geschälte, klein gehackte Knoblauchzehen sowie die fein abgeriebene Schale und den Saft von 2 Bio-Zitronen (unbehandelt, ungewachst) in der Küchenmaschine pürieren. Dann 120 ml Sesam- oder Olivenöl langsam einlaufen lassen und unterpürieren. Der Dip soll schön cremig sein. Den Dip mit Salz, Pfeffer und 1 Prise Voll-Rohrzucker abschmecken, in einer Schale anrichten und nach Belieben mit roten Pfefferbeeren bestreuen.

Tipp: Die Spieße können Sie einige Stunden oder am Vortag wie bis einschließlich Punkt 6 beschrieben vorbereiten und zugedeckt in den Kühlschrank stellen.

Misosuppe mit Zuckerschoten

Asiatisch genießen

2 Portionen

Pro Portion: E: 8 g, F: 6 g, Kh: 28 g, kJ: 840, kcal: 201, BE: 2,0

4 Frühlingszwiebeln
100 g Zuckerschoten
600 ml vegane Gemüsebrühe
1 TL Miso (etwa 10 g – Würzpaste, erhältlich im Asialaden)
20 g vegane Wok-Nudeln (Instant-Nudeln)
50 g abgetropfte Bambusschösslinge in Streifen (aus dem Glas)
1 TL Sesamöl
1 TL vegane Sojasauce
1/2–1 TL Weißweinessig
evtl. Salz
gem. Pfeffer

Zubereitungszeit: 20 Minuten
Garzeit: etwa 5 Minuten

1. Frühlingszwiebeln putzen, abspülen, abtropfen lassen und in feine Scheiben schneiden. Von den Zuckerschoten die Enden abschneiden, die Schoten evtl. abfädeln. Schoten abspülen, abtropfen lassen und schräg in Stücke schneiden.

2. Die Gemüsebrühe mit Miso in einem Topf unter gelegentlichem Rühren bei starker Hitze zum Kochen bringen.

3. Die Nudeln hinzufügen und alles zugedeckt etwa 3 Minuten bei mittlerer Hitze kochen lassen.

4. Bambusschösslinge, Frühlingszwiebelscheiben und Zuckerschotenstücke hinzufügen.

5. Alles erneut zum Kochen bringen und zugedeckt bei schwacher bis mittlerer Hitze weitere etwa 2 Minuten garen, bis das Gemüse und die Nudeln bissfest sind. Den Topf von der Kochstelle nehmen.

6. Die Suppe mit Sesamöl, Sojasauce, Essig, evtl. Salz und Pfeffer pikant abschmecken. Die Suppe in Schälchen servieren.

Mittelmeer-Salat

Für die Party

12 Portionen

Pro Portion: E: 11 g, F: 14 g, Kh: 41 g, kJ: 1420, kcal: 336, BE: 3,0

600 g Bulgur
1 1/4 l vegane Gemüsebrühe
9 Fleischtomaten (je etwa 275 g)
900 g Zucchini
9 gelbe Spitzpaprika (etwa 900 g, ersatzweise 6 kleine, gelbe Paprikaschoten)

Für die Salatsauce:

2–3 milde rote Peperoni
150–200 ml Zitronensaft
150 ml Olivenöl
Salz
gem. Pfeffer
etwas Paprikapulver rosenscharf

einige Stängel Petersilie und Thymian

Zubereitungszeit: 50 Minuten, ohne Abkühl- und Durchziehzeit

1. Bulgur mit der Gemüsebrühe nach Packungsanleitung in einem Topf zubereiten. Den garen Bulgur in eine große Schüssel geben und abkühlen lassen.

2. Inzwischen die Fleischtomaten kreuzweise einschneiden und mit kochendem Wasser übergießen. Nach 1–2 Minuten herausnehmen und mit kaltem Wasser abschrecken. Die Tomaten enthäuten, halbieren und die Stängelansätze herausschneiden. Tomaten entkernen und das Fruchtfleisch in kleine Stücke schneiden.

3. Die Zucchini abspülen, abtrocknen und die Enden abschneiden. Die Zucchini in kleine Würfel schneiden. Spitzpaprika halbieren, entstielen, entkernen und die weißen Scheidewände entfernen. Schotenhälften abspülen, abtropfen lassen und in Stücke schneiden.

4. Bulgur mit 2 Gabeln etwas auflockern. Tomatenstücke, Zucchiniwürfel und Paprikastücke unterheben.

5. Für die Salatsauce die Peperoni längs aufschneiden, entkernen und die Scheidewände herausschneiden. Schotenhälften abspülen, trocken tupfen und in Streifen schneiden.

6. Peperonistreifen mit etwa 125 ml vom Zitronensaft verrühren, das Olivenöl unterschlagen. Die Zutaten mit Salz, Pfeffer und Paprikapulver würzen.

7. Die Sauce mit den Salatzutaten vermengen. Den Salat zugedeckt etwa 30 Minuten durchziehen lassen.

8. Zum Servieren Petersilie und Thymian abspülen, trocken tupfen und die Blättchen von den Stängeln zupfen. Blättchen fein hacken und unter den Salat geben. Den Salat nochmals durchmischen, mit dem restlichen Zitronensaft und den Gewürzen abschmecken und servieren.

Mohnkuchen mit Datteln

Schnell im Ofen

12 Stücke

Pro Stück: E: 5 g, F: 20 g, Kh: 33 g, kJ: 1420, kcal: 338, BE: 3,0

Zum Vorbereiten:

100 g entsteinte Datteln
1 Bio-Limette (unbehandelt, ungewachst)
50 ml Wasser

Für den Rührteig:

30 g Ei-Ersatzpulver, z. B. von 3 Pauly
120 ml Wasser
180 g vegane Margarine (zimmerwarm)
120 g Voll-Rohrzucker
1 Prise Salz
150 g gem. Mohn
30 g gem. Mandeln
150 g Weizenmehl (Type 550)
4 gestr. TL Dr. Oetker Backin

Zum Füllen:

120 g Pflaumenmus oder Orangenmarmelade

Zum Bestäuben:

1 EL Puderzucker

Zubereitungszeit: 35 Minuten, ohne Abkühlzeit
Backzeit: etwa 35 Minuten

1. Zum Vorbereiten Datteln grob hacken und in einen kleinen Topf geben. Die Limette heiß abwaschen, abtrocknen. Die Schale fein abreiben und zu den Datteln geben. Limette halbieren und den Saft auspressen. 2 Esslöffel Limettensaft und das Wasser zu den Datteln geben.

2. Das Ganze zugedeckt bei mittlerer Hitze aufkochen. Topf von der Kochstelle nehmen. Dattelmischung etwa 10 Minuten stehen lassen, dann pürieren und etwas abkühlen lassen.

3. Den Backofen vorheizen.
Ober-/Unterhitze: etwa 180 °C
Heißluft: etwa 160 °C

4. Für den Teig Ei-Ersatzpulver und Wasser in einem Rührbecher mit einem Mixer (Rührstäbe) erst verrühren, dann schaumig aufschlagen.

5. Margarine in einer Rührschüssel mit dem Mixer (Rührstäbe) auf höchster Stufe verrühren. Dann Zucker und Salz unterrühren, bis eine gebundene, lockere Masse entstanden ist.

6. Aufgeschlagene Ei-Ersatz-Masse unterrühren. Dattelpüree kurz unterrühren. Mohn mit Mandeln, Mehl und Backpulver mischen, kurz unterrühren.

7. Den Teig in eine Springform (Ø 26 cm, Boden mit Backpapier belegt) geben und glatt streichen. Die Form auf dem Rost in den vorgeheizten Backofen schieben. Den Kuchen **etwa 25 Minuten backen.**

8. Dann die Backofentemperatur um etwa 20 °C auf Ober-/Unterhitze: etwa 160 °C, Heißluft: etwa 140 °C herunterschalten. Den Mohnkuchen **weitere etwa 10 Minuten backen.**

9. Die Form auf einen Kuchenrost stellen. Nach etwa 10 Minuten den Springformrand vorsichtig lösen und entfernen. Den Mohnkuchen auf dem Rost erkalten lassen.

10. Den Kuchen vom Springformboden nehmen und das Backpapier entfernen.

11. Den Kuchen mit einem Sägemesser waagerecht halbieren. Unteren Boden mit dem Pflaumenmus oder der Marmelade bestreichen. Oberen Boden wieder auflegen. Kuchen auf eine Tortenplatte setzen.

12. Zum Bestäuben z. B. einen Kuchenrost oder eine Schablone auf den Kuchen legen. Dann den Kuchen mit Puderzucker bestäuben. Kuchenrost oder Schablone vorsichtig entfernen.

Tipp: Die gemahlenen Mandeln im Teig können Sie durch gemahlene Haselnusskerne ersetzen.

Möhrenauflauf mit Kartoffel-Zwiebel-Kruste I

Schnell im Ofen

4 Portionen

Pro Portion: E: 8 g, F: 31 g, Kh: 42 g, kJ: 2014, kcal: 483, BE: 3,0

600 g junge Möhren
½ Bund Frühlingszwiebeln (etwa 75 g)
je 1 grüne und gelbe Paprikaschote (etwa 330 g)
½ Bund Salbei
½ Bund Majoran
3 EL Olivenöl
Salz
gem. Pfeffer
250 ml Sojacreme zum Kochen
50 ml Wasser
2 EL frischer Zitronensaft
½–1 TL veganes Gemüsebrühenpulver
etwas vegane Margarine für die Form

Für die Kartoffelkruste:

2 Zwiebeln
4 EL Olivenöl
750 g gegarte festkochende Pellkartoffeln (am besten vom Vortag)
ger. Muskatnuss

Zubereitungszeit: 30 Minuten
Garzeit: etwa 30 Minuten

1. Möhren putzen, schälen, abspülen, abtropfen lassen und in feine Stifte schneiden. Frühlingszwiebeln putzen, abspülen, abtropfen lassen und schräg in Stücke schneiden.

2. Die Paprikaschoten halbieren, entstielen, entkernen und die weißen Scheidewände entfernen. Schoten abspülen, abtropfen lassen und in Streifen schneiden.

3. Die Kräuter abspülen, trocken tupfen und die Blättchen von den Stängeln zupfen. Die Blättchen grob schneiden.

4. Das Olivenöl in einer großen Pfanne erhitzen. Die Möhren darin unter Rühren andünsten, mit Salz, Pfeffer und der Hälfte der Kräuter würzen.

5. Die Hälfte der Soja-Kochcreme, das Wasser und den Zitronensaft hinzugießen und unterrühren.

6. Das Brühenpulver daraufstreuen und ebenfalls unterrühren. Die Möhrenstifte zugedeckt etwa 4 Minuten bei schwacher Hitze garen.

7. Die Frühlingszwiebelstücke und Paprikastreifen hinzugeben und unterrühren. Das Gemüse nochmals kräftig würzen und ohne Deckel bei starker Hitze 4–6 Minuten unter gelegentlichem Rühren dünsten, bis die Flüssigkeit stark eingekocht ist.

8. In der Zwischenzeit den Backofen vorheizen.
Ober-/Unterhitze: etwa 200 °C
Heißluft: etwa 180 °C

9. Das Gemüse in einer großen Auflaufform (gefettet) verteilen. Die Form zudecken und auf dem Rost in den vorgeheizten Backofen schieben. Das Gemüse **etwa 15 Minuten garen.**

10. Inzwischen für die Kruste die Zwiebeln abziehen, zunächst in Scheiben schneiden, dann in Ringe teilen. Das Öl in der Pfanne erhitzen. Die Zwiebelringe darin unter gelegentlichem Wenden anbraten. Pfanne von der Kochstelle nehmen.

11. Die Kartoffeln pellen und grob raspeln oder durch eine Kartoffelpresse drücken. Die Kartoffelmasse mit Salz, Pfeffer und Muskat würzen. Restliche Kräuter und die restliche Soja-Kochcreme vorsichtig untermischen.

12. Die Form aus dem Backofen nehmen und auf einen Rost stellen.

13. Die Kartoffelmasse auf dem Gemüse verteilen. Die Zwiebelringe mit dem Bratfett darauf verteilen.

14. Die Form wieder auf dem Rost in den Backofen schieben. Den Möhrenauflauf **bei gleicher Backofentemperatur weitere etwa 15 Minuten garen.**

Möhrendrink | Flüssiger Powersnack

2 Portionen

Pro Portion: E: 2 g, F: 1 g, Kh: 18 g, kJ: 390, kcal: 93, BE: 1,5

300 g Möhren
1/2 rote Paprikaschote
Saft von
1/2 Zitrone
Saft von
2 Orangen
Salz, gem. Pfeffer
Selleriesalz

Zubereitungszeit: 10 Minuten

1. Möhren putzen, schälen, abspülen, abtropfen lassen. Paprikaschotenhälfte entstielen, entkernen und die weißen Scheidewände entfernen. Schotenhälfte abspülen und abtropfen lassen. Die Möhren und die Schotenhälfte in kleine Stücke schneiden und mit einem Pürierstab oder im Mixer pürieren.

2. Zitronen- und Orangensaft unterrühren, mit Salz, Pfeffer und Selleriesalz würzen.

3. Den Möhrendrink in Gläser füllen und sofort servieren.

Möhrensuppe mit Linsen

Schnell – leicht

4 Portionen

Pro Portion: E: 9 g, F: 6 g, Kh: 24 g, kJ: 776, kcal: 185, BE: 2,0

750 g Möhren
10 g frischer Ingwer
2 EL Rapsöl
100 g rote Linsen
gem. Pfeffer
gem. Kardamom
etwa 1,1 l vegane Gemüsebrühe
5–6 Pfefferminzeblättchen
Salz
½ TL getrocknete Chiliflocken

Zubereitungszeit: 25 Minuten
Garzeit: etwa 15 Minuten

1. Möhren putzen, schälen, abspülen, abtropfen lassen und klein würfeln. Ingwer schälen und fein reiben.

2. Rapsöl in einem Topf erhitzen. Möhrenwürfel und Ingwer darin etwa 5 Minuten unter gelegentlichem Rühren dünsten.

3. Linsen, Pfeffer und etwas Kardamom hinzufügen, 2 Minuten mitdünsten. Die Brühe hinzugießen, zum Kochen bringen und zugedeckt 8–10 Minuten bei schwacher Hitze kochen lassen.

4. Minzeblättchen abspülen, trocken tupfen und in feine Streifen schneiden. Die Suppe mit Salz, Pfeffer und Chiliflocken abschmecken, mit Minzestreifen bestreuen.

Beilage: Geröstete vegane Baguettescheiben.

Tipp: Sie können die Suppe am Vortag zubereiten.

Mousse au Chocolat mit Himbeersauce

Schoko-fruchtig – für die Party

12 Portionen

Pro Portion: E: 7 g, F: 12 g, Kh: 19 g, kJ: 913, kcal: 218, BE: 1,5

300 g vegane Zartbitter-Schokolade
450 g TK-Himbeeren
1 Pck. Dr. Oetker Bourbon-Vanille-Zucker
200 g gekühlte Sojacreme zum Aufschlagen
1 Vanilleschote
800 g abgetropfter Seidentofu
2 EL gesiebtes Kakaopulver
2 EL Voll-Rohrzucker

Zum Garnieren:

einige Stängel Minze
24 frische Himbeeren

Zubereitungszeit: 45 Minuten

1. Die Schokolade in kleine Stücke brechen und in einem Topf im Wasserbad bei schwacher Hitze unter Rühren schmelzen.

2. Die Himbeeren mit dem Vanille-Zucker mischen und antauen lassen.

3. Die Sojacreme steif schlagen und zugedeckt in den Kühlschrank stellen.

4. Die Vanilleschote längs aufschneiden, das Mark herausschaben. Seidentofu in Stücke schneiden, mit Kakao, Vanillemark und dem Rohrzucker in einer Rührschüssel pürieren.

5. Die lauwarme, geschmolzene Schokolade mit einem Schneebesen unter das Seidentofupüree rühren. Die geschlagene Sojacreme unterheben.

6. Die Mousse gleichmäßig in 12 Gläsern verteilen und in den Kühlschrank stellen.

7. Die angetauten Himbeeren mit einem Pürierstab fein pürieren und durch ein feines Sieb passieren. Die Himbeersauce auf der Mousse verteilen.

8. Minze abspülen, trocken tupfen und die Blättchen von den Stängeln zupfen. Himbeeren evtl. vorsichtig abspülen und auf Küchenpapier abtropfen lassen. Die Mousse mit Himbeeren und Minze garniert servieren.

Tipps: Sie können die Schokolade auch im Backofen (bei Heißluft: etwa 50 °C) schmelzen. Dazu die Schokoladenstücke in eine hitzebeständige Schüssel geben und diese in den vorgeheizten Backofen geben. Dabei die Schokolade gelegentlich umrühren. Achten Sie beim Einkaufen darauf, dass Sie Sojacreme wählen, auf deren Packung der Hinweis „Aufschlagbar mit Sahnestandmittel" zu finden ist. Außerdem ist es sehr zu empfehlen, die Packung bereits am Vortag in den Kühlschrank zu stellen. Die Sojacreme lässt sich gut durchgekühlt viel besser aufschlagen. Sie können natürlich auch frische Himbeeren verwenden. Diese verlesen, nach Möglichkeit aber nicht abspülen. Dann wie unter Punkt 7 beschrieben mit dem Vanille-Zucker fein pürieren und durch ein feines Sieb streichen. Wenn Sie Gäste eingeladen haben, können Sie am Vortag bereits die Mousse (Punkte 1 und 3 bis 6) zubereiten. Für die Himbeersauce die gefrorenen Himbeeren etwa 30 Minuten vor dem Servieren mit dem Zucker mischen und dann angetaut pürieren. Inzwischen die Minze und die frischen Himbeeren vorbereiten.

Nudel-Pilz-Auflauf | Gelingt leicht

4 Portionen

Pro Portion: E: 25 g, F: 34 g, Kh: 84 g, kJ: 3094, kcal: 741, BE: 7,0

100 g Zwiebeln
4–6 Knoblauchzehen
4 Stängel Rosmarin
300 g Champignons
200 g Kräuterseitlinge
4 l Wasser
4 gestr. TL Salz
400 g vegane Nudeln, z. B. Volanti
2 EL Olivenöl
150 ml Haselnussdrink
200 g Sojacreme zum Kochen
Salz, gem. Pfeffer
2 EL Speisestärke
etwas vegane Margarine für die Form
100 g veganer „Mozzarella-Streukäse"
2 EL Olivenöl
35 g gehobelte Haselnusskerne
fein abger. Schale von
1/2 Bio-Zitrone (unbehandelt, ungewachst)

Zubereitungszeit: 35 Minuten
Garzeit: etwa 25 Minuten

1. Die Zwiebeln abziehen und fein würfeln. Knoblauch abziehen und in dünne Scheiben schneiden. Rosmarin abspülen, trocken tupfen und die Nadeln von den Stängeln zupfen. Die Pilze putzen, evtl. kurz abspülen, trocken tupfen und in etwa 1/2 cm dicke Scheiben schneiden.

2. Das Wasser in einem großen Topf zugedeckt zum Kochen bringen. Dann Salz und Nudeln hinzugeben. Die Nudeln im geöffneten Topf bei mittlerer Hitze nach Packungsanleitung knapp bissfest kochen (d.h. die Nudeln nach etwa zwei Dritteln der auf der Packung angegebenen Kochzeit abgießen), dabei gelegentlich umrühren. Die Nudeln in ein Sieb geben, mit heißem Wasser abspülen und abtropfen lassen.

3. Inzwischen das Olivenöl in einem großen Topf erhitzen. Die Zwiebelwürfel und die Hälfte der Knoblauchscheiben darin unter Rühren goldbraun anbraten. Die Hälfte der Rosmarinnadeln unterrühren.

4. Haselnussdrink und Soja-Kochcreme hinzugießen, mit Salz und Pfeffer würzen, zum Kochen bringen. Die Stärke mit etwas kaltem Wasser anrühren und in die kochende Flüssigkeit einrühren. Pilze hinzugeben und alles etwa 2 Minuten kräftig kochen lassen, dabei gelegentlich umrühren.

5. In der Zwischenzeit den Backofen vorheizen.
Ober-/Unterhitze: etwa 180 °C
Heißluft: etwa 160 °C

6. Die Pilzcreme mit den Nudeln in einer großen Auflaufform (gefettet) mischen und gleichmäßig verteilen. Den „Mozzarella-Streukäse" daraufstreuen. Die Form auf dem Rost in den vorgeheizten Backofen schieben. Den Nudel-Pilz-Auflauf **etwa 25 Minuten garen.**

7. Inzwischen das Olivenöl in einer Pfanne erhitzen. Die gehobelten Haselnusskerne mit den restlichen Knoblauchscheiben darin goldbraun anbraten. Die Zitronenschale und die restlichen Rosmarinnadeln unterrühren. Die Nussmischung auf dem Auflauf verteilen und den Auflauf servieren.

Nudelsalat mit Kürbis-Oliven-Sauce

Herbstgenuss

6–8 Portionen

Pro Portion: E: 11 g, F: 14 g, Kh: 43 g, kJ: 1437, kcal: 340, BE: 3,5

1 Hokkaido-Kürbis (etwa 900 g)
250 g Porree (Lauch)
1–2 Knoblauchzehen
30 g Kürbiskerne
80 g abgetropfte schwarze Oliven, ohne Stein (aus dem Glas)
4 l Wasser
4 gestr. TL Salz
400 g Vollkornnudeln, z. B. Dinkel-Penne
2 EL Rapsöl
250 ml vegane Gemüsebrühe
Salz
gem. Pfeffer
etwas Cayennepfeffer
etwas gem. Koriander
1–2 TL frisch gepresster Zitronensaft
2–3 EL Kürbiskernöl

Zubereitungszeit: 50 Minuten

1. Kürbis abspülen, abtropfen lassen, halbieren und in Spalten schneiden. Kürbisspalten entkernen und mit der Schale quer in dünne Scheiben schneiden.

2. Den Porree putzen, die Stangen längs halbieren, gründlich waschen, abtropfen lassen und quer in etwa ½ cm breite Streifen schneiden. Knoblauch abziehen und in dünne Scheiben schneiden.

3. Die Kürbiskerne in einer Pfanne ohne Fett unter Wenden rösten, herausnehmen und auf einen Teller geben. Oliven quer dritteln, sodass Ringe entstehen.

4. Das Wasser in einem großen Topf zugedeckt zum Kochen bringen. Dann Salz und Nudeln hinzugeben. Die Nudeln im geöffneten Topf bei mittlerer Hitze nach Packungsanleitung bissfest kochen, dabei gelegentlich umrühren. Dann die Nudeln in ein Sieb geben, mit heißem Wasser abspülen und abtropfen lassen.

5. In der Zwischenzeit Rapsöl in einem Topf erhitzen. Porreestreifen und Knoblauchscheiben darin andünsten. Brühe und Kürbisscheiben hinzugeben, zum Kochen bringen und zugedeckt etwa 8 Minuten bei mittlerer Hitze dünsten.

6. Die Olivenringe unter die Kürbissauce rühren und aufkochen. Die Sauce mit Salz, Pfeffer, Cayennepfeffer, Koriander und Zitronensaft abschmecken.

7. Die Nudeln mit der Sauce anrichten, mit Kürbiskernen bestreuen und mit Kürbiskernöl beträufeln.

Tipps: Anstelle von Kürbiskernöl kann auch Nussöl verwendet werden. Wer mag, streut außerdem einige fein geschnittene Basilikumblättchen auf die Nudeln.

Nuss-„Schnitzelchen“ mit Salat

Frisch – kernig

2 Portionen

Pro Portion: E: 23 g, F: 34 g, Kh: 21 g, kJ: 2028, kcal: 484, BE: 1,5

Für den Salat:

- *1/2 Kopf grüner Salat, z. B. Kopf- oder Eisbergsalat*
- *1 gelbe Paprikaschote*
- *1/2 Bio-Salatgurke*
- *1 kleines Bund Radieschen*

Für die Salatsauce:

- *2 EL Nussöl, z. B. Walnuss- oder Kürbiskernöl*
- *1–1 1/2 EL Kräuter- oder Apfelessig*
- *Salz*
- *gem. Pfeffer*
- *1 Prise Voll-Rohrzucker*

Für die Nuss-„Schnitzelchen“:

- *200 g Tofu (natur)*
- *4 EL Weizenmehl (Type 1050)*
- *4–5 EL ungesüßter Sojadrink (natur)*
- *60 g gehackte Haselnusskerne oder Mandeln*
- *1 1/2– 2 EL Speiseöl, z. B. Sojaöl*

Zubereitungszeit: 40 Minuten

1. Den Salat putzen, waschen, gut abtropfen lassen oder trocken schleudern. Salat in mundgerechte Stücke zupfen. Die Paprikaschote halbieren, entstielen, entkernen und die weißen Scheidewände entfernen. Schote abspülen, abtropfen lassen und in schmale Streifen schneiden.

2. Salatgurke abspülen, abtrocknen und das Ende abschneiden. Gurke längs halbieren und das Fruchtfleisch quer in möglichst dünne Scheiben schneiden. Von den Radieschen Blätter, Spitzen und schlechte Stellen abschneiden. Radieschen abwaschen und trocken tupfen, anschließend halbieren und in schmale Spalten schneiden.

3. Für die Sauce Öl mit Essig verschlagen, mit Salz, Pfeffer und Zucker würzen.

4. Für die Nuss-„Schnitzelchen“ den Tofu in dünne, kleine Dreiecke schneiden. Mehl, Sojadrink und Nüsse oder Mandeln getrennt in 3 kleine, tiefe Teller geben.

5. Die Dreiecke mit Salz und Pfeffer würzen. Anschließend zunächst in Mehl, dann in dem Sojadrink und zuletzt in den Nüssen oder Mandeln wenden.

6. Öl in einer großen Pfanne erhitzen. Die „Schnitzelchen“ darin bei mittlerer Hitze in 5–6 Minuten goldbraun braten, dabei einmal wenden. „Schnitzelchen“ auf Küchenpapier abtropfen lassen.

7. Salat, Paprika, Gurke und Radieschen mit der Sauce in eine Schüssel geben und vermengen. Den Salat auf Tellern anrichten. Die Nuss-„Schnitzelchen“ darauf anrichten.

Tipps: Die Nüsse haften am besten an den „Schnitzelchen“, wenn Sie immer nur eine kleine Nussmenge auf den Teller geben und die „Schnitzelchen“ darin wenden. Den Teller zwischendurch immer wieder mit Küchenpapier trocken wischen und neue Nüsse hineingeben. So verhindern Sie, dass herunterlaufender Sojadrink die Nüsse durchweicht und sie deshalb nicht mehr so gut haften bleiben.

Nusstorte nach „Schweizer Art“ I

Gut vorzubereiten

12 Stücke

Pro Stück: E: 8 g, F: 35 g, Kh: 32 g, kJ: 1998, kcal: 476, BE: 2,5

Für den Knetteig:

200 g Weizenmehl (Type 550)
80 g gem. Haselnusskerne
40 g Voll-Rohrzucker
1 Prise Salz
150 g feste vegane Margarine
1 EL Wasser

Für die Nussfüllung:

150 g Voll-Rohrzucker
50 g feste vegane Margarine
115 ml ungesüßter Mandeldrink (natur)
120 g gem. Haselnusskerne
200 g abgezogene Haselnusskerne

Außerdem:

etwas vegane Margarine für die Form

Zubereitungszeit: 50 Minuten, ohne Kühlzeit
Backzeit: etwa 25 Minuten

1. Für den Teig Mehl, Haselnusskerne, Zucker und Salz in einer Rührschüssel mischen. Margarine in kleinen Flocken hinzufügen.

2. Die Zutaten mit einem Mixer (Knethaken) zunächst kurz auf niedrigster, danach auf mittlerer Stufe gut durcharbeiten, zum Schluss Wasser zufügen. Dann auf einer leicht bemehlten Arbeitsfläche kurz verkneten. Den Teig in Frischhaltefolie gewickelt etwa 1 Stunde in den Kühlschrank legen.

3. Für die Nussfüllung den Zucker nach und nach in einem Edelstahltopf bei schwacher Hitze leicht karamellisieren. Margarine unterrühren und dann 100 ml von dem Mandeldrink langsam hinzugießen (Achtung: heißer Dampf entsteht!). Den Karamell etwa 1 Minute köcheln lassen, dabei umrühren und dann den Topf von der Kochstelle nehmen. Gemahlene und ganze Haselnusskerne unter den warmen Karamell rühren.

4. Den Backofen vorheizen.
Ober-/Unterhitze: etwa 180 °C
Heißluft: etwa 160 °C

5. Etwa zwei Drittel des Teiges auf der leicht bemehlten Arbeitsfläche zu einer runden Platte (Ø etwa 28 cm) ausrollen. Diese in eine Springform (Ø 26 cm, Boden gefettet, bemehlt) legen, dabei einen etwa 1 1/2 cm hohen Rand andrücken.

6. Die Nussfüllung gleichmäßig auf dem Teig verteilen. Restlichen Teig auf der leicht bemehlten Arbeitsfläche zu einer runden Teigplatte (Ø etwa 26 cm) ausrollen und vorsichtig auf die Nussfüllung legen. Die Teigoberfläche mit dem restlichen Mandeldrink bestreichen und mit einer Gabel vorsichtig ein Muster eindrücken.

7. Die Form auf dem Rost in den vorgeheizten Backofen schieben und die Nusstorte **etwa 25 Minuten backen.**

8. Die Springform auf einen Kuchenrost stellen. Die Nusstorte erkalten lassen, dann mit einem Messer vorsichtig aus der Form lösen.

Tipp: Die Nusstorte erst nach etwa 8 Stunden anschneiden. Gut verpackt, kühl und trocken gelagert, hält sie sich gut eine Woche. Wenn Sie keine abgezogenen Haselnusskerne bekommen, dann können Sie Haselnusskerne auch selbst enthäuten. Dazu den Backofen bei Ober-/Unterhitze: etwa 200 °C vorheizen. Die Haselnusskerne auf einem Backblech verteilt 8–10 Minuten im vorgeheizten Backofen rösten, bis die Häute Risse bekommen. Dann die Haselnusskerne auf ein Geschirrtuch geben und die Haut von den noch warmen Nusskernen abreiben.

Obstsalat mit Mandeln

Fruchtig

4 Portionen

Pro Portion: E: 6 g, F: 8 g, Kh: 47 g, kJ: 1342, kcal: 321, BE: 4,0

3 mittelgroße Äpfel
1 Mango
4 Nektarinen
4 Kiwis
2 Orangen
250 g Erdbeeren
3–4 EL veganer Zitronensaft
4 EL veganer Orangensaft
50 g gehobelte Mandeln

Zubereitungszeit: 30 Minuten

1. Die Äpfel schälen, vierteln und entkernen. Mango halbieren, das Fruchtfleisch vom Stein lösen und schälen. Nektarinen abspülen, abtrocknen, halbieren und entsteinen. Kiwis schälen. Das Obst in Spalten schneiden.

2. Orangen so schälen, dass die weiße Haut vollständig mit entfernt wird. Orangenfilets herausschneiden.

3. Erdbeeren putzen, abspülen, gut abtropfen lassen, entstielen und in Stücke schneiden.

4. Obstspalten, -stücke und Orangenfilets vorsichtig miteinander vermischen.

5. Zitronensaft mit Orangensaft verrühren und unter das Obst mischen.

6. Mandeln in einer Pfanne ohne Fett unter Wenden goldbraun rösten und den Obstsalat damit bestreuen.

Tipp: Die Zutaten für den Obstsalat können natürlich je nach Saison und Vorlieben variieren.

Orientalische Vollkorn-Brötchen

Ideal für vegane Burger

8 Stück

Pro Stück: E: 16 g, F: 17 g, Kh: 71 g, kJ: 2111, kcal: 505, BE: 6,0

Für den Hefeteig:

1 Pck. Dr. Oetker Trockenbackhefe
2 EL Agavendicksaft
550 ml lauwarmes Wasser
525 g Vollkorn-Weizenmehl
275 g Weizenmehl
1 gestr. TL Salz
1 EL gem. Kreuzkümmel (Cumin)
ger. Muskatnuss
1 EL fein abger. Schale von
1 Bio-Zitrone
1 TL gerebelter Majoran
3 EL Tahinipaste (Sesampaste, etwa 75 g)
75 g klein gehackte Walnusskerne

Außerdem:

2 EL Olivenöl
1 EL Mohnsamen
1 TL Paprikapulver edelsüß
1 TL Schwarzkümmel

Zubereitungszeit: 25 Minuten
Ruhe-/Gehzeit: etwa 1 Stunde und 40 Minuten
Backzeit: etwa 25 Minuten

1. Für den Teig Trockenbackhefe mit Agavendicksaft und lauwarmem Wasser verrühren und etwa 10 Minuten stehen lassen.

2. Vollkorn-Weizenmehl mit Weizenmehl und Salz in einer Rührschüssel mischen. Kreuzkümmel, Muskat, Zitronenschale und Majoran untermischen. Das Hefewasser, die Tahinipaste und Walnusskerne hinzugeben. Die Zutaten mit einem Mixer (Knethaken) zunächst kurz auf niedrigster, dann auf höchster Stufe zu einem glatten, elastischen Teig verkneten (Teig darf nicht mehr kleben). Den Teig mit einem Geschirrtuch abdecken und etwa 1 Stunde an einem warmen Ort gehen lassen, bis er sich sichtbar verdoppelt hat.

3. Den gegangenen Teig aus der Schüssel nehmen, auf der leicht bemehlten Arbeitsfläche in 8 gleich große Portionen teilen und diese dann zu runden, flachen Brötchen formen. Die Brötchen auf ein Backblech (mit Backpapier belegt) legen und mit dem Geschirrtuch abdecken. Die Brötchen nochmals etwa 30 Minuten an einem warmen Ort gehen lassen.

4. In der Zwischenzeit den Backofen vorheizen.
Ober-/Unterhitze: etwa 180 °C
Heißluft: etwa 160 °C

5. Olivenöl mit Mohnsamen, Paprika und Schwarzkümmel verrühren. Die gegangenen Brötchen damit bestreichen. Das Backblech in den vorgeheizten Backofen (unteres Drittel) schieben. Die Vollkorn-Brötchen **etwa 25 Minuten backen.**

Orientalischer Pilaw

Schnell – für Gäste

12 Portionen

Pro Portion: E: 9 g, F: 9 g, Kh: 69 g, kJ: 1666, kcal: 398, BE: 5,5

2	*Knoblauchzehen*
1	*Gemüsezwiebel (400 g)*
250 g	*getrocknete Aprikosen*
4 EL	*Olivenöl*
2 EL	*Currypulver*
1 TL	*gem. Zimt*
1 TL	*gem. Piment (Nelkenpfeffer)*
800 g	*Basmatireis*
etwa 1,8 l	*Wasser*
2 gestr. TL	*Salz*
1	*Granatapfel*
250 g	*junger Blattspinat*
einige Stängel	*Minze*
200 g	*geröstete, gesalzene Pistazienkerne*

Zubereitungszeit: 30 Minuten
Garzeit: etwa 30 Minuten

1. Den Backofen vorheizen.
Ober-/Unterhitze: etwa 200 °C
Heißluft: etwa 180 °C

2. Knoblauch und Zwiebel abziehen. Den Knoblauch durch eine Knoblauchpresse drücken. Die Zwiebel zuerst halbieren und dann würfeln. Die Aprikosen vierteln.

3. Das Olivenöl in einem großen, weiten, hitzebeständigen Topf erhitzen. Knoblauch, Zwiebel und Aprikosen darin andünsten. Curry, Zimt und Piment daraufstäuben und unterrühren.

4. Den Reis hinzufügen und gründlich unterrühren. Das Wasser hinzugießen (es soll etwa 1 cm über dem Reis stehen). Das Ganze aufkochen lassen und das Salz unterrühren.

5. Den Topf mit einem Deckel verschließen und auf einem Rost in den vorgeheizten Backofen (unteres Drittel) schieben. Den Reis **etwa 30 Minuten garen.**

6. In der Zwischenzeit in den Blütenansatz des Granatapfels einen dreieckigen Keil einschneiden. Diesen herausziehen und den Granatapfel in Stücke brechen. Die Kerne mit einer Gabel herauslösen (Vorsicht: Es kann spritzen und Farbflecke geben!), dabei die weißen Fruchthäute entfernen.

7. Spinat verlesen, gründlich abspülen und abtropfen lassen. Minze abspülen und trocken tupfen. Die Blättchen von den Stängeln zupfen und in Streifen schneiden. Die Pistazienkerne aus den Schalen lösen und grob hacken.

8. Den garen Reis nochmals mit Salz abschmecken, Spinat und Granatapfelkerne unterrühren. Zum Servieren den Reis in Portionsschälchen anrichten, mit Pistazienkernen und Minze bestreut servieren.

Orientalisches Früchtebrot |

Zum Verschenken

1 Brot

Insgesamt: E: 40 g, F: 45 g, Kh: 291 g, kJ: 7441, kcal: 1777, BE: 24,5

Zum Vorbereiten:

150 g entsteinte getrocknete Aprikosen
100 g entsteinte getrocknete Datteln
200 g getrocknete Feigen
150 ml Wasser

Für den Teig:

50 g gehackte Pistazienkerne
25 g gem. Mandeln
60 g Weizen-Vollkornmehl
1 Msp. gem. Nelken
½ TL gem. Zimt

Zubereitungszeit: 20 Minuten, ohne Einweichzeit
Backzeit: 30–35 Minuten

1. Zum Vorbereiten Aprikosen, Datteln und Feigen in ein Sieb geben und abspülen. Das Wasser zum Kochen bringen. Früchte je nach Größe halbieren oder vierteln und in einen Topf geben. Kochendes Wasser auf die Fruchtstücke gießen. Topf mit einem Deckel verschließen und die Früchte 2–3 Stunden einweichen.

2. Den Backofen vorheizen.
Ober-/Unterhitze: etwa 180 °C
Heißluft: etwa 160 °C

3. Für den Teig die eingeweichten Früchte mit dem Einweichwasser in eine Rührschüssel geben. Pistazien, Mandeln, Mehl, Nelken und Zimt zu den Früchten geben und mit den Händen vorsichtig zu einem Teig verkneten. Teig zu einem länglichen Brot formen und auf ein Backblech (mit Backpapier belegt) legen.

4. Das Backblech in den vorgeheizten Backofen schieben. Das Früchtebrot **etwa 15 Minuten backen,** dann das Brot mit Wasser bestreichen. Das Brot **weitere 15–20 Minuten backen.**

5. Das Backblech auf einen Kuchenrost stellen. Orientalisches Früchtebrot auf dem Backblech vollständig erkalten lassen.

Tipp: Das orientalische Früchtebrot schmeckt am besten, wenn es 2–3 Tage durchgezogen ist. Gut verpackt, kühl und trocken gelagert, hält sich das Früchtebrot 2–3 Wochen. Ersetzen Sie 25 g Pistazien durch die gleiche Menge gemahlene oder gehackte Mandeln oder Haselnüsse. Möchten Sie eine noch intensivere orientalische Würzung, geben Sie 1–2 Messerspitzen Kardamom mit in den Teig.

Pak Choi |

Schnelle Beilage

4 Portionen

Pro Portion: E: 2 g, F: 10 g, Kh: 3 g, kJ: 443, kcal: 106, BE: 0,0

500 g	*Pak Choi (chinesischer Senfkohl)*
2	*Zwiebeln*
2 EL	*Olivenöl*
1 EL	*vegane Margarine*
2	*Knoblauchzehen*
	Salz
	gem. Pfeffer
evtl. 1 EL	*vegane Sojasauce*

Zubereitungszeit: 25 Minuten
Garzeit: etwa 10 Minuten

1. Pak-Choi-Stauden putzen und die Stielenden abschneiden. Pak Choi abspülen und abtropfen lassen. Pak-Choi-Stauden in einzelne Blätter teilen.

2. Zwiebeln abziehen und klein würfeln. Olivenöl in einem Topf erhitzen, Margarine darin zerlassen. Zwiebelwürfel hinzugeben und glasig dünsten. Knoblauch abziehen, in Scheiben schneiden und mit andünsten.

3. Die Pak-Choi-Blätter hinzugeben und zugedeckt etwa 10 Minuten dünsten. Das Gemüse mit Salz, Pfeffer und nach Belieben Sojasauce abschmecken.

Paprika „Mexikanisch" |

Lecker gefüllt

12 Portionen

Pro Portion: E: 6 g, F: 8 g, Kh: 33 g, kJ: 960, kcal: 228, BE: 2,5

3	*kleine Auberginen (750 g)*
5	*Zwiebeln*
8–10	*Knoblauchzehen*
6–8 EL	*Olivenöl*
360 g	*Arborio-Reis (Rundkornreis)*
1 kg	*Tomaten*
1,2 l	*vegane Gemüsebrühe*
	Salz
etwas	*Chilipulver*
etwas	*vegane Margarine für die Form*
12	*große grüne Paprikaschoten*
1–2 EL	*fein geschnittene Petersilienblättchen*

Zubereitungszeit: 1 Stunde und 10 Minuten
Garzeit: 40–45 Minuten

1. Auberginen abspülen, abtrocknen, die Stängelansätze abschneiden. Auberginen fein würfeln. Zwiebeln und Knoblauch abziehen und fein würfeln. Olivenöl in einem weiten Topf erhitzen. Die Auberginenwürfel darin von allen Seiten kräftig anbraten. Zwiebeln und Knoblauch hinzufügen und mit andünsten. Dann den Reis dazugeben und unter Rühren glasig dünsten.

2. Die Tomaten abspülen, abtrocknen, halbieren und dabei die Stängelansätze herausschneiden. Tomaten in grobe Stücke schneiden und zu der Reismischung geben, mit 900 ml von der Brühe auffüllen. Das Ganze 3–4 Minuten bei schwacher Hitze köcheln lassen. Die Kochstelle ausschalten. Den Reis etwa 5 Minuten auf der ausgeschalteten Kochstelle ausquellen lassen, dann mit Salz und Chili würzen.

3. Inzwischen von den Paprikaschoten am Stielende einen flachen Deckel abschneiden, Schoten entkernen und die weißen Scheidewände entfernen. Schoten und Deckel abspülen und trocken tupfen.

4. Den Backofen vorheizen.
Obcr-/Unterhitze: etwa 200 °C
Heißluft: etwa 180 °C

5. Die Reismasse in die vorbereiteten Paprikaschoten füllen. Die Schoten in eine große flache Auflaufform (gefettet) oder einen großen Bräter (gefettet) setzen. Paprikadeckel wieder aufsetzen. Evtl. übrig gebliebene Füllung und restliche Brühe um die Paprikaschoten verteilen. Die Form oder den Bräter auf dem Rost in den vorgeheizten Backofen (unteres Drittel) schieben. Die Paprikaschoten **40–45 Minuten garen.**

Paprika-Mandel-Smoothie |

Aromatischer Snack

2 Portionen

Pro Portion: E: 3 g, F: 3 g, Kh: 13 g, kJ: 373, kcal: 89, BE: 1,0

1	*rote Paprikaschote*
2	*Tomaten*
200 ml	*ungesüßter Mandeldrink (natur)*
	Salz, gem. Pfeffer
einige	*getrocknete italienische Kräuter*

Zubereitungszeit: 10 Minuten

1. Paprikaschote vierteln, entstielen, entkernen und die weißen Scheidewände entfernen. Schotenviertel abspülen und trocken tupfen. Tomaten abspülen, abtrocknen, vierteln und die Stängelansätze herausschneiden.

2. Paprika und Tomaten mit Mandeldrink, Salz, Pfeffer und Kräutern in einem hohen Rührbecher mit einem Pürierstab oder im Mixer kurz pürieren. Den Smoothie sofort servieren.

Pasta mit Rosmarin-Sellerie-Sauce | Aromatisch

4 Portionen

Pro Portion: E: 14 g, F: 11 g, Kh: 74 g, kJ: 1934, kcal: 463, BE: 6,0

2 Zwiebeln (150 g)
2 Knoblauchzehen
1 Staudensellerie (etwa 600 g)
2–3 kleine Stängel frischer oder 1 TL getrockneter Rosmarin
60 g abgetropfte getrocknete Tomaten (in Öl)
3 1/2 l Wasser
2 EL Tomatenöl (von den Tomaten)
gem. Pfeffer
100 ml vegane Gemüsebrühe
3–4 EL Zitronensaft (von 1 großen Zitrone)
3 1/2 gestr. TL Salz
350 g vegane Bandnudeln, z. B. Tagliatelle
1 Prise Voll-Rohrzucker

Zum Bestreuen:
60–80 g veganer Käse-Ersatz

Zubereitungszeit: 20 Minuten
Garzeit: etwa 15 Minuten

1. Zwiebeln und Knoblauch schälen, dann fein würfeln. Sellerie putzen, abspülen, abtropfen lassen und in längliche Stücke schneiden. Nach Belieben Selleriegrün zum Garnieren beiseitelegen. Frischen Rosmarin abspülen und trocken tupfen. Von den Tomaten 2 Esslöffel Tomatenöl auffangen. Tomaten in Streifen schneiden.

2. Für die Nudeln Wasser in einem großen Topf zugedeckt zum Kochen bringen. Inzwischen das aufgefangene Tomatenöl in einer Pfanne erhitzen. Zwiebel- und Knoblauchwürfel darin andünsten. Rosmarin und Sellerie zugeben und kurz mit andünsten, mit Salz und Pfeffer würzen. Brühe und Zitronensaft hinzugießen und den Sellerie bei schwacher Hitze zugedeckt in 5–8 Minuten weich, aber mit Biss dünsten. Tomaten etwa 3 Minuten mitdünsten.

3. In der Zwischenzeit Salz und Bandnudeln ins Kochwasser geben. Die Nudeln im geöffneten Topf bei mittlerer Hitze nach Packungsanleitung bissfest kochen, dabei gelegentlich umrühren. Anschließend die Nudeln in ein Sieb geben und abtropfen lassen.

4. Die Nudeln zum Sellerie geben, alles bei starker Hitze durchschwenken, mit Salz, Pfeffer und Zucker würzen. Die Pasta auf Tellern anrichten, mit Käse-Ersatz bestreuen und nach Belieben mit Selleriegrün garnieren.

Tipp: Garnieren Sie die Pasta mit einigen abgespülten, trocken getupften Rosmarinstängeln.

Pasta-Gröstl mit Pinienkern-Chili-Bröseln | Schnell

4 Portionen

Pro Portion: E: 22 g, F: 35 g, Kh: 90 g, kJ: 3275, kcal: 783, BE: 7,0

300 g feine grüne Bohnen
Salz
3 1/2 l Wasser
3 1/2 gestr. TL Salz
350 g vegane Nudeln, z. B. Castellane
300 g Cocktailtomaten
1 Bund glatte Petersilie
2 Zwiebeln
1 Knoblauchzehe
2 vegane Weizenbrötchen (vom Vortag)
1 getrocknete Chilischote
6 EL Olivenöl
4 EL Pinienkerne
1/2 TL fein abger. Schale von 1 Bio-Zitrone (unbehandelt, ungewachst)
250 ml Pflanzencreme zum Kochen
gem. Pfeffer

Zubereitungszeit: 30 Minuten

1. Von den Bohnen die Enden abschneiden. Bohnen evtl. abfädeln, dann abspülen, abtropfen lassen und in mundgerechte Stücke schneiden. Bohnen in etwas kochendem Salzwasser zugedeckt 8–10 Minuten garen. Anschließend die Bohnen in ein Sieb geben, mit kaltem Wasser abschrecken und gut abtropfen lassen.

2. Inzwischen Wasser in einem großen Topf zugedeckt zum Kochen bringen. Dann Salz und Nudeln zugeben. Die Nudeln im geöffneten Topf bei mittlerer Hitze nach Packungsanleitung bissfest kochen, dabei gelegentlich umrühren.

3. Inzwischen Tomaten abspülen, abtrocknen, vierteln und evtl. die Stängelansätze herausschneiden. Petersilie abspülen, trocken tupfen und die Blättchen von den Stängeln zupfen. Blättchen klein schneiden.

4. Die gegarten Nudeln in ein Sieb geben, mit heißem Wasser abspülen und abtropfen lassen.

5. Zwiebeln und Knoblauch abziehen, beides in feine Würfel schneiden. Brötchen fein reiben oder ebenfalls sehr fein würfeln. Die Chilischote sehr fein zerbröseln.

6. Von dem Olivenöl 4 Esslöffel in einer Pfanne erhitzen. Die Brötchenwürfel und Pinienkerne darin unter Wenden knusprig rösten, mit Chili, Zitronenschale und etwas Salz würzen. Die Pinienkern-Chili-Brösel auf einen Teller geben.

7. Restliches Olivenöl in der Pfanne erhitzen. Die Zwiebel- und Knoblauchwürfel darin braun anbraten. Die Bohnen hinzugeben und unter Rühren mitbraten. Tomaten, Nudeln und Pflanzencreme untermischen.

8. Die Zutaten bei starker Hitze kurz durchschwenken und leicht sämig einkochen, mit Salz und Pfeffer würzen, mit Petersilie bestreuen. Pasta-Gröstl anrichten und mit den Pinienkern-Chili-Bröseln bestreuen.

Pastinaken-Möhren-Gemüse |

Einfach

4 Portionen

Pro Portion: E: 2 g, F: 11 g, Kh: 20 g, kJ: 850, kcal: 203, BE: 1,5

300 g	*Möhren*
700 g	*Pastinaken*
2 1/2 EL	*vegane Margarine*
125 ml	*vegane Gemüsebrühe*
	Salz, gem. Pfeffer
1 EL	*klein geschnittene glatte Petersilie*

Zubereitungszeit: 25 Minuten
Garzeit: 11–13 Minuten

1. Möhren und Pastinaken putzen, schälen, abspülen und abtropfen lassen. Die Möhren in dünne Scheiben schneiden. Von den Pastinaken die Spitzen in dünne Scheiben schneiden, die unteren Enden vierteln und ebenfalls in dünne Scheiben schneiden.

2. Margarine in einem Topf zerlassen. Die Möhrenscheiben darin bei schwacher Hitze etwa 5 Minuten unter Rühren dünsten. Die Pastinakenscheiben hinzugeben und die Gemüsebrühe hinzugießen.

3. Das Gemüse mit Salz und Pfeffer würzen, zum Kochen bringen und zugedeckt in 6–8 Minuten gar dünsten, dabei gelegentlich umrühren.

4. Das Gemüse mit Salz und Pfeffer abschmecken und mit Petersilie bestreut servieren.

Pennini mit Tomatensauce „Primavera" | Für Kinder

2 Portionen

Pro Portion: E: 15 g, F: 7 g, Kh: 67 g, kJ: 1646, kcal: 393, BE: 5,0

Für die Tomatensauce:

1 rote Paprikaschote (etwa 150 g)
2 Zucchini (etwa 400 g)
200 g Zuckerschoten
3 Frühlingszwiebeln (etwa 100 g)
2 EL Olivenöl
400 g stückige Tomaten (aus der Dose)
Salz
gem. Pfeffer
Paprikapulver edelsüß
gerebelter Oregano

3 l Wasser
3 gestr. TL Salz
300 g vegane Mini-Penne (Pennini)

Zum Bestreuen:

2 EL Oreganoblättchen

Zubereitungszeit: 30 Minuten
Garzeit: etwa 15 Minuten

1. Für die Tomatensauce die Paprikaschote halbieren, entstielen, entkernen und die weißen Scheidewände entfernen. Schote abspülen, abtropfen lassen und in Streifen schneiden.

2. Die Zucchini abspülen, abtrocknen und die Enden abschneiden. Zucchini längs halbieren, vierteln und in Scheiben oder Stifte schneiden.

3. Von den Zuckerschoten die Enden abschneiden, evtl. abfädeln. Schoten abspülen, abtropfen lassen und evtl. halbieren.

4. Frühlingszwiebeln putzen, abspülen, abtropfen lassen und in Scheiben schneiden.

5. Olivenöl in einem großen Topf erhitzen. Paprikastreifen hinzufügen und etwa 2 Minuten unter Rühren andünsten.

6. Die Zucchinischeiben, Zuckerschoten und Frühlingszwiebelscheiben hinzugeben und unter Rühren weitere etwa 5 Minuten dünsten.

7. Tomaten unterrühren, mit Salz, Pfeffer, Paprika und Oregano würzen. Die Tomatensauce etwa 5 Minuten bei schwacher Hitze leicht kochen lassen.

8. Das Wasser in einem großen Topf zugedeckt zum Kochen bringen. Dann Salz und Nudeln hinzugeben. Die Nudeln im geöffneten Topf bei mittlerer Hitze nach Packungsanleitung bissfest kochen, dabei gelegentlich umrühren.

9. Anschließend die Nudeln in ein Sieb geben, mit heißem Wasser abspülen und abtropfen lassen.

10. Die Nudeln mit der Tomatensauce auf Tellern anrichten und mit vorbereiteten Oreganoblättchen bestreut servieren.

Tipps: Verfeinern Sie die Sauce zusätzlich zum Oregano noch mit abgespülten, trocken getupften und fein gehackten Petersilienblättchen. Die köstliche Sauce passt auch sehr gut zu Vollkornreis. Oder Sie mischen sie unter gegarten Couscous oder Bulgur.

Perlgraupenrisotto

Schnell – etwas Besonderes

2 Portionen

Pro Portion: E: 14 g, F: 7 g, Kh: 85 g, kJ: 1967, kcal: 470, BE: 6,0

200 g Perlgraupen
1 Zwiebel
1 EL Speiseöl, z. B. Sonnenblumenöl
400 ml vegane Gemüsebrühe
1 Bund Frühlingszwiebeln
3 große Tomaten
Salz
gem. Pfeffer
etwas abger. Schale und Saft von
1 Bio-Zitrone (unbehandelt, ungewachst)

Zubereitungszeit: 30 Minuten

1. Die Perlgraupen nach Belieben in ein Sieb geben, mit kaltem Wasser abspülen und gut abtropfen lassen. Zwiebel abziehen, halbieren und in kleine Würfel schneiden.

2. Das Öl in einem Topf erhitzen. Zwiebelwürfel darin unter Rühren andünsten. Perlgraupen hinzugeben und 1–2 Minuten unter gelegentlichem Rühren mitbraten. Nach und nach die Brühe hinzugießen.

3. Die Zutaten zugedeckt etwa 20 Minuten bei schwacher Hitze köcheln lassen, bis die Perlgraupen bissfest sind.

4. In der Zwischenzeit Frühlingszwiebeln putzen, abspülen, abtropfen lassen und schräg in feine Scheiben schneiden. Nach Belieben etwa 1 Esslöffel Frühlingszwiebelscheiben zum Garnieren beiseitelegen.

5. Die Tomaten kreuzweise einschneiden und mit kochendem Wasser übergießen. Nach 1–2 Minuten herausnehmen und mit kaltem Wasser abschrecken. Tomaten enthäuten, halbieren und die Stängelansätze herausschneiden. Anschließend entkernen und das Fruchtfleisch in mundgerechte Stücke schneiden.

6. Die Frühlingszwiebeln mit den Tomaten etwa 5 Minuten vor Garzeitende zu den Perlgraupen in den Topf geben, unterrühren und das Risotto zugedeckt fertig garen.

7. Das Perlgraupenrisotto mit Salz, Pfeffer, etwa 1 Teelöffel Zitronenschale und 1–2 Esslöffeln Zitronensaft abschmecken.

8. Das Perlgraupenrisotto auf Tellern anrichten und nach Belieben mit den beiseitegelegten Frühlingszwiebeln garnieren.

Beilage: Die angegebene Menge ist zum Sattessen gedacht. Sie können das Risotto aber auch als Beilage zu veganen „Würstchen" oder zu einem Salat servieren. Dann reicht die Menge für 3–4 Portionen.

Tipps: Wenn Sie die Perlgraupen etwas weicher mögen, garen Sie das Risotto etwa 5 Minuten länger. Die Tomaten möglichst stets mitgaren, sie geben dem Risotto die nötige Flüssigkeit und verleihen eine angenehme Säure. Die Perlgraupen harmonieren auch mit anderen frischen Gemüsesorten, wie z. B. Fenchel oder Paprikaschoten (jeweils klein gewürfelt).

Warenkunde: Perlgraupen sind kleine weiße, kugelige, geschälte und geschliffene Gerstenkörner. Statt der klassischen Nudelsternchen oder Buchstabennudeln können Sie gut in Suppen und Eintöpfen verwendet werden.

Pfannengerührtes Gemüse I

Asiatisch inspiriert

4 Portionen

Pro Portion: E: 5 g, F: 18 g, Kh: 11 g, kJ: 934, kcal: 223, BE: 0,5

200 g Hokkaido-Kürbis
225 g Aubergine
175 g Frühlingszwiebeln
175 g Pak Choi (chinesischer Senfkohl)
4 Knoblauchzehen
5 EL Sonnenblumenöl
40 g geröstete, gesalzene Cashewkerne
6 Stängel Koriander
4 Minzeblätter
4 große Basilikumblätter
150 ml vegane Gemüsebrühe
5 EL vegane Sojasauce

Zubereitungszeit: 35 Minuten

1. Kürbis abspülen, abtrocknen und halbieren. Die Kerne und faserigen Innenteil entfernen. Kürbis evtl. schälen und in etwa 3 mm breite Scheiben schneiden. Die Aubergine abspülen, abtrocknen und den Stängelansatz abschneiden. Aubergine längs halbieren und in etwa 2 cm breite Streifen schneiden.

2. Frühlingszwiebeln putzen, abspülen, abtropfen lassen, längs halbieren und in etwa 6 cm lange Stücke schneiden. Pak Choi putzen und die Stielenden abschneiden. Pak Choi abspülen und abtropfen lassen. Pak Choi in einzelne Blätter teilen.

3. Knoblauch abziehen und in sehr dünne Scheiben schneiden. 2 Esslöffel vom Sonnenblumenöl in einer kleinen Pfanne erhitzen. Die Knoblauchscheiben darin goldgelb rösten und beiseitestellen. Die Cashewkerne grob hacken. Kräuter abspülen und trocken tupfen. Die Korianderblätter von den Stängeln zupfen. Die Minze- und Basilikumblätter grob zerschneiden.

4. Restliches Sonnenblumenöl in einem Wok oder in einer großen Pfanne erhitzen. Die Kürbisscheiben, Auberginenstreifen und Frühlingszwiebelstücke darin evtl. in 2 Portionen bei starker Hitze unter Rühren kräftig anbraten.

5. Etwa ein Drittel der Brühe hinzugießen und diese ganz einkochen lassen. Diesen Vorgang noch 2-mal wiederholen, bis das Gemüse knackig-bissfest gegart ist. Dabei gelegentlich umrühren und die Sojasauce dazugeben.

6. Zum Schluss die Pak-Choi-Blätter unterheben und kurz zusammenfallen lassen. Beiseitegestelltes Öl mit den Knoblauchscheiben unterrühren. Das Gemüse mit Cashewkernen und Kräutern bestreut servieren.

Beilage: Reis.

Tipp: Im Herbst hat der Kürbis Saison. Man unterscheidet Zier- und Speisekürbisse. Zu den Speisekürbissen zählen u. a. Hokkaido-, Spaghetti- und Moschuskürbis. Der Hokkaido-Kürbis ist breitrund, meist orangerot und wiegt 1–2 kg. Seine Schale wird beim Kochen weich und kann mitverzehrt werden. Das Fruchtfleisch hat ein nussiges Aroma.

Pilz-Gemüse-Bolognese

Für die Party – mit Alkohol

6 Portionen

Pro Portion: E: 12 g, F: 12 g, Kh: 34 g, kJ: 1280, kcal: 306, BE: 3,0

300 g	*Shiitakepilze*
450 g	*Kräuterseitlinge*
1–2	*Zwiebeln*
1–2	*Knoblauchzehen*
3 Stangen	*Staudensellerie*
1–2	*Möhren*
3 EL	*Olivenöl*
2–2 ½ EL	*Tomatenmark*
150 ml	*trockener veganer Weißwein oder vegane Gemüsebrühe*
1125 ml	*Tomatensaft*
	Salz, gem. Pfeffer
1 Prise	*Voll-Rohrzucker*
1	*Lorbeerblatt*
1 Stängel	*Rosmarin*

Zubereitungszeit: 40 Minuten
Garzeit: etwa 25 Minuten

1. Die Pilze putzen, evtl. kurz abspülen und gut abtropfen lassen. Pilze in kleine Stücke schneiden.

2. Zwiebeln und Knoblauch abziehen, fein würfeln. Staudensellerie und Möhren putzen. Die Möhren schälen. Sellerie und Möhren abspülen, abtropfen lassen und in feine Würfel schneiden.

3. Olivenöl in einer Pfanne oder einem Bräter erhitzen. Die Pilze darin evtl. portionsweise unter gelegentlichem Rühren scharf anbraten. Zwiebel-, Knoblauch-, Sellerie- und Möhrenwürfel mit anbraten.

4. Das Tomatenmark hinzugeben und unterrühren. Weißwein oder Brühe hinzugießen und unterrühren. Wenn der Weißwein bzw. die Brühe verdampft ist, den Tomatensaft hinzugießen und aufkochen lassen. Bolognese mit Salz, Pfeffer und Zucker würzen. Das Lorbeerblatt hinzufügen. Die Sauce unter mehrmaligem Rühren zugedeckt etwa 20 Minuten köcheln lassen.

5. Rosmarin abspülen, abtropfen lassen, die Nadeln von dem Stängel zupfen. Einige davon zum Garnieren beiseitelegen. Die restlichen Nadeln fein schneiden und unter die Bolognese rühren. Das Lorbeerblatt entfernen. Bolognese nochmals abschmecken und mit den beiseitegelegten Rosmarinnadeln garniert servieren.

Beilage: Polentaecken. Dafür 1 Liter Wasser mit 1 Teelöffel Salz, 2 abgezogenen Knoblauchzehen, ½ Teelöffel getrocknetem Rosmarin und evtl. etwas Pfeffer zum Kochen bringen. 2 Esslöffel vegane Margarine darin zerlassen. 250 g Maisgrieß (Polenta) unter ständigem Rühren einrieseln lassen, nochmals kurz aufkochen, von der Kochstelle nehmen, etwa 10 Minuten quellen lassen. Knoblauch entfernen. Die Masse in einer flachen, mit kaltem Wasser ausgespülten Form glatt streichen, erkalten lassen. Polenta in etwa 2 cm dicke Ecken schneiden und in einer Grillpfanne in Olivenöl etwa 4 Minuten je Seite grillen.

Pistazien-Ravioli auf Fenchel-Carpaccio | Etwas aufwendiger

4 Portionen

Pro Portion: E: 22 g, F: 40 g, Kh: 112 g, kJ: 3824, kcal: 914, BE: 9,0

Für den Nudelteig:

- *250 g Hartweizenmehl, z. B. Semola oder sehr feiner Hartweizengrieß*
- *150 g Pizzamehl (Weizenmehl Type 00), Pastamehl oder Weizenmehl (Type 405)*
- *etwa 200 ml kaltes Wasser*
- *Salz*
- *2 EL Olivenöl*

Für die Füllung:

- *650 g mehligkochende Kartoffeln*
- *175 ml Pflanzencreme zum Kochen*
- *gem. Pfeffer*
- *1 TL fein abger. Schale von 1 Bio-Zitrone (unbehandelt, ungewachst)*
- *50 g sehr fein gehackte, geröstete Pistazienkerne*
- *100 g Frühlingszwiebeln*
- *1 EL Olivenöl*
- *etwas Hartweizengrieß*

Für das Carpaccio:

- *600 g Fenchelknollen*
- *60 g getrocknete Tomaten (in Öl)*
- *3 EL Tomatenöl (von den Tomaten)*
- *Saft und fein abger. Schale von 1 Bio-Zitrone (unbehandelt, ungewachst)*
- *3–4 EL mildes Olivenöl*
- *30 g abgetropfte kleine Kapern (Nonpareilles, aus dem Glas)*

Zubereitungszeit: 55 Minuten, ohne Kühlzeit
Garzeit: 20–25 Minuten

1. Für den Teig Hartweizenmehl oder Grieß und Pizza-, Pasta- oder Weizenmehl in der Rührschüssel einer Küchenmaschine gründlich mischen. Wasser, 1 Prise Salz und Öl verschlagen. Nach und nach so viel davon unter die Mehlmischung kneten, bis ein fester, glatter und geschmeidiger Teig entstanden ist.

2. Den Teig 5–8 Minuten in der Küchenmaschine (Stufe 2) durchkneten, bis er nicht mehr klebt. Dann den Teig in 2 Portionen teilen, zu Platten formen und in Frischhaltefolie gewickelt mindestens 1 Stunde in den Kühlschrank legen.

3. Für die Füllung in der Zwischenzeit die Kartoffeln unter fließendem Wasser abbürsten, knapp mit Wasser bedeckt, zugedeckt zum Kochen bringen. ½ Teelöffel Salz hinzugeben. Kartoffeln in 20–25 Minuten gar kochen.

4. Kartoffeln abgießen, mit kaltem Wasser abschrecken, abtropfen lassen. Kartoffeln noch warm pellen und durch eine Kartoffelpresse drücken. Kartoffelmasse mit Pflanzencreme verrühren, mit Salz, Pfeffer und Zitronenschale würzen. Pistazienkerne unter die Kartoffelmasse rühren.

5. Frühlingszwiebeln putzen, abspülen, abtropfen lassen und in feine Scheiben schneiden. Olivenöl in einer Pfanne erhitzen. Die Frühlingszwiebelscheiben darin kurz andünsten, unter die Kartoffelmasse rühren. Kartoffelmasse erkalten lassen.

6. Den Teig in etwa gleich großen Portionen durch eine Nudelmaschine (Teigwalze) drehen, dabei nach und nach die Walzeneinstellung feiner stellen. Die Nudelbahnen sollten möglichst dünn sein. Die Nudelbahnen auf einer leicht bemehlten Arbeitsfläche ausbreiten. Je etwa 1 Teelöffel Kartoffelmasse mit je etwa 6 cm Abstand auf der Hälfte der Nudelbahnen verteilen. Die Teigzwischenräume dünn mit Wasser bestreichen. Die restlichen Nudelbahnen passgenau auf die belegten Nudelbahnen legen, in den Zwischenräumen gut andrücken. Dabei evtl. noch vorhandene Luft zwischen den Füllungen vorsichtig herausdrücken. Dann Ravioli ausschneiden und dünn mit Hartweizengrieß bestreuen. Die Ravioli auf einem Küchenhandtuch kurz antrocknen lassen.

7. Inzwischen für das Carpaccio den Fenchel putzen, abspülen und abtropfen lassen. Das zarte Grün beiseitelegen. Die Knollen halbieren und in feine Scheiben hobeln. Von den Tomaten 3 Esslöffel von dem Öl auffangen. Tomaten in feine Streifen schneiden.

8. Für die Ravioli reichlich Wasser in einem Topf zugedeckt zum Kochen bringen. Zwischenzeitlich das Tomatenöl in einer Pfanne erhitzen. Die Fenchelscheiben darin unter Wenden 6–8 Minuten braten. Tomatenstreifen hinzugeben und kurz mitbraten lassen. Alles mit Salz, Pfeffer und Zitronensaft würzen. Die Fenchelscheiben mit den Tomatenstreifen aus der Pfanne nehmen und beiseitestellen.

9. Olivenöl in der Pfanne erhitzen, Kapern darin kurz anbraten (Vorsicht: Es spritzt!). Zitronenschale untermischen, mit etwas Salz würzen.

10. Salz ins kochende Wasser geben. Die Ravioli darin portionsweise garen, bis sie an der Wasseroberfläche schwimmen. Ravioli mit einer Schaumkelle herausnehmen, kurz abtropfen lassen, zum Kapernöl in die Pfanne geben und durchschwenken.

11. Carpaccio auf vorgewärmten Tellern anrichten. Die Ravioli mit dem Kapernöl darauf verteilen. Beiseitegelegtes Fenchelgrün klein schneiden und über die Pistazien-Ravioli streuen.

Polentataler mit Auberginenragout

Schmeckt nach Urlaub

2 Portionen

Pro Portion: E: 10 g, F: 15 g, Kh: 48 g, kJ: 1545, kcal: 368, BE: 4,0

Für die Polentataler:

500 ml	*vegane Gemüsebrühe*
	Salz
1/2 EL	*Speiseöl, z. B. Oliven- oder Sonnenblumenöl*
125 g	*Polenta (Maisgrieß)*
1–1 1/2 EL	*Speiseöl, z. B. Oliven- oder Sonnenblumenöl zum Braten*

Für das Auberginenragout:

1	*Aubergine (etwa 300 g)*
1	*Zwiebel*
1	*Knoblauchzehe*
1 EL	*Speiseöl, z. B. Olivenöl*
400 g	*stückige Tomaten (aus der Dose)*
4–5 Stängel	*Petersilie*
1 EL	*abgetropfte Kapern (aus dem Glas)*
	gem. Pfeffer

Zubereitungszeit: 50 Minuten, ohne Kühl- und Ziehzeit

1. Für die Polentaler am Vortag die Polenta nach Packungsanleitung zubereiten. Dafür Gemüsebrühe mit 1–2 Prisen Salz in einem kleinen, hohen Topf aufkochen. Öl mit der Polenta einrühren. Alles einmal aufkochen lassen, dann bei schwacher Hitze zugedeckt etwa 2 Minuten köcheln lassen. Den Topf von der Kochstelle nehmen. Die Polenta etwa 5 Minuten beiseitestellen.

2. In der Zwischenzeit eine runde Kuchen- oder Tortenplatte (Ø etwa 30 cm, ersatzweise 2 Essteller) mit kaltem Wasser ausspülen.

3. Die gegarte Polenta evtl. mit Salz abschmecken. Polenta auf die Platte (oder die beiden Essteller) geben. Anschließend mit einem feuchten Teigschaber etwa 1 cm dick verstreichen und mit Frischhaltefolie abdecken. Polenta über Nacht erkalten lassen.

4. Am nächsten Tag für das Ragout Aubergine abspülen, abtrocknen und die Enden abschneiden. Die Aubergine in etwa 1 cm große Würfel schneiden und mit 1/2–1 Teelöffel Salz bestreuen. Die Auberginen etwa 30 Minuten Salz ziehen lassen.

5. Die Auberginenwürfel in ein großes Sieb geben und mit kaltem Wasser gut abspülen. Anschließend Auberginen mit der Hand leicht ausdrücken, damit das Wasser besser abläuft.

6. Zwiebel und Knoblauch abziehen, beides fein würfeln. Öl in einem breiten Topf erhitzen, Zwiebel und Knoblauch darin andünsten. Tomaten zugeben und etwa 2 Minuten bei mittlerer Hitze mitdünsten. Auberginenwürfel unterrühren und alles zugedeckt etwa 10 Minuten bei schwacher Hitze köcheln lassen. Dann ohne Deckel etwa 5 Minuten bei starker Hitze einkochen lassen, bis die Flüssigkeit verdampft ist, dabei 2- bis 3-mal umrühren.

7. In der Zwischenzeit die Folie von der Polenta entfernen. Aus der Polentamasse runde Taler (Ø etwa 4–6 cm) ausstechen.

8. Das Öl in einer großen Pfanne erhitzen. Die Polentataler von beiden Seiten bei mittlerer bis starker Hitze in 6–8 Minuten leicht hellbraun braten. Polentaler herausnehmen und evtl. auf Küchenpapier kurz abtropfen lassen.

9. In der Zwischenzeit Petersilie abspülen, trocken tupfen und die Blättchen von den Stängeln zupfen. Blättchen fein hacken, mit den Kapern unter das Auberginenragout rühren. Das Auberginenragout mit Salz und Pfeffer abschmecken, mit den Polentatalern anrichten.

Tipps: Die Polentataler lassen sich ohne zusätzliches Öl auch im Backofen backen. Dafür die Taler auf ein Backblech (mit Backpapier belegt) legen. Das Backblech in den vorgeheizten Backofen (Ober-/Unterhitze: 200 °C bzw. Heißluft: 180 °C) schieben. Die Taler in 20–25 Minuten goldbraun backen. Die Polentataler

sehen gut aus, allerdings entstehen beim Ausstechen kleine Polentareste. Diese einfach bis zum nächsten Tag zugedeckt in den Kühlschrank stellen, dann in etwas Öl braten. Reste und dazu Zeit sparen Sie, wenn Sie die Polenta einfach in Stücke schneiden. Statt Tomaten aus der Dose können Sie auch etwa 500 g frische Tomaten nehmen. Dafür die Tomaten enthäuten (Tomaten kreuzweise einschneiden und kurz in kochendes Wasser legen. Anschließend mit kaltem Wasser abschrecken, enthäuten, halbieren und die Stängelansätze herausschneiden. Tomaten in Stücke schneiden) und wie im Rezept angegeben verwenden.

Porreeküchlein

Aus dem Glas
9 Stück

Pro Stück: E: 5 g, F: 11 g, Kh: 19 g, kJ: 818, kcal: 195, BE: 1,5

Zum Vorbereiten:

320 g Porree (Lauch)
2 EL Olivenöl
1 TL getrockneter Thymian
½ TL getrockneter Rosmarin
Salz
1 gestr. TL Sambal Oelek

Für den All-in-Teig:

75 g Maisgrieß (Polenta)
120 g Weizenmehl (Type 550)
1 ½ TL Leinmehl (etwa 7–8 g)
4 gestr. TL Dr. Oetker Backin
knapp 1 TL Salz
40 g Sonnenblumenkerne
70 ml ungesüßter Haferdrink (natur)
2 TL Obstessig
30 ml Olivenöl
100 ml Mineralwasser mit Kohlensäure

Zum Bestreuen:

20 g Sonnenblumenkerne

Außerdem:

9 ofenfeste Sturzgläser (je etwa 150 ml Inhalt)
etwas vegane Margarine für die Form

Zubereitungszeit: 25 Minuten, ohne Abkühlzeit
Backzeit: etwa 35 Minuten

1. Zum Vorbereiten Porree putzen, die Stangen längs halbieren, gründlich waschen und abtropfen lassen. Porree in feine Streifen schneiden.

2. Das Öl in einem Topf erhitzen. Porree hinzugeben. Thymian und Rosmarin unterrühren. Porree zugedeckt etwa 3 Minuten dünsten, mit Salz und Sambal Oelek würzen. Porree etwas abkühlen lassen.

3. Den Backofen vorheizen.
Ober-/Unterhitze: etwa 180 °C
Heißluft: etwa 160 °C

4. Für den Teig Grieß mit Weizenmehl, Leinmehl und Backpulver in einer Schüssel mischen. Salz, Sonnenblumenkerne, Haferdrink, Essig, Öl und Mineralwasser mit einem Löffel unterrühren. Zum Schluss kurz den Porree unterrühren.

5. Die Teigmasse gleichmäßig in den Gläsern (gefettet) verteilen. Die Sturzgläser mit etwas Abstand auf ein Backblech stellen.

6. Das Backblech in den vorgeheizten Backofen schieben. Die Küchlein **etwa 35 Minuten backen.**

Tipps: Die Porreeküchlein schmecken warm und kalt. Nach etwa 5 Minuten Abkühlzeit können Sie die Küchlein auch aus den Gläsern stürzen. Dazu die Küchlein mit einem Messer vom Glasrand lösen. Alternativ können Sie die Porreeküchlein in einer Muffinform (gefettet, für 12 Muffins) etwa 30 Minuten backen. Den Haferdrink im All-in-Teig können Sie durch andere vegane Drinks ersetzen. Probieren Sie doch einmal Drinks aus Soja, Reis, Dinkel, Mandeln oder Kokos. Wichtig ist, dass „ungesüßt" und „natur" auf der Packung vermerkt ist. Statt Sonnenblumenkernen schmecken auch Kürbiskerne oder Pinienkerne sehr lecker. Oder Sie verwenden eine fertige Salatkerne-Mischung, z. B. aus Sonnenblumenkernen, Kürbiskernen, Sojakernen und Pinienkernen.

Provenzalische Kartoffel-Wedges

Preiswert

4 Portionen

Pro Portion: E: 9 g, F: 13 g, Kh: 37 g, kJ: 1371, kcal: 328, BE: 3,0

600 g	*möglichst kleine festkochende Kartoffeln*
2	*rote Paprikaschoten*
2	*kleine Zucchini*
2	*kleine Auberginen*
2	*Zwiebeln*
4 EL	*Olivenöl*
300 ml	*vegane Gemüsebrühe*
2	*Knoblauchzehen*
½ TL	*getrocknete Kräuter der Provence*
	Salz
	gem. Pfeffer
einige Stängel	*frischer Rosmarin*
einige Stängel	*frischer Oregano*

Außerdem:

etwas	*vegane Margarine für die Form*

Zubereitungszeit: 35 Minuten
Garzeit: 40–45 Minuten

1. Den Backofen vorheizen.
Ober-/Unterhitze: etwa 180 °C
Heißluft: etwa 160 °C

2. Kartoffeln unter fließendem kalten Wasser gründlich abbürsten, gut abtrocknen und längs in Spalten schneiden.

3. Paprikaschoten halbieren, entstielen, entkernen und die weißen Scheidewände entfernen. Die Schoten abspülen, abtropfen lassen und in gleich große Stücke schneiden.

4. Zucchini und Auberginen abspülen, abtrocknen und die Enden bzw. Stängelansätze abschneiden. Zucchini und Auberginen längs halbieren, dann in Scheiben schneiden.

5. Zwiebeln abziehen, halbieren und in Spalten schneiden.

6. Das Öl evtl. portionsweise in einer großen Pfanne erhitzen. Die Kartoffel- und Gemüsestücke darin evtl. portionsweise bei mittlerer bis starker Hitze unter gelegentlichem Wenden etwa 5 Minuten dünsten. Anschließend mit den Zwiebeln auf ein tiefes Backblech (gefettet) geben. Die Brühe hinzugießen.

7. Das Backblech in den vorgeheizten Backofen schieben. Die Kartoffel-Wedges **40–45 Minuten garen.**

8. Inzwischen die Knoblauchzehen abziehen und durch eine Knoblauchpresse drücken. Nach etwa 20 Minuten Garzeit zerdrückten Knoblauch und Kräuter der Provence mit den Kartoffel- und Gemüsestücken vermengen. Kartoffel- und Gemüsestücke mit Salz und Pfeffer bestreuen. Während der Garzeit die Kartoffel- und Gemüsestücke ab und zu auf dem Blech wenden.

9. Inzwischen Rosmarin und Oregano abspülen, trocken tupfen und die Nadeln bzw. Blättchen von den Stängeln zupfen.

10. Die Kartoffel-Wedges mit den frischen Kräutern mischen oder bestreuen und auf Tellern anrichten.

Quinoa-Frisée-Salat

Schnell – einfach

4 Portionen

Pro Portion: E: 9 g, F: 14 g, Kh: 35 g, kJ: 1285, kcal: 305, BE: 2,5

200 g	*Quinoa*
400 ml	*vegane Gemüsebrühe*
5–6 EL	*frisch gepresster Limettensaft*
	Salz
	gem. Pfeffer
1/2–1 TL	*Harissa (afrikanische Gewürzpaste)*
1	*kleiner Friséesalat*
1	*Bio-Salatgurke*
150 g	*abgetropfte Artischockenherzen (in Öl)*
2 EL	*Olivenöl*
1 Prise	*Voll-Rohrzucker*

Zubereitungszeit: 30 Minuten, ohne Abkühlzeit
Garzeit: 20–25 Minuten

1. Das Quinoa mit der Gemüsebrühe in einem Topf 20–25 Minuten garen (Packungsanleitung beachten!). Anschließend garen. Quinoa in eine Schüssel geben.

2. Etwa 3 Esslöffel von dem Limettensaft mit Salz, Pfeffer und 1/4–1/2 Teelöffel Harissa glatt rühren und mit dem Quinoa vermischen. Quinoa zum Abkühlen beiseitestellen.

3. In der Zwischenzeit Friséesalat putzen, abspülen, abtropfen lassen oder in einer Salatschleuder trocken schleudern. Salat in mundgerechte Stücke zupfen.

4. Die Salatgurke heiß abwaschen, abtrocknen und die Enden abschneiden. Die Gurke nach Belieben schälen. Gurke längs halbieren, entkernen und in dünne Scheiben schneiden. Die gut abgetropften Artischockenherzen quer halbieren.

5. Olivenöl mit restlichem Limettensaft und Harissa in einer Schüssel glatt rühren. Die Sauce mit Salz, Pfeffer und Zucker abschmecken.

6. Den Blattsalat mit Quinoa, Gurkenscheiben und Artischockenherzen auf Tellern anrichten und mit der Harissasauce beträufeln.

Tipp: Quinoa zählt in Südamerika zu den Grundnahrungsmitteln. Das sogenannte Pseudogetreide zählt botanisch zu den Gänsefußgewächsen. Im Gegensatz zu „echtem“ Getreide ist Quinoa glutenfrei. Quinoa kann süß und salzig zubereitet werden.

Ratatouille | Klassisch

4 Portionen

Pro Portion: E: 4 g, F: 11 g, Kh: 10 g, kJ: 652, kcal: 155, BE: 0,0

300 g Gemüsezwiebeln
2 Knoblauchzehen
je 1 rote und grüne Paprikaschote (je etwa 150 g)
250 g Zucchini
250 g Auberginen
300 g Tomaten
4 EL Olivenöl
1 Lorbeerblatt
Salz
gem. Pfeffer
2–3 TL getrocknete Kräuter der Provence

Zubereitungszeit: 30 Minuten
Garzeit: etwa 15 Minuten

1. Gemüsezwiebeln und Knoblauch abziehen und in Scheiben schneiden. Paprikaschoten halbieren, entstielen, entkernen und die weißen Scheidewände entfernen. Schoten abspülen, abtropfen lassen und in mundgerechte Stücke schneiden. Zucchini und Auberginen abspülen, abtrocknen, die Enden bzw. Stängelansätze abschneiden. Zucchini und Auberginen in mundgerechte Stücke schneiden.

2. Tomaten kreuzweise einschneiden und mit kochendem Wasser übergießen. Nach 1–2 Minuten herausnehmen und mit kaltem Wasser abschrecken. Tomaten enthäuten, halbieren und die Stängelansätze herausschneiden. Tomaten in Stücke schneiden.

3. Olivenöl in einem flachen Topf erhitzen. Zwiebel- und Knoblauchscheiben darin unter Rühren kurz andünsten. Paprika-, Auberginenstücke, Lorbeerblatt, Salz, Pfeffer und 2 Teelöffel Kräuter der Provence hinzugeben, unter Rühren mitdünsten. Das Gemüse zugedeckt bei schwacher Hitze etwa 10 Minuten dünsten, dabei gelegentlich umrühren.

4. Zucchinistücke hinzugeben, zugedeckt weitere 5 Minuten dünsten. Tomatenstücke unterheben und aufkochen lassen. Das Gemüse mit Salz, Pfeffer und nach Belieben Kräutern der Provence abschmecken.

Beilage: Reis oder veganes Baguette.

Ratatouille-Suppe | Einfach

2 Portionen

Pro Portion: E: 5 g, F: 14 g, Kh: 11 g, kJ: 837, kcal: 199, BE: 0,5

50 g rote Zwiebeln
1 Knoblauchzehe
je ½ rote und gelbe Paprikaschote
100 g Aubergine
100 g Zucchini
2 EL Olivenöl
1 EL Tomatenmark
500 ml vegane Gemüsebrühe
Salz, Cayennepfeffer
75 g Cocktailtomaten
je 1 Stängel Minze, Basilikum und Petersilie
30 g abgetropfte schwarze Oliven, ohne Stein
etwas abger. Schale von
1 Bio-Zitrone (unbehandelt, ungewachst)

Zubereitungszeit: 30 Minuten

1. Zwiebeln und Knoblauch abziehen. Die Zwiebeln in kleine Würfel schneiden. Knoblauch grob würfeln. Die Paprikaschotenhälften entstielen, entkernen und die weißen Scheidewände entfernen. Schotenhälften abspülen und abtropfen lassen.

2. Aubergine und Zucchini abspülen, abtrocknen und die Stängelansätze bzw. Enden abschneiden. Die vorbereiteten Gemüsezutaten in etwa 1 cm große Stücke schneiden.

3. Das Olivenöl in einem Topf erhitzen. Die Zwiebel-, Knoblauchwürfel, Auberginen- und Paprikastücke darin unter Rühren kräftig andünsten. Tomatenmark unterrühren und kurz mitrösten. Brühe hinzugießen und zum Kochen bringen, mit Salz und Cayennepfeffer würzen, etwa 12 Minuten ohne Deckel kochen lassen.

4. In der Zwischenzeit Tomaten abspülen, abtrocknen und die Stängelansätze herausschneiden. Die Tomaten vierteln. Kräuterstängel abspülen und trocken tupfen. Die Blättchen von den Stängeln zupfen. Blättchen grob zerschneiden.

5. Zucchinistücke, Tomatenviertel und Oliven nach etwa 9 Minuten Garzeit in die Suppe geben und mitgaren lassen. Zuletzt Zitronenschale und Kräuter hinzugeben. Den Topf von der Kochstelle nehmen. Ratatouille-Suppe in Suppenschalen anrichten.

Rhabarbersuppe mit Ingwer

Mit Alkohol – für die Party

12 Portionen

Pro Portion: E: 2 g, F: 0 g, Kh: 54 g, kJ: 1253, kcal: 300, BE: 4,5

1 kg Rhabarber
750 ml veganer trockener Rotwein
750 ml veganer Cidre, herb
1 l frisch gepresster Orangensaft
1 l frisch gepresster Grapefruitsaft
1 Bio-Limette oder Bio-Zitrone (unbehandelt, ungewachst)
40 g frischer Ingwer
1 Zimtstange
½ TL gem. Anis
150 g Roh-Rohrzucker
70 g Maisstärke
300 ml veganer Grenadine-Sirup
1 Bund Zitronenmelisse

Zubereitungszeit: 1 Stunde, ohne Abkühlzeit

1. Rhabarber putzen, abspülen, abtropfen lassen und abziehen. Rhabarber in etwa 1 cm dicke Scheiben schneiden und beiseitelegen.

2. Rotwein, Cidre, Orangen- und Grapefruitsaft in einen großen Topf gießen. Die Limette oder Zitrone heiß abwaschen, abtrocknen und die Schale dünn spiralförmig abschälen.

3. Ingwer schälen und in Scheiben schneiden. Ingwerscheiben, Limetten- oder Zitronenschale, Zimtstange, Anis und Zucker mit in den Topf geben.

4. Die Fruchtsuppe zum Kochen bringen. Die Maisstärke mit etwas kaltem Wasser anrühren. Den Topf von der Kochstelle nehmen und die angerührte Stärke einrühren. Den Topf wieder auf die Kochstelle stellen. Die Suppe unter Rühren 3–5 Minuten kochen.

5. Die beiseitegelegten Rhabarberstücke in die Suppe geben. Den Grenadine-Sirup unterrühren. Die Suppe nochmals kurz aufkochen lassen. Die Zitrusschale und die Zimtstange aus der Suppe nehmen.

6. Die Zitronenmelisse abspülen und trocken tupfen. Die Blättchen von den Stängeln zupfen, einige Blättchen zum Garnieren beiseitelegen.

7. Die restlichen Blättchen in Streifen schneiden und unter die Suppe rühren. Die Suppe dann erkalten lassen.

8. Die Suppe bis zum Servieren zugedeckt in den Kühlschrank stellen.

9. Die Suppe mit den beiseitegelegten Zitronenmelisseblättchen garniert servieren.

Tipp: Die Suppe kann bereits am Vortag zubereitet werden.

Risottosalat | Etwas Besonderes

2–4 Portionen

Pro Portion: E: 8 g, F: 21 g, Kh: 55 g, kJ: 1911, kcal: 456, BE: 4,5

300 g Möhren
3 Zwiebeln
1–2 Knoblauchzehen
3 EL Olivenöl
170 g Risottoreis, z. B. Arborio
400 ml vegane Gemüsebrühe

Für die Salatsauce:
200 ml vegane Gemüsebrühe
5–6 EL Weißweinessig
Salz, gem. Pfeffer
3 EL Olivenöl

1 Bund Radieschen
100 g gehackter TK-Blattspinat (Minis)

Zubereitungszeit: 40 Minuten, ohne Abkühlzeit

1. Möhren putzen, schälen, abspülen, abtropfen lassen und in Scheiben schneiden. Zwiebeln abziehen, halbieren und in Streifen schneiden. Knoblauch abziehen und in Scheiben schneiden.

2. Olivenöl in einem Topf erhitzen. Reis, Zwiebelstreifen und Knoblauchscheiben darin unter Rühren andünsten. Etwas Gemüsebrühe hinzugießen. Den Reis zugedeckt etwa 5 Minuten bei schwacher Hitze garen.

3. Dann die Möhrenscheiben hinzugeben und alles zugedeckt noch etwa 15 Minuten garen. Während der Garzeit die restliche Brühe nach und nach hinzugießen.

4. Für die Sauce die Gemüsebrühe mit Essig, Salz und Pfeffer verrühren. Das Olivenöl unterschlagen.

5. Vier Radieschen mit den kleinen, zarten Blättern zum Garnieren beiseitelegen. Restliche Radieschen putzen, abspülen, abtropfen lassen und in Scheiben schneiden.

6. Den gefrorenen Spinat unter den Risottoreis heben. Den Topf von der Kochstelle nehmen. Risotto lauwarm abkühlen lassen.

7. Die Radieschenscheiben mit der Sauce unter den Risottoreis heben. Salat mit Salz und Pfeffer würzen.

8. Beiseitegelegte Radieschen abspülen und trocken tupfen. Den Risottosalat anrichten und mit den Radieschen garnieren.

Rosenkohl-Champignon-Salat |

Aromatischer Wintersalat

4 Portionen

Pro Portion: E: 7 g, F: 6 g, Kh: 27 g, kJ: 871, kcal: 208, BE: 2,0

500 g	*Rosenkohl*
	Salz
2 EL	*Distelöl*
2 TL	*Currypulver*
125 g	*Rosinen*
100 ml	*vegane Gemüsebrühe*
150 g	*frische rosé Champignons*
1	*Fleischtomate*
4 Stängel	*Koriander*

Zubereitungszeit: 30 Minuten

1. Von dem Rosenkohl die äußeren Blätter entfernen und etwas vom Strunk abschneiden. Röschen am Strunk kreuzförmig einschneiden, abspülen und abtropfen lassen. Die Rosenkohlröschen halbieren.

2. Den Rosenkohl in kochendem Salzwasser bissfest garen.

3. Rosenkohl mit kaltem Wasser abschrecken, abtropfen lassen und in eine Schüssel geben.

4. Distelöl in einem kleinen Topf erhitzen. Curry und Rosinen darin andünsten. Gemüsebrühe hinzugießen und aufkochen lassen. Das Brühe-Dressing auf dem Rosenkohl verteilen. Die Zutaten gut vermischen und auf einer Platte oder auf Tellern anrichten.

5. Die Champignons putzen, evtl. kurz abspülen, gut trocken tupfen und in dünne Scheiben schneiden oder hobeln. Die Tomate abspülen, abtrocknen, vierteln, entkernen und den Stängelansatz herausschneiden. Tomate in kleine Würfel schneiden.

6. Die Champignonscheiben und Tomatenwürfel auf dem Rosenkohl verteilen. Koriander abspülen und trocken tupfen. Die Blättchen von den Stängeln zupfen. Den Rosenkohl-Champignon-Salat mit Korianderblättchen garniert servieren.

Rosenkohltopf mit karamellisierten Nüssen

Für kalte Wintertage

4 Portionen

Pro Portion: E: 12 g, F: 20 g, Kh: 50 g, kJ: 1926, kcal: 458, BE: 4,0

800 g Rosenkohl
Salz
4 Möhren
500 g festkochende Kartoffeln
1 Zwiebel
2 EL Rapsöl
250 ml vegane Gemüsebrühe
gem. Pfeffer

Für die karamellisierten Nüsse:

60 g Walnusskerne
1 EL vegane Margarine
60 g Voll-Rohrzucker
40 g Agavendicksaft
1–2 EL kaltes Wasser

Zum Bestreuen:

1–2 EL Schnittlauchröllchen

Zubereitungszeit: 40 Minuten, ohne Abkühlzeit

1. Rosenkohl von den schlechten Blättern befreien und etwas vom Strunk abschneiden. Rosenkohlröschen am Strunk kreuzförmig einschneiden, abspülen, abtropfen lassen und in kochendem Salzwasser etwa 5 Minuten vorgaren. Anschließend den Rosenkohl mit kaltem Wasser abschrecken und abtropfen lassen.

2. In der Zwischenzeit Möhren putzen. Möhren und Kartoffeln schälen, abspülen, abtropfen lassen und in kleine Würfel schneiden. Zwiebel abziehen, halbieren und klein würfeln.

3. Das Rapsöl in einem Topf erhitzen. Die Zwiebelwürfel darin glasig dünsten. Die Möhren- und Kartoffelwürfel hinzugeben und mitdünsten lassen. Brühe hinzugießen und zum Kochen bringen. Gemüse mit Salz und Pfeffer würzen, etwa 10 Minuten bei schwacher Hitze garen, dabei gelegentlich umrühren.

4. Für die karamellisierten Nüsse die Walnusskerne grob hacken. Die Margarine in einer Pfanne zerlassen. Den Zucker darin unter Rühren karamellisieren. Walnusskerne, Agavendicksaft und kaltes Wasser mit einem Holzlöffel unterrühren und kurz aufkochen lassen. Die karamellisierten Walnusskerne auf einen Bogen Backpapier geben und erkalten lassen.

5. Den vorgegarten Rosenkohl unter das Gemüse rühren. Den Rosenkohltopf weitere etwa 10 Minuten garen.

6. Karamellisierte Walnusskerne hacken oder auseinanderbrechen. Den Rosenkohltopf mit den karamellisierten Walnusskernen und den Schnittlauchröllchen bestreut servieren.

Rosmarin-Paprika-Pfanne I

Aromatisch – fettarm

2 Portionen

Pro Portion: E: 10 g, F: 5 g, Kh: 58 g, kJ: 1387, kcal: 331, BE: 4,5

600 g	*kleine festkochende Kartoffeln*
4	*kleine Schalotten*
2 TL	*Olivenöl*
	Salz, gem. Pfeffer
700 g	*Paprikaschoten (rot, grün, gelb)*
2 Stängel	*Rosmarin*
2	*Knoblauchzehen*
etwa 130 ml	*vegane Gemüsebrühe*
etwas	*frisch gepresster Zitronensaft*

Zubereitungszeit: 35 Minuten
Garzeit: etwa 30 Minuten

1. Kartoffeln unter fließendem kalten Wasser gründlich abbürsten und gut abtropfen lassen. Kartoffeln mit der Schale längs halbieren. Schalotten abziehen und evtl. halbieren.

2. Olivenöl in einer Pfanne erhitzen. Kartoffelhälften und Schalotten darin bei mittlerer Hitze etwa 15 Minuten unter mehrmaligem Wenden goldbraun braten, mit Salz und Pfeffer würzen.

3. In der Zwischenzeit die Paprikaschoten halbieren, entstielen, entkernen und die weißen Scheidewände entfernen. Schotenhälften abspülen, abtropfen lassen und in Stücke schneiden. Rosmarin abspülen, trocken tupfen und die Nadeln von den Stängeln zupfen. Den Knoblauch abziehen und längs halbieren.

4. Die Paprikastücke zu den Kartoffeln in die Pfanne geben und kurz unter Rühren mit anbraten. Knoblauch und Rosmarin unterrühren. Etwas von der Brühe hinzugießen.

5. Das Gemüse weitere 10–15 Minuten bei schwacher Hitze unter gelegentlichem Rühren braten. Restliche Brühe hinzugießen, zum Kochen bringen und einkochen lassen.

6. Rosmarin-Paprika-Pfanne mit Salz, Pfeffer und Zitronensaft abschmecken.

Rote-Linsen-Salat | Zum Mitnehmen

4 Portionen

Pro Portion: E: 17 g, F: 14 g, Kh: 47 g, kJ: 1603, kcal: 383, BE: 3,5

300 g Zuckerschoten
400 ml vegane Gemüsebrühe
200 g rote Linsen
1 Bund Frühlingszwiebeln (etwa 250 g)
260 g abgetropfte Aprikosenhälften (aus der Dose)

Für die Sauce:

20 g frischer Ingwer
3–4 EL Himbeeressig
Salz, gem. Pfeffer
2 EL Sonnenblumenöl
3 EL Nussöl

Zubereitungszeit: 25 Minuten, ohne Abkühl- und Durchziehzeit

1. Von den Zuckerschoten die Enden abschneiden, evtl. abfädeln. Zuckerschoten abspülen und abtropfen lassen. Die Brühe in einem kleinen Topf zum Kochen bringen. Zuckerschoten darin kurz blanchieren, mit einer Schaumkelle herausnehmen. Die Schoten mit kaltem Wasser abschrecken, abtropfen lassen und halbieren.

2. Die Linsen in die Brühe geben, wieder zum Kochen bringen und etwa 8 Minuten bei schwacher Hitze kochen lassen (Packungsanleitung beachten!), bis die Brühe von den Linsen aufgesogen ist.

3. Frühlingszwiebeln putzen, abspülen, abtropfen lassen und schräg in Scheiben schneiden. Die Frühlingszwiebelscheiben unter die heißen Linsen heben. Die Linsen-Zwiebel-Mischung abkühlen lassen.

4. Aprikosenhälften in dünne Spalten schneiden.

5. Für die Sauce den Ingwer schälen und fein reiben. Essig mit Salz, Pfeffer und Ingwer verrühren. Sonnenblumen- und Nussöl unterschlagen. Die Salatsauce mit der Linsen-Frühlingszwiebel-Mischung vermengen. Aprikosenspalten und Zuckerschoten unterheben.

6. Den Rote-Linsen-Salat nochmals mit den Gewürzen abschmecken und servieren. Oder noch besser: Den Salat zugedeckt in den Kühlschrank stellen und etwa 1 Stunde durchziehen lassen.

Rote-Rüben-Eintopf

Macht richtig satt – etwas Besonderes

4 Portionen

Pro Portion: E: 5 g, F: 6 g, Kh: 37 g, kJ: 976, kcal: 232, BE: 3,0

500 g	*vorgegarte Rote Bete (vakuumverpackt)*
1	*mittelgroße Zwiebel*
350 g	*Möhren*
500 g	*mehligkochende Kartoffeln*
2	*Bio-Orangen (unbehandelt, ungewachst)*
2 EL	*Sonnenblumenöl*
400 ml	*heiße vegane Gemüsebrühe*
2 Stängel	*Dill*
4 TL	*ger. Meerrettich*
	Salz
	gem. Pfeffer

Zubereitungszeit: 30 Minuten
Garzeit: 40–45 Minuten

1. Rote Bete in ein Sieb geben, abtropfen lassen und den Saft auffangen. Rote Bete in Würfel schneiden (Achtung: stark färbend). Zwiebel abziehen, halbieren und in feine Würfel schneiden.

2. Möhren putzen. Möhren und Kartoffeln schälen, abspülen, abtropfen lassen und in Würfel schneiden. Kartoffelwürfel in eine Schüssel geben, mit so viel kaltem Wasser begießen, dass die Kartoffelwürfel knapp bedeckt sind.

3. Die Orangen heiß abwaschen, abtrocknen und die Schale fein abreiben. Die Orangen halbieren und den Saft auspressen.

4. Das Öl in einem großen Topf erhitzen. Die Zwiebel- und Möhrenwürfel darin andünsten. Kartoffelwürfel (mit dem Wasser), Orangenschale und -saft unterrühren.

5. Die Gemüsebrühe hinzugießen. Die Zutaten zum Kochen bringen und zugedeckt bei mittlerer Hitze etwa 35 Minuten köcheln lassen, dabei ab und zu umrühren.

6. Dann die Rote-Bete-Würfel mit dem aufgefangenen Saft hinzugeben und unterrühren. Den Rote-Rüben-Eintopf bei mittlerer Hitze weitere 5–10 Minuten köcheln lassen, dabei gelegentlich umrühren.

7. Dill abspülen, trocken tupfen, die Spitzen von den Stängeln zupfen und fein schneiden.

8. Zum Servieren den Meerrettich unter den Eintopf rühren. Den Eintopf mit Salz und Pfeffer abschmecken und mit Dill bestreut servieren.

Beilage: Frisches veganes Fladenbrot oder Baguette.

Tipp: Verfeinern Sie den Eintopf mit etwas angeschlagener Sojacreme (zum Aufschlagen).

Rotes Linsengemüse |

Schmeckt solo & als Beilage

4–6 Portionen

Pro Portion: E: 23 g, F: 8 g, Kh: 48 g, kJ: 1608, kcal: 382, BE: 4,0

1 Zwiebel
2 Knoblauchzehen
Salz
1 Bund Suppengrün (Möhren, Sellerie, Porree)
3 EL Olivenöl
2–3 EL Tomatenmark
750 ml vegane Gemüsebrühe
400 g rote Linsen
3–4 EL Weißweinessig
gem. Pfeffer
Cayennepfeffer
1 EL Frucht-Dicksaft
1 Bund Schnittlauch

Zubereitungszeit: 25 Minuten
Garzeit: 10–12 Minuten

1. Zwiebel und Knoblauch abziehen. Zwiebel in kleine Würfel schneiden. Knoblauch fein würfeln oder durch eine Knoblauchpresse drücken und mit ½ gestrichenen Teelöffel Salz zerreiben.

2. Suppengrün putzen, abspülen, abtropfen lassen und in kleine Würfel schneiden.

3. Das Olivenöl in einem Topf erhitzen. Den zerriebenen Knoblauch darin andünsten. Die vorbereiteten Gemüsewürfel hinzugeben und unter Rühren kurz mitdünsten lassen, Tomatenmark unterrühren und kurz andünsten. Brühe hinzugießen, zum Kochen bringen.

4. Die roten Linsen in den Gemüsesud geben, wieder zum Kochen bringen und zugedeckt 10–12 Minuten garen (Packungsanleitung beachten!).

5. Essig unter das Gemüse rühren, mit Salz, Pfeffer, 1 Prise Cayennepfeffer und Frucht-Dicksaft würzen.

6. Schnittlauch abspülen, trocken tupfen und in Röllchen schneiden. Das Linsengemüse anrichten und mit Schnittlauchröllchen bestreut servieren.

Roti | Indisches Fladenbrot aus der Pfanne

4 Stück

Pro Stück: E: 7 g, F: 33 g, Kh: 38 g, kJ: 1977, kcal: 472, BE: 3,0

1	*Zwiebel (etwa 50 g)*
1/2	*grüne Chilischote*
200 g	*Weizenmehl*
75 g	*Kokosraspel*
1/2 TL	*Salz*
150 ml	*lauwarmes Wasser*
8 EL	*Speiseöl, z. B. Sonnenblumenöl*

Zubereitungszeit: 40 Minuten

1. Zwiebel abziehen, halbieren und fein würfeln. Die Chilischotenhälfte entstielen, entkernen, abspülen, abtropfen lassen und fein würfeln. Mehl mit Kokosraspeln und Salz mischen. Die Zwiebel- und Chiliwürfel hinzugeben, nach und nach das lauwarme Wasser unterarbeiten.

2. Den Teig in 4 gleich große Portionen teilen und jeweils zu einer Kugel formen. 1 Esslöffel Speiseöl in einer Pfanne (Ø etwa 18 cm) bei mittlerer Hitze erhitzen. 1 Teigkugel in die Pfanne geben und mit einem Löffel zu einem etwa 1/2 cm dicken Fladen flachdrücken.

3. Den Fladen von jeder Seite 4–5 Minuten hellbraun braten, dabei vor dem Wenden noch 1 Esslöffel Speiseöl in die Pfanne geben. Auf die gleiche Weise noch 3 weitere Fladenbrote zubereiten.

Tipp: Die Fladenbrote schmecken warm und kalt.

Rotkohlsalat mit Sesam und Tofubröseln | Raffiniert

4 Portionen

Pro Portion: E: 8 g, F: 16 g, Kh: 5 g, kJ: 832, kcal: 198, BE: 0,5

1	*kleiner Rotkohl (300–400 g)*
1	*mittelgroße Zwiebel*
2–3 EL	*Weißweinessig*
	Salz
	gem. weißer Pfeffer
etwas	*Voll-Rohrzucker*
4 EL	*Sonnenblumenöl*
2 EL	*geschälter Sesamsamen*
125 g	*Tofu (natur)*

Zubereitungszeit: 50 Minuten, ohne Durchziehzeit

1. Vom Rotkohl die groben äußeren Blätter entfernen. Kohl vierteln und den Strunk herausschneiden. Kohlviertel abspülen, abtropfen lassen und sehr fein schneiden oder hobeln. Zwiebel abziehen, halbieren und sehr fein würfeln.

2. Den Weißweinessig mit Salz, Pfeffer und 1 Prise Zucker in einer Schüssel verrühren. Sonnenblumenöl unterschlagen.

3. Die Rotkohlstreifen und die Zwiebelwürfel unter die Marinade mischen. Den Salat zugedeckt etwa 30 Minuten durchziehen lassen.

4. Sesamsamen in einer Pfanne ohne Fett unter Wenden kurz anrösten. Den Tofu mit den Händen zerbröseln. Den Rotkohlsalat mit Sesamsamen und Tofubröseln bestreuen und servieren.

Sauerkraut-Feigen-Salat |

Fruchtig – schnell

6 Portionen

Pro Portion: E: 4 g, F: 6 g, Kh: 25 g, kJ: 787, kcal: 188, BE: 2,0

600 g Sauerkraut
150 g getrocknete Feigen
250 g Ananasfruchtfleisch (vorbereitet gewogen)
200 g Sojacreme zum Aufschlagen
1–2 EL Agavendicksaft
gem. Zimt
gem. Nelken
1/2 TL Dr. Oetker Finesse Geriebene Zitronenschale

Zubereitungszeit: 30 Minuten

1. Das Sauerkraut mit einer Gabel auseinanderzupfen und in eine große Schüssel geben. Von den Feigen die Stiele entfernen. Feigen in dünne Scheiben schneiden. Ananasfruchtfleisch in kleine Stücke schneiden.

2. Sojacreme halbsteif schlagen und mit Agavendicksaft, Zimt, Nelken und Zitronenschale würzen. Die Sojasauce auf den Salat geben.

3. Den Sauerkraut-Feigen-Salat nochmals mit den Gewürzen abschmecken und sofort servieren.

Tipps: Statt der frischen Ananas (aus dem Kühlregal) können Sie auch abgetropfte Ananasstücke (natursüß) aus der Dose verwenden. Oder ersetzen Sie die Hälfte des Ananasfruchtfleisches durch frisch filetierte Orangen. Die Salatzutaten in Portionsschälchen füllen und die Sojasauce darauf verteilen. Den Salat mit gemahlenem Zimt bestäuben.

Schokoladentorte |

Für Gäste

16 Stücke

Pro Stück: E: 5 g, F: 30 g, Kh: 42 g, kJ: 1939, kcal: 462, BE: 3,5

Zum Vorbereiten:

100 g gemischte Nusskerne
10 g Leinmehl

200 g Voll-Rohrzucker
1 Pck. Dr. Oetker Vanillin-Zucker
100 ml Sonnenblumenöl
50 ml Walnussöl
200 ml Hafercreme zum Kochen und Verfeinern
100 ml veganer Orangensaft
270 g Weizenmehl (Type 550)
2 gestr. TL Dr. Oetker Backin
1 gestr. TL Natron
40 g gesiebtes Kakaopulver
½ TL gem. Zimt
100 g fein ger. vegane Edelbitter-Schokolade (60 % Kakaoanteil)

Für die Creme:

40 g Voll-Rohrzucker
1 Pck. Dr. Oetker Pudding-Pulver Schokolade
400 ml ungesüßter Reisdrink (natur)
150 g gehackte vegane Edelbitter-Schokolade (60 % Kakaoanteil)
150 g feste vegane Margarine
20 g Puderzucker

Zum Bestreuen:

20 g vegane Zartbitter-Raspelschokolade

Zubereitungszeit: 1 Stunde, ohne Abkühlzeit
Backzeit: etwa 35 Minuten

1. Zum Vorbereiten Nusskerne im Blitzhacker sehr fein hacken, dann in einer Pfanne ohne Fett unter Wenden rösten und auf einem Teller erkalten lassen. Die Nüsse mit dem Leinmehl mischen.

2. Den Backofen vorheizen.
Ober-/Unterhitze: etwa 180 °C
Heißluft: etwa 160 °C

3. Zucker mit Vanillin-Zucker, Sonnenblumen- und Nussöl, Hafercreme und Orangensaft in einer Rührschüssel mit einem Mixer (Rührstäbe) erst kurz auf niedrigster, dann auf höchster Stufe in etwa 1 Minute aufschlagen. Mehl mit Backpulver, Natron, Kakao und Zimt mischen, kurz unterrühren, dann Schokolade und Nussmischung unterrühren.

4. Den Teig in der Form (Ø 26 cm, mit Backpapier belegt) verstreichen. Die Form auf dem Rost in den vorgeheizten Backofen schieben. Den Boden **etwa 15 Minuten backen.** Dann die Backofentemperatur um etwa 20 °C auf Ober-/Unterhitze: etwa 160 °C, Heißluft: etwa 140 °C herunterschalten. Boden weitere **etwa 20 Minuten backen.**

5. Die Form auf einen Kuchenrost stellen. Nach etwa 10 Minuten den Springformrand lösen und entfernen. Tortenboden lauwarm abkühlen lassen, mit einem Sägemesser 2-mal waagerecht durchschneiden. Die einzelnen Böden z. B. mit Tortenscheiben abheben, darauf auf Kuchenrosten erkalten lassen.

6. Für die Creme Zucker und Pudding-Pulver mit 6 Esslöffeln vom Reisdrink verrühren. Den restlichen Reisdrink in einem Topf aufkochen, von der Kochstelle nehmen, angerührtes Pudding-Pulver unterrühren. Den Pudding unter Rühren aufkochen, dann in eine Schüssel füllen. Die Schokolade darin unter Rühren schmelzen. Puddingoberfläche mit Frischhaltefolie bedecken, abkühlen lassen.

7. Margarine mit Puderzucker mit dem Mixer (Rührstäbe) schaumig rühren, nach und nach den Pudding unterrühren. (Wichtig: Margarine und Pudding müssen die gleiche Temperatur haben!) Die Puddingcreme vierteln.

8. Jeden Boden mit einem Viertel der Creme bestreichen. Die Böden aufeinandersetzen. Tortenrand mit restlicher Creme bestreichen, mit Raspelschokolade bestreuen. Die Schokoladentorte mindestens 2 Stunden zugedeckt in den Kühlschrank stellen.

Schwarzwurzelsalat | Winterküche

4 Portionen

Pro Portion: E: 2 g, F: 12 g, Kh: 9 g, kJ: 774, kcal: 185, BE: 0,5

320 g	***abgetropfte Schwarzwurzeln (aus dem Glas)***
50 g	***Feldsalat***
100 g	***Möhren***
2	***Orangen***
1–2 EL	***Obstessig***
3–4 EL	***Orangensaft (von den Orangen)***
2 EL	***Sonnenblumenöl***
2–3 EL	***Nussöl, z. B. Walnussöl***
	Salz
	gem. Pfeffer
	Cayennepfeffer

Zubereitungszeit: 35 Minuten, ohne Durchziehzeit

1. Die Schwarzwurzeln in ein Sieb geben, mit kaltem Wasser abspülen und abtropfen lassen. Feldsalat verlesen und die Wurzelansätze abschneiden. Feldsalat gründlich waschen und trocken schleudern.

2. Die Möhren putzen, schälen, abspülen, abtropfen lassen und in sehr dünne, etwa 3 cm lange Streifen schneiden.

3. Orangen so schälen, dass die weiße Haut vollständig mit entfernt wird. Die Fruchtfilets zwischen den Trennhäuten herausschneiden, dabei den Saft auffangen.

4. Obstessig mit 3–4 Esslöffeln Orangensaft in einer Schüssel verrühren. Sonnenblumen- und Nussöl unterschlagen, mit Salz, Pfeffer und Cayennepfeffer würzen. Schwarzwurzeln, Möhrenstreifen und Orangenfilets hinzugeben und untermischen. Den Schwarzwurzelsalat mindestens 30 Minuten durchziehen lassen.

5. Den Schwarzwurzelsalat mit Salz und Pfeffer abschmecken, mit dem Feldsalat auf Tellern anrichten und sofort servieren.

Sellerie-Kartoffel-Eintopf | Würzig

4 Portionen

Pro Portion: E: 10 g, F: 26 g, Kh: 30 g, kJ: 1640, kcal: 392, BE: 2,5

400 g festkochende Kartoffeln
500 g Knollensellerie
200 g Möhren
1 Zwiebel
2 EL Olivenöl
1 1/2 l vegane Gemüsebrühe
240 g abgetropfte Kichererbsen (aus der Dose)
1 Bund glatte Petersilie oder Kerbel
200 ml mildes Olivenöl
1–2 Prisen Salz
grob gem. schwarzer Pfeffer

Zubereitungszeit: 30 Minuten
Garzeit: etwa 20 Minuten

1. Die Kartoffeln schälen, abspülen, abtropfen lassen und in Würfel schneiden. Knollensellerie und Möhren putzen, schälen, abspülen, abtropfen lassen, halbieren und ebenfalls in Würfel schneiden. Zwiebel abziehen und in kleine Würfel schneiden.

2. Das Olivenöl in einem Topf erhitzen, Zwiebelwürfel darin andünsten. Die Kartoffel-, Sellerie- und Möhrenwürfel darin unter Rühren ebenfalls andünsten.

3. Gemüsebrühe hinzugießen und zum Kochen bringen. Den Eintopf zugedeckt bei mittlerer Hitze etwa 15 Minuten köcheln lassen.

4. Die Kichererbsen zum Eintopf in den Topf geben. Die Zutaten zugedeckt bei mittlerer Hitze weitere etwa 5 Minuten köcheln lassen.

5. In der Zwischenzeit Petersilie oder Kerbel abspülen und trocken tupfen. Die Blättchen von den Stängeln zupfen, grob zerschneiden und in einen hohen Rührbecher geben. Olivenöl und Salz hinzufügen, mit einem Pürierstab zu einem grünen Öl mixen.

6. Den Eintopf mit Salz und Pfeffer abschmecken. Eintopf in tiefen Tellern oder Suppentassen anrichten, mit je 1–2 Esslöffeln des Kräuteröls beträufeln und sofort servieren.

Sesam-Falafel mit Salat und Soja-Dip

Für Gäste
5–8 Portionen

Pro Portion: E: 14 g, F: 28 g, Kh: 27 g, kJ: 1804, kcal: 430, BE: 2,0

200 g getrocknete Kichererbsen
4 Frühlingszwiebeln
je ½ Bund Minze, Dill, glatte Petersilie und Koriander
200 g abgetropfte weiße Bohnen (aus der Dose)
Salz
gem. Pfeffer
1 EL gem. Kreuzkümmel (Cumin)
1 EL Dr. Oetker Backin
2 EL Wasser
40 g ungeschälte Sesamsamen

etwa 1 l Speiseöl, z. B. Sonnenblumenöl

Für den Soja-Dip und den Salat:
500 g Sojajoghurt (natur)
1 EL gem. Kreuzkümmel (Cumin)
450 g Cocktailtomaten
450 g Radieschen
5 EL frisch gepresster Zitronensaft
6 EL Olivenöl

Zubereitungszeit: 1 Stunde, ohne Einweich- und Abkühlzeit

1. Die Kichererbsen etwa 12 Stunden in kaltem Wasser einweichen. Anschließend gut abtropfen lassen.

2. Frühlingszwiebeln putzen, abspülen und abtropfen lassen. Die Hälfte davon in feine Scheiben schneiden. Restliche Frühlingszwiebeln beiseitelegen.

3. Minze, Dill, Petersilie und Koriander abspülen und trocken tupfen. Von jeder Kräutersorte ein Drittel abnehmen und jeweils die Blättchen von den Stängeln bzw. Spitzen abzupfen. Blättchen und Spitzen grob zerschneiden. Restliche Kräuter beiseitelegen.

4. Die Bohnen in ein Sieb geben, mit kaltem Wasser abspülen und sehr gut abtropfen lassen. Bohnen mit Kichererbsen, Frühlingszwiebelscheiben, geschnittenen Kräutern, Salz, reichlich Pfeffer und Kreuzkümmel sehr fein pürieren.

5. Das Backpulver in dem Wasser auflösen, zum Bohnenpüree geben und mit den Händen gleichmäßig unter die Masse arbeiten. Aus der Bohnenpüree-Masse 16 glatte Kugeln formen. Jeweils eine Kugelseite fest in den Sesam drücken.

6. Speiseöl in einem Topf oder in der Fritteuse auf etwa 175 °C erhitzen. Die Falafel darin in 2–3 Portionen jeweils 4–5 Minuten goldbraun backen, dabei einmal wenden. Die fertigen Falafel mit einer Schaumkelle herausnehmen, auf Küchenpapier abtropfen und erkalten lassen.

7. Für den Dip und den Salat Sojajoghurt mit Kreuzkümmel und Salz verrühren.

8. Beiseitegelegte Frühlingszwiebeln in sehr feine Scheiben schneiden. Tomaten abspülen, abtrocknen und die Stängelansätze herausschneiden. Radieschen putzen, abspülen und abtropfen lassen. Radieschen und Tomaten in kleine Stücke schneiden.

9. Von den beiseitegelegten Kräutern die Blättchen und Spitzen von den Stängeln zupfen und evtl. etwas kleiner schneiden. Tomaten, Radieschen, Frühlingszwiebeln und Kräuter in eine Schüssel geben, mit Zitronensaft und Olivenöl mischen, mit etwas Salz und Pfeffer würzen. Die Sesam-Falafel portionsweise mit dem Salat und dem Joghurt anrichten.

Soja-„Milchreis“

Fruchtig getoppt

2 Portionen

Pro Portion: E: 13 g, F: 5 g, Kh: 80 g, kJ: 1796, kcal: 430, BE: 6,5

500 ml ungesüßter Sojadrink (natur)
1 TL Voll-Rohrzucker
125 g Rundkornreis (Milchreis)
130 g abgetropfte Aprikosenhälften (aus der Dose)
2 Kiwis
7–8 EL Orangensaft (von etwa 1/2 großen Orange)
1–2 TL Ahornsirup oder Agavendicksaft

Zubereitungszeit: 40 Minuten

1. Sojadrink mit Zucker in einem kleinen Topf verrühren und zugedeckt zum Kochen bringen. Den Reis einstreuen, dann umrühren und zum Kochen bringen. Den Reis bei schwacher Hitze mit halb aufgelegtem Deckel etwa 30 Minuten quellen lassen, dabei gelegentlich umrühren.

2. In der Zwischenzeit Aprikosen in schmale Spalten schneiden. Kiwis schälen, längs vierteln und in kleine Stücke schneiden.

3. Orangensaft mit Ahornsirup oder Agavendicksaft in einer Schüssel verrühren. Aprikosenspalten und Kiwistücke unterrühren und darin so lange ziehen lassen, bis der Reis gar ist. Die Obstmischung gelegentlich umrühren.

4. Den Soja-„Milchreis“ in Müslischalen oder tiefen Tellern verteilen und mit dem marinierten Obst dekorativ anrichten.

Tipps: Wunderbar kernig wird der Reis, wenn Sie 1–2 Esslöffel Sonnenblumenkerne oder Mandelstifte in einer Pfanne ohne Fett unter Wenden goldbraun rösten, kurz abkühlen lassen und auf den Reis streuen. Cremiger wird der „Milchreis“, wenn Sie ihn mit 50–100 ml mehr Sojadrink zubereiten. Oder einfach etwas Sojajoghurt unter den fertig gegarten Reis rühren. Statt Rundkornreis können Sie die gleiche Menge Dinkel- oder Vollkornreis nehmen.

Spargel in Kräutermarinade

Feine Beilage

8 Portionen

Pro Portion: E: 2 g, F: 3 g, Kh: 8 g, kJ: 309, kcal: 74, BE: 0,5

1 kg weißer Spargel
375 ml Wasser
Salz
1 EL vegane Margarine
½ TL Voll-Rohrzucker

Für die Marinade:

100 ml Weißweinessig
50 g Voll-Rohrzucker
gem. schwarzer Pfeffer
100 ml Spargelwasser (vom Spargel)
2 EL Olivenöl
je 2 TL Estragonblättchen, Kerbelblättchen und Dillspitzen

Zubereitungszeit: 55 Minuten, ohne Durchziehzeit

1. Den Spargel von oben nach unten schälen. Darauf achten, dass die Schalen vollständig entfernt, die Köpfe aber nicht verletzt werden. Die unteren Enden abschneiden (holzige Stellen vollkommen entfernen). Spargel abspülen und abtropfen lassen.

2. Wasser in einem großen Topf zugedeckt zum Kochen bringen. Salz, Margarine, Zucker und die Spargelstangen hinzufügen, zum Kochen bringen. Die Spargelstangen zugedeckt in 10–12 Minuten gar kochen.

3. Spargelstangen mit einer Schaumkelle vorsichtig herausnehmen und in einem Sieb gut abtropfen lassen, dabei das Spargelwasser auffangen und 100 ml davon abmessen.

4. Für die Marinade Essig mit Zucker und Pfeffer in einem Topf zum Kochen bringen. So lange kochen lassen, bis der Zucker aufgelöst ist. Spargelwasser und Olivenöl hinzugeben, mit Salz, Pfeffer und Zucker abschmecken.

5. Abgespülte Kräuterblättchen bzw. -spitzen grob zerkleinern und unterrühren.

6. Die Spargelstangen in die Marinade legen und 1–2 Stunden durchziehen lassen.

Spargeleintopf | Leichte Frühlingsküche

4 Portionen

Pro Portion: E: 9 g, F: 11 g, Kh: 31 g, kJ: 1108, kcal: 264, BE: 2,0

800 g	*weißer Spargel*
300 g	*grüner Spargel*
2 l	*Wasser*
2 TL	*Voll-Rohrzucker*
2 TL	*Salz*
	gem. Pfeffer
2	*Zwiebeln*
2	*Knoblauchzehen*
30 g	*frischer Ingwer*
500 g	*festkochende Kartoffeln*
1–2 EL	*Rapsöl*
250 g	*Möhren*
1	*kleiner Kohlrabi*
100 g	*Zuckerschoten*
einige Stängel	*Petersilie*

Zubereitungszeit: 35 Minuten
Garzeit: etwa 30 Minuten

1. Den weißen Spargel von oben nach unten schälen. Darauf achten, dass die Schalen vollständig entfernt, die Köpfe aber nicht verletzt werden. Die unteren Enden abschneiden (holzige Stellen vollkommen entfernen). Von dem grünen Spargel nur das untere Drittel schälen und die unteren Enden abschneiden. Die Spargelstangen, -schalen und -enden abspülen und abtropfen lassen.

2. Spargelschalen und -enden in einen Topf geben. Wasser, Zucker, Salz und Pfeffer hinzugeben. Die Zutaten zum Kochen bringen und zugedeckt bei mittlerer Hitze etwa 10 Minuten köcheln lassen.

3. In der Zwischenzeit Zwiebeln und Knoblauch abziehen und in kleine Würfel schneiden. Ingwer schälen und in kleine Würfel schneiden. Die Kartoffeln schälen, abspülen, abtropfen lassen und klein würfeln.

4. Die Spargelschalen und -enden in ein Sieb abgießen, dabei den Spargelfond auffangen.

5. Rapsöl in einem großen Topf erhitzen. Zwiebel-, Knoblauch- und Ingwerwürfel darin glasig dünsten. Spargelfond hinzugießen und zum Kochen bringen. Kartoffelwürfel hinzugeben und zugedeckt etwa 5 Minuten köcheln lassen.

6. Die Möhren putzen, schälen, abspülen, abtropfen lassen und in Scheiben schneiden. Kohlrabi schälen, abspülen, abtropfen lassen, zuerst in Scheiben, dann in Würfel schneiden.

7. Spargel in 2–3 cm große Stücke schneiden. Möhrenscheiben, Kohlrabiwürfel und weiße Spargelstücke zu den Kartoffelwürfeln in den Topf geben. Das Ganze wieder zum Kochen bringen und zugedeckt etwa 10 Minuten köcheln lassen. Dann die grünen Spargelstücke hinzugeben und unterrühren. Den Eintopf zugedeckt weitere etwa 5 Minuten köcheln lassen.

8. Zuckerschoten putzen, evtl. abfädeln, abspülen, abtropfen lassen und je nach Größe 2–3-mal durchschneiden. Zuckerschoten zum Eintopf geben und etwa 1 Minute mitgaren.

9. Petersilie abspülen und trocken tupfen. Die Blättchen von den Stängeln zupfen und klein schneiden. Den Eintopf mit Salz und Pfeffer abschmecken, mit Petersilie bestreut servieren.

Spargel-Reis-Suppe |

Raffiniert

4 Portionen

Pro Portion: E: 5 g, F: 7 g, Kh: 31 g, kJ: 893, kcal: 213, BE: 2,5

125 g	*Langkornreis*
250 ml	*Salzwasser*
500 g	*weißer Spargel*
250 ml	*Wasser*
	Salz
	Voll-Rohrzucker
30 g	*vegane Margarine*
20 g	*Weizenmehl*
750 ml	*vegane Gemüsebrühe*
	gem. Pfeffer
	ger. Muskatnuss
einige Spritzer	*frisch gepresster Zitronensaft*

Zubereitungszeit: 50 Minuten

1. Reis in kochendem Salzwasser zugedeckt bei mittlerer Hitze nach Packungsanleitung garen. Den gegarten Reis in einem Sieb abtropfen lassen.

2. Inzwischen den Spargel von oben nach unten dünn schälen, dabei darauf achten, dass die Schalen vollständig entfernt, die Köpfe aber nicht verletzt werden. Die unteren Enden abschneiden. Spargel abspülen, abtropfen lassen und in etwa 3 cm lange Stücke schneiden.

3. Wasser in einem Topf zugedeckt zum Kochen bringen und je 1 Prise Salz und Zucker hinzufügen. Spargelstücke darin etwa 8 Minuten garen. Spargelstücke in einem Sieb abtropfen lassen, dabei das Spargelwasser auffangen.

4. Die Margarine in einem Topf zerlassen. Mehl darin unter Rühren so lange erhitzen, bis es hellgelb ist. Die Gemüsebrühe nach und nach hinzugießen und mit einem Schneebesen kräftig durchschlagen, dabei darauf achten, dass keine Klümpchen entstehen. Die Suppe zum Kochen bringen und bei schwacher Hitze etwa 5 Minuten unter gelegentlichem Rühren kochen lassen.

5. Spargelwasser mit den Spargelstücken unterrühren. Reis ebenfalls in die Suppe geben und alles nochmals kurz erwärmen. Die Suppe mit Salz, Pfeffer, Muskat und Zitronensaft abschmecken.

Spinatnudeln mit Auberginen-Tomaten-Ragout |

Braucht etwas Zeit

2 Portionen

Pro Portion: E: 13 g, F: 17 g, Kh: 50 g, kJ: 1708, kcal: 407, BE: 3,5

Für die Spinatnudeln:

200 g TK-Blattspinat
50 g Weizenmehl (Type 1050)
50 g Hartweizengrieß
Salz

Für das Auberginen-Tomaten-Ragout:

1 kleine Aubergine (etwa 300 g)
1 Zwiebel
1 Knoblauchzehe
300 g Tomaten
5–6 EL Olivenöl
gem. Pfeffer

Zubereitungszeit: 1 Stunde und 15 Minuten, ohne Ruhezeit

1. Für die Spinatnudeln Spinat nach Packungsanleitung mit Wasser zubereiten. Anschließend Spinat in ein Sieb abgießen, mit kaltem Wasser abspülen und gut ausdrücken. Spinat fein hacken.

2. Mehl mit Grieß und 1/4 Teelöffel Salz in einer Rührschüssel mischen. Gehackten Spinat zugeben und alles mit den Händen zu einem geschmeidigen Teig verkneten. Den Teig in 2 gleich große Portionen teilen.

3. Jede Teigportion auf einer leicht bemehlten Arbeitsfläche zu je einer Rolle (etwa 15 cm Länge) formen. Die Teigrollen in Frischhaltefolie wickeln und etwa 1 Stunde bei Zimmertemperatur ruhen lassen.

4. In der Zwischenzeit für das Ragout Aubergine abspülen, abtrocknen, die Enden abschneiden. Aubergine quer in 1/2–1 cm dicke Scheiben schneiden, mit Salz bestreuen und etwa 20 Minuten stehen lassen.

5. Inzwischen die Zwiebel abziehen, zuerst in feine Scheiben schneiden, dann in Ringe teilen. Knoblauch ebenso abziehen und fein hacken. Tomaten abspülen, in Spalten schneiden und dabei die Stängelansätze entfernen.

6. Teigrollen in etwa 1/2 cm dünne Scheiben schneiden. Jede Scheibe zu einem haselnussgroßen Kügelchen formen.

7. Die Teigkügelchen in die Handinnenfläche legen und mit dem Daumen so flach drücken, dass muschelähnliche Nudeln entstehen. Die Muschelnudeln auf einem Teller beiseitelegen.

8. Wasser in einem großen Topf zugedeckt zum Kochen bringen. Dann Salz und Muschelnudeln zugeben. Die Nudeln im geöffneten Topf bei mittlerer Hitze in etwa 15 Minuten gar ziehen lassen, dabei gelegentlich umrühren.

9. Anschließend die Nudeln in ein Sieb geben, mit heißem Wasser abspülen und abtropfen lassen.

10. In der Zwischenzeit 4–5 Esslöffel von dem Öl in einer großen Pfanne erhitzen. Die Auberginenscheiben mit Küchenpapier trocken tupfen und in dem Öl bei mittlerer bis starker Hitze von jeder Seite 4–5 Minuten goldbraun anbraten. Anschließend auf Küchenpapier abtropfen lassen.

11. Die Zwiebelringe und den gehackten Knoblauch in dem restlichen Öl anbraten. Tomatenspalten dazugeben, mit Salz und Pfeffer würzen.

12. Das Ragout zugedeckt etwa 5 Minuten bei schwacher Hitze dünsten. Auberginen zufügen und kurz darin erwärmen. Das Auberginen-Tomaten-Ragout mit den abgetropften Spinatnudeln anrichten.

Tipp: Die Nudelteigrollen können auch am Vortag zubereitet werden und über Nacht im Kühlschrank ruhen. Wichtig: Die Rollen sorgfältig in Frischhaltefolie einschlagen, damit der Teig nicht austrocknet. Die Teigrollen etwa 1 Stunde vor dem Garen aus dem Kühlschrank nehmen. – Sollte der Teig zu trocken sein, die Teigkügelchen mit feuchten Händen formen. Dafür eine Schüssel mit Wasser zum Anfeuchten danebenstellen.

Spinat-Quiche

Gut vorzubereiten

12 Stücke

Pro Stück: E: 13 g, F: 16 g, Kh: 22 g, kJ: 1213, kcal: 290, BE: 2,0

Zum Vorbereiten:

600 g TK-Blattspinat

Für den Teig:

50 g Polenta (Maisgrieß)
250 g Weizenmehl (Type 550)
1 TL Salz
1 Prise Pfeffer
125 g vegane Margarine
2–3 EL kaltes Wasser

Für die Füllung:

2 kleine Zwiebeln
2 Knoblauchzehen
4 EL Olivenöl
25 g Sojamehl (getoastet)
100 ml ungesüßter Haferdrink (natur)
400 g Seidentofu
175 g Räuchertofu
200 g Tofu (natur)
1 EL Polenta (Maisgrieß)
1–2 TL Salz
Pfeffer
1–2 Msp. ger. Muskatnuss

Außerdem:

etwas vegane Margarine für die Form

Zubereitungszeit: 50 Minuten, ohne Auftau- und Kühlzeit
Backzeit: etwa 1 Stunde

1. Zum Vorbereiten den Spinat nach Packungsanleitung auftauen lassen.

2. Für den Teig Polenta mit Mehl, Salz und Pfeffer in einer Rührschüssel mischen. Margarine in Flöckchen dazugeben. Die Zutaten mit einem Mixer (Knethaken) zunächst kurz auf niedrigster, dann auf höchster Stufe gut durcharbeiten. Wasser zugeben und dann auf der leicht bemehlten Arbeitsfläche kurz zu einer Teigkugel verkneten. Die Teigkugel in Frischhaltefolie gewickelt 1–2 Stunden in den Kühlschrank legen.

3. Zwei Drittel des Teiges auf dem Boden einer Springform (Ø 26 cm, Boden gefettet) ausrollen. Den Springformrand darumstellen. Restlichen Teig zu einer langen Rolle formen, auf den Teigboden legen und dann so an die Form drücken, dass ein etwa 4 cm hoher Rand entsteht.

4. Für die Füllung Zwiebeln und Knoblauch abziehen und fein würfeln. Das Öl in einer Pfanne erhitzen. Zwiebel- und Knoblauchwürfel darin goldgelb dünsten, Sojamehl unterrühren. Den Haferdrink unterrühren. Die Zutaten aufkochen, dabei darauf achten, dass keine Klümpchen entstehen. Dann die Zwiebelmischung beiseitestellen.

5. Den Backofen vorheizen.
Ober-/Unterhitze: etwa 180 °C
Heißluft: etwa 160 °C

6. Aufgetauten Spinat in einem Sieb sehr gut abtropfen lassen. Seidentofu in einem hohen Rührbecher pürieren. Räuchertofu und Tofu mit den Händen zerbröseln, in eine Schüssel geben. Spinat etwas kleiner schneiden, mit allen Tofusorten, beiseitegestellter Zwiebelmischung und Polenta vermengen.

7. Die Füllung mit Salz, Pfeffer und Muskatnuss kräftig würzen, dann gleichmäßig in der Springform verteilen.

8. Die Form auf dem Rost in den vorgeheizten Backofen (unteres Drittel) schieben. Die Spinat-Quiche **etwa 1 Stunde backen.**

9. Die Form auf einen Kuchenrost stellen. Quiche etwas abkühlen lassen. Dann den Springformrand lösen und entfernen. Quiche lauwarm servieren.

Tipps: Möchten Sie auf Knoblauch verzichten, rösten Sie etwa 2 Esslöffel Sesamsamen mit den Zwiebeln an. Die Spinat-Quiche schmeckt lauwarm oder kalt.

Spinatsalat mit Granatapfelkernen I

Perfekt kombiniert

4 Portionen

Pro Portion: E: 3 g, F: 19 g, Kh: 13 g, kJ: 1005, kcal: 240, BE: 1,0

- *1 reifer kleiner Granatapfel*
- *30 g Pinienkerne*
- *2 Knoblauchzehen*
- *60 g Schalotten*
- *3 Stängel Thymian*
- *100 g junger Blattspinat*
- *5 EL Balsamico-Essig*
- *6 EL Olivenöl*
- *etwas Salz*
- *gem. Pfeffer*
- *etwas Voll-Rohrzucker*

Zubereitungszeit: 20 Minuten, ohne Abkühlzeit

1. In den Blütenansatz des Granatapfels einen dreieckigen Keil einschneiden. Diesen herausziehen und den Granatapfel in Stücke brechen. Die Kerne mit einer Gabel herauslösen (Vorsicht: Es kann spritzen und Farbflecke geben!), dabei die weißen Fruchthäute entfernen.

2. Die Pinienkerne in einer Pfanne ohne Fett unter Wenden goldbraun rösten, herausnehmen und auf einem Teller erkalten lassen.

3. Knoblauch und Schalotten abziehen, klein würfeln. Thymian abspülen, trocken tupfen. Die Blättchen von den Stängeln zupfen. Blättchen grob zerschneiden.

4. Den Spinat verlesen und die dicken Stiele entfernen. Spinat gründlich waschen, gut abtropfen lassen und in breite Streifen schneiden.

5. Essig mit Knoblauch, Schalotten und Thymian in einer Schüssel verrühren. Das Olivenöl langsam unterschlagen, mit Salz, Pfeffer und Zucker würzen.

6. Spinat, Pinienkerne und Granatapfelkerne zur Marinade geben und vorsichtig unterheben.

7. Den Spinatsalat nochmals mit den Gewürzen abschmecken und auf Tellern anrichten.

Tipps: Verwenden Sie statt des Balsamico-Essigs Apfelessig und statt der Pinienkerne gehackte Mandeln. Geben Sie zusätzlich 125 g abgespülte, trocken getupfte, halbierte Cocktailtomaten mit in den Salat. Für eine vollständige Mahlzeit servieren Sie dazu frisches veganes Roggenbrot.

Spinatsalat mit grünem Spargel I

Serviert mit Hummus

4 Portionen

Pro Portion: E: 16 g, F: 33 g, Kh: 35 g, kJ: 2088, kcal: 498, BE: 2,5

Zum Vorbereiten:

200 g getrocknete Kichererbsen

Für den Hummus:

3 Knoblauchzehen
2 EL frisch gepresster Zitronensaft
5 EL mildes Olivenöl
Salz, Cayennepfeffer
500 g grüner Spargel

Für das Dressing:

2 EL Weißweinessig
2 EL Agavendicksaft
1 EL mittelscharfer Senf
5 EL Olivenöl
gem. Pfeffer

4 mittelgroße Tomaten
200 g junger Blattspinat
2 EL geröstete Pinienkerne

Zubereitungszeit: 45 Minuten, ohne Einweichzeit
Garzeit: etwa 1 Stunde

1. Zum Vorbereiten Kichererbsen in kaltem Wasser über Nacht einweichen.

2. Für den Hummus von den eingeweichten Kichererbsen das Wasser abgießen. Die Häute von den Kichererbsen abrubbeln und entfernen. Kichererbsen mit Wasser bedeckt in einem Topf zum Kochen bringen und zugedeckt in etwa 1 Stunde weich kochen. Die garen Kichererbsen in einem Sieb abtropfen lassen, dabei die Kochflüssigkeit auffangen.

3. Knoblauch abziehen und halbieren. Die Kichererbsen mit Knoblauch, Zitronensaft, Olivenöl, Salz und Cayennepfeffer in einer Küchenmaschine pürieren. So viel von der aufgefangenen Kochflüssigkeit hinzugeben, dass eine cremige Konsistenz entsteht.

4. Von dem Spargel nur das untere Drittel schälen und die Enden abschneiden. Spargel abspülen, abtropfen lassen und in etwa 3 cm lange Stücke schneiden. Spargelstücke in kochendem Salzwasser bissfest kochen. Spargelstücke mit einer Schaumkelle herausnehmen und mit kaltem Wasser abschrecken.

5. Für das Dressing Essig mit Agavendicksaft und Senf verrühren, Olivenöl unterschlagen. Das Dressing mit Salz und Pfeffer würzen.

6. Die Tomaten abspülen, abtrocknen, halbieren und die Stängelansätze herausschneiden. Tomaten in Spalten (Sechstel) schneiden.

7. Den Blattspinat verlesen, dicke Stiele entfernen. Spinat gründlich waschen, trocken schleudern oder gut trocken tupfen und in eine Schüssel geben.

8. Das Dressing vorsichtig untermischen. Die Spargelstücke unterheben. Den Spargelsalat auf Tellern oder einer Platte anrichten. Tomaten und Pinienkerne darauf verteilen. Den Salat mit dem Hummus servieren.

Beilage: Ofenfrisches veganes Fladenbrot.

Spinatsalat mit Seidentofu-Dressing I

Für Gäste

12 Portionen

Pro Portion: E: 5 g, F: 6 g, Kh: 12 g, kJ: 522, kcal: 125, BE: 1,0

3 EL geschälte Sesamsamen

Für das Dressing:

2–3 Limetten
200 g abgetropfter Seidentofu
4–5 EL vegane Sojasauce
3–4 EL Traubenkernöl
½ TL Cayennepfeffer
Salz

300–400 g Babyspinat
2 Schalotten
1 Bund Radieschen (etwa 350 g)
2 rosa Grapefruits
2 Bio-Äpfel
265 g abgespülte abgetropfte Kichererbsen (aus der Dose)
1 EL Schwarzkümmel

Zubereitungszeit: 40 Minuten

1. Sesam in einer Pfanne ohne Fett unter Wenden anrösten und dann auf einen Teller geben.

2. Für das Dressing Limetten halbieren und auspressen. Seidentofu in Stücke schneiden, mit Sojasauce, Limettensaft und Traubenkernöl pürieren. Das Dressing mit Cayennepfeffer und Salz abschmecken.

3. Spinat verlesen, gründlich abspülen, gut abtropfen lassen oder trocken schleudern. Schalotten abziehen, zuerst in Scheiben schneiden und dann in Ringe teilen.

4. Radieschen putzen, abspülen, abtropfen lassen und in dünne Scheiben schneiden oder hobeln.

5. Die Grapefruits so schälen, dass die weiße Schale mit entfernt wird. Grapefruits filetieren und die Filets in Stücke schneiden. Die Äpfel abspülen, abtrocknen, vierteln, entkernen und in kleine Würfel schneiden.

6. Spinat auf einer großen Platte verteilen. Kichererbsen, Schalottenringe, Radieschenscheiben, Grapefruitfiletstücke und Apfelwürfel darauf verteilen, Sesam und Schwarzkümmel daraufstreuen. Das Dressing dazu servieren.

Tipps: Da der Flüssigkeitsanteil in Seidentofu sehr unterschiedlich sein kann, kann auch die Konsistenz des Dressings dicklicher oder flüssiger sein. Wenn Ihnen das Dressing zu dickflüssig ist, einfach etwas Gemüsebrühe unterrühren. Das Dressing können Sie 3–4 Stunden vor der Party zubereiten und zugedeckt in den Kühlschrank stellen. Die weiteren Salatzutaten sollten Sie aber erst etwa 1 Stunde vor dem Servieren vorbereiten.

Spinatsuppe mit Avocadostücken | Perfekt kombiniert

4 Portionen

Pro Portion: E: 4 g, F: 20 g, Kh: 15 g, kJ: 1131, kcal: 269, BE: 1,0

300 g TK-Blattspinat
1 Zwiebel (etwa 120 g)
1 Knoblauchzehe
3 EL Distelöl
1 TL Sambal Oelek
500 ml vegane Gemüsebrühe
1 Bund Koriander
1 reife Avocado
500 ml ungesüßter Reisdrink (natur)
Salz, gem. Pfeffer

Zubereitungszeit: 30 Minuten, ohne Auftauzeit

1. Den Spinat in einem Sieb etwas antauen lassen. Zwiebel und Knoblauch abziehen, Zwiebel in kleine Würfel schneiden und Knoblauch durch eine Knoblauchpresse drücken.

2. Distelöl in einem Topf erhitzen. Zwiebelwürfel, Knoblauch und Sambal Oelek darin andünsten. Spinat in Streifen schneiden, zu den Zwiebelwürfeln geben und mitdünsten lassen. Brühe hinzugießen und zum Kochen bringen. Die Suppe bei schwacher Hitze etwa 6 Minuten kochen lassen.

3. Inzwischen Koriander abspülen und trocken tupfen. Die Blättchen von den Stängeln zupfen, Blättchen in Streifen schneiden. Avocado halbieren und den Stein entfernen. Das Fruchtfleisch aus der Schale lösen und in Würfel schneiden.

4. Den Reisdrink zur Spinatsuppe geben und die Suppe nochmals aufkochen lassen. Korianderstreifen unterheben, mit Salz und Pfeffer abschmecken.

5. Die Suppe mit den Avocadowürfeln in Tellern anrichten und servieren.

Tipp: Im Sommer etwa 400 g frischen Blattspinat verwenden. Dann Spinat verlesen und die dicken Stiele entfernen. Spinat gründlich waschen und abtropfen lassen.

Spiralbrote am Bambusstab

Zum Grillen

12 Stück

Pro Stück: E: 5 g, F: 9 g, Kh: 31 g, kJ: 928, kcal: 222, BE: 2,5

500 g Weizenmehl
1 Pck. Dr. Oetker Trockenbackhefe
½ TL Salz
250 ml lauwarmes Wasser
3 Stängel Thymian
3 Stängel Rosmarin
100 ml Olivenöl
grobes Meersalz

Außerdem:

12 Bambusstäbe (25–30 cm lang)
Grillschalen oder Grillbleche

Zubereitungszeit: 20 Minuten
Teiggehzeit: etwa 30 Minuten
Grillzeit: etwa 30 Minuten

1. Mehl in eine Rührschüssel geben, mit Trockenbackhefe und Salz sorgfältig vermischen. In die Mitte eine Vertiefung drücken und das lauwarme Wasser hinzugießen. Die Zutaten mit einem Mixer (Knethaken) zunächst kurz auf niedrigster, dann auf höchster Stufe in etwa 5 Minuten zu einem glatten Teig verarbeiten. Den Teig zugedeckt so lange an einem warmen Ort gehen lassen, bis er sich sichtbar vergrößert hat, etwa 30 Minuten.

2. Thymian und Rosmarin abspülen, trocken tupfen und die Blättchen bzw. Nadeln von den Stängeln zupfen. Blättchen bzw. Nadeln klein schneiden.

3. Den Teig auf der leicht bemehlten Arbeitsfläche nochmals gut durchkneten und zu einer dicken Rolle formen. Die Teigrolle in 12 gleich große Portionen teilen. Teigportionen zu fingerdicken, etwa 50–60 cm langen Streifen rollen. Jeden Bambusstab mit einem Teigstreifen umwickeln, dabei die Enden fest an den Stab andrücken.

4. Die Teigspiralen rundherum mit Olivenöl einstreichen, mit den Kräutern und dem Salz bestreuen, in Grillschalen oder -bleche legen und mit Alufolie zudecken.

5. Die Grillschalen oder -bleche auf den Grillrost des heißen Grills stellen. Die Teigspiralen etwa 30 Minuten grillen (backen), dabei nach der Hälfte der Grillzeit wenden.

Tipps: Zum „Gehenlassen“ des Hefeteiges ist ein Platz an der Heizung oder der Backofen bei Ober-/Unterhitze: maximal 50 °C (dabei die Backofentür mit einem Holzlöffel einen Spalt geöffnet halten) gut geeignet. Zum Vorbereiten die Teigspiralen bis einschließlich Punkt 3 zubereiten. Dann die Teigspiralen in Frischhaltefolie einwickeln und in den Kühlschrank legen. Die Teigspiralen etwa 30 Minuten vor dem Grillen aus dem Kühlschrank nehmen. Oder den Hefeteig über Nacht im Kühlschrank gehen lassen: Dazu den Hefeteig nicht aus zimmerwarmen, sondern aus kalten Zutaten zubereiten. Dann den Teig in einer ausreichend großen Schüssel mit einem feuchten Geschirrtuch oder mit Frischhaltefolie zugedeckt über Nacht im Kühlschrank gehen lassen.

Steckrübensuppe mit Apfelchips

Macht richtig satt

4 Portionen

Pro Portion: E: 3 g, F: 9 g, Kh: 16 g, kJ: 715, kcal: 171, BE: 1,0

1 Steckrübe (etwa 500 g)
1 Möhre
120 g Knollensellerie
1 Zwiebel
2 EL Rapsöl
2 TL gerebelter Thymian
1 l vegane Gemüsebrühe
100 ml Dinkel- oder Hafercreme zum Kochen
Salz, gem. Pfeffer
ger. Muskatnuss
20 g Apfelchips
4 Stängel Thymian

Zubereitungszeit: 30 Minuten
Garzeit: etwa 20 Minuten

1. Steckrübe, Möhre und Knollensellerie putzen, schälen, abspülen, abtropfen lassen und in kleine Stücke schneiden.

2. Zwiebel abziehen, halbieren und in kleine Würfel schneiden.

3. Rapsöl in einem Topf erhitzen. Zwiebelwürfel und Thymian darin andünsten. Gemüsestücke hinzugeben und unter Rühren mitdünsten lassen. Brühe hinzugießen und zum Kochen bringen. Das Gemüse zugedeckt etwa 20 Minuten garen.

4. Anschließend das Gemüse in der Brühe pürieren. Dinkel- oder Hafer-Kochcreme unterrühren und die Suppe unter Rühren aufkochen. Die Suppe mit Salz, Pfeffer und Muskatnuss würzen.

5. Apfelchips in Stücke brechen. Thymian abspülen und trocken tupfen.

6. Die Steckrübensuppe in Tellern anrichten, mit je 1 Thymianstängel und einigen Apfelchips anrichten.

Süße Pause | Für zwischendurch

2 Portionen

Pro Portion: E: 5 g, F: 2 g, Kh: 81 g, kJ: 1543, kcal: 368, BE: 7,0

100 g	*Milchreis (Rundkornreis)*
300 ml	*ungesüßter Reisdrink (natur)*
1 Msp.	*Dr. Oetker Finesse Geriebene Zitronenschale*
etwas	*gem. Zimt*
100 ml	*veganer Apfelsaft*
250 g	*Obst der Saison (abgespült und mundgerecht geschnitten)*
2–3 TL	*veganer Granatapfelsirup*

Zubereitungszeit: 15 Minuten, ohne Quell- und Abkühlzeit

1. Den Milchreis mit dem Reisdrink, der Zitronenschale und 1 Messerspitze Zimt in einem Topf zum Kochen bringen, zugedeckt etwa 45 Minuten bei schwacher Hitze quellen lassen. Anschließend den Reis etwas abkühlen lassen.

2. Den Apfelsaft unter den Reis rühren. Den Reis erkalten lassen.

3. Den Reis vorsichtig mit dem vorbereiteten Obst mischen. Den Sirup daraufgeben und nach Belieben mit etwas Zimt bestäuben.

Süßer Couscous-Salat I

Fruchtig

4 Portionen

Pro Portion: E: 5 g, F: 2 g, Kh: 41 g, kJ: 852, kcal: 203, BE: 3,5

100 g Couscous
300 ml ungesüßter Reis-, Mandel- oder Sojadrink (natur)
10 g Agavendicksaft
40 g Rosinen
275 g Pflaumen (etwa 4 Stück)
1 Birne (etwa 180 g)
10 g Agavendicksaft
gem. Zimt

Zubereitungszeit: 25 Minuten, ohne Quell-, Abkühl- und Durchziehzeit

1. Couscous in eine Rührschüssel geben. Den Reis-, Mandel- oder Sojadrink mit Agavendicksaft in einem Topf zum Kochen bringen. Den heißen Drink auf den Couscous gießen und den Couscous etwa 10 Minuten quellen lassen. Die Rosinen unter den warmen Couscous heben. Die Couscous-Rosinen-Masse erkalten lassen.

2. In der Zwischenzeit Pflaumen und Birne abspülen und abtropfen lassen. Pflaumen halbieren und entsteinen. Die Birne schälen, vierteln und entkernen. Das Obst in kleine Stücke schneiden, mit dem Agavendicksaft verrühren und unter die erkaltete Couscous-Rosinen-Masse geben.

3. Den Couscous-Salat mit etwas Zimt abschmecken und etwa 30 Minuten durchziehen lassen. Danach den Couscous-Salat in Portionsschälchen anrichten und servieren.

Süßkartoffel-Couscous-Salat

Für die Party

12 Portionen

Pro Portion: E: 6 g, F: 8 g, Kh: 54 g, kJ: 1329, kcal: 316, BE: 4,5

Zum Vorbereiten:

2 1/4 kg mittelgroße Süßkartoffeln

Für den Salat:

225 g Couscous
knapp 900 ml vegane Gemüsebrühe
3 Schalotten
1 1/2 Bio-Salatgurken
120 g abgetropfte grüne Oliven, ohne Stein
60–75 g abgetropfte Kapern (aus dem Glas)

Für die Limettensauce:

etwa 150 ml frisch gepresster Limettensaft
etwa 75 ml Olivenöl
Salz
gem. Pfeffer
etwas Chilipulver (ersatzweise getrocknete Chiliflocken)

1 Bund Petersilie

Zubereitungszeit: 1 Stunde, ohne Abkühl- und Durchziehzeit
Garzeit: 15–20 Minuten

1. Zum Vorbereiten die Süßkartoffeln gründlich waschen, abbürsten und in zwei großen Töpfen knapp mit Wasser bedeckt, zugedeckt zum Kochen bringen. Die Kartoffeln in 15–20 Minuten, je nach Größe der Kartoffeln, gar kochen. Danach die Süßkartoffeln abgießen, mit kaltem Wasser abschrecken und abtropfen lassen. Die Süßkartoffeln noch warm pellen und erkalten lassen.

2. Für den Salat Couscous mit der Gemüsebrühe nach Packungsanleitung zubereiten. Den garen Couscous abkühlen lassen.

3. In der Zwischenzeit die Schalotten abziehen, halbieren und in feine Würfel schneiden. Salatgurken abspülen, abtrocknen und die Enden abschneiden. Gurken längs halbieren, entkernen und in Streifen schneiden.

4. Süßkartoffeln in mundgerechte Stücke schneiden. Die Oliven halbieren und mit den Kapern mischen.

5. Für die Limettensauce 140 ml Limettensaft mit dem Olivenöl verschlagen, mit Salz, Pfeffer und Chilipulver würzen.

6. Den Couscous mit 2 Gabeln etwas auflockern. Die Schalottenwürfel, Gurkenstreifen, Süßkartoffelstücke und Oliven-Kapern-Mischung hinzufügen und unterheben. Limettensauce mit den Salatzutaten vermengen. Salat zugedeckt und kalt gestellt etwa 30 Minuten durchziehen lassen.

7. Zum Servieren die Petersilie abspülen, gut trocken tupfen und die Blättchen von den Stängeln zupfen. Die Blättchen fein hacken. Die Petersilie unter den Salat mischen. Den Süßkartoffel-Couscous-Salat mit dem restlichen Limettensaft, Salz, Pfeffer und Chili säuerlich-scharf abschmecken und servieren.

Tipps: Bereiten Sie am Vortag einer Party die Süßkartoffeln und den Couscous (Punkte 1 und 2) wie beschrieben vor. Kartoffeln und Couscous dann zugedeckt kalt stellen. Am nächsten Tag den Salat 2–3 Stunden vor der Party fertigstellen und bis zum Servieren zugedeckt kalt stellen.

Süßkartoffel-Kürbis-Topf |

Asiatisch inspiriert

6 Portionen

Pro Portion: E: 13 g, F: 8 g, Kh: 38 g, kJ: 1172, kcal: 280, BE: 3,0

1 kg Kürbis, z. B. Hokkaido
800 g Süßkartoffeln
250 g rote Schalotten
2 Knoblauchzehen
2 grüne Chilischoten
2 EL Sesamöl
2 EL vegane rote Currypaste
2 1/2 l vegane Gemüsebrühe
4 Kaffir-Limettenblätter (erhältlich im Asialaden)
1 gestr. TL Salz
250 g abgetropfter Tofu (natur)
4 EL vegane Sojasauce
2–3 Stängel Thai-Basilikum
2–3 Stängel Koriander

Zubereitungszeit: 45 Minuten, ohne Marinierzeit
Garzeit: etwa 20 Minuten

1. Kürbis abspülen, halbieren, evtl. schälen und die Kerne mit einem Löffel herauskratzen. Das Kürbisfleisch in mundgerechte Stücke schneiden. Süßkartoffeln schälen, abspülen, abtropfen lassen und ebenfalls in Stücke schneiden.

2. Schalotten und Knoblauch abziehen. Schalotten halbieren und Knoblauch durch eine Knoblauchpresse drücken. Die Chilischoten halbieren, entstielen, entkernen, abspülen, trocken tupfen und fein schneiden.

3. Das Sesamöl in einem großen Topf erhitzen. Knoblauch und Chili darin andünsten. Die Currypaste hinzugeben und unterrühren. Die Kürbis-, Kartoffelstücke und Schalottenhälften portionsweise hinzugeben und mitdünsten.

4. Die Gemüsebrühe hinzugießen. Limettenblätter abspülen, trocken tupfen, mit Salz hinzufügen. Den Eintopf zum Kochen bringen und zugedeckt bei schwacher Hitze etwa 20 Minuten köcheln lassen.

5. In der Zwischenzeit den Tofu in Stücke schneiden und in eine Schüssel geben. Sojasauce darauftr äufeln. Die Tofustücke etwa 10 Minuten marinieren, dabei gelegentlich umrühren.

6. Basilikum und Koriander abspülen und trocken tupfen. Die Blättchen von den Stängeln zupfen. Basilikumblättchen klein schneiden.

7. Vor dem Servieren die Kaffir-Limettenblätter aus dem Eintopf nehmen. Die Tofustücke in den Eintopf geben und kurz miterwärmen. Den Süßkartoffel-Kürbis-Topf mit Basilikum und Koriander bestreut servieren.

Süßkartoffelsuppe mit Limettenzwiebeln | Scharf – einfach

12 Portionen

Pro Portion: E: 8 g, F: 20 g, Kh: 72 g, kJ: 2137, kcal: 510, BE: 6,0

3 1/2 kg Süßkartoffeln, z. B. rotfleischige Süßkartoffeln
5–6 rote Chilischoten
6 Knoblauchzehen
6 EL Olivenöl
Salz
4 1/2 l vegane Gemüsebrühe

600 g rote Zwiebeln
6 Limetten
6 EL vegane Margarine
3 EL Voll-Rohrzucker
3 Maiskolben (vakuumverpackt)
3 EL vegane Margarine
gem. Pfeffer

1 Bund Koriander oder Petersilie

Zubereitungszeit: 1 Stunde

1. Die Süßkartoffeln schälen, abspülen, abtropfen lassen und in grobe Stücke schneiden. Die Chilischoten halbieren, entstielen, entkernen, abspülen, abtropfen lassen und in Stücke schneiden. Knoblauch abziehen und durch eine Knoblauchpresse drücken.

2. Das Olivenöl in einem großen Topf erhitzen. Chili und Knoblauch darin andünsten. Die Süßkartoffeln hinzugeben und unter Rühren mit andünsten. Die Kartoffelstücke mit Salz würzen.

3. Die Gemüsebrühe hinzugießen und zum Kochen bringen. Die Suppe etwa 20 Minuten kochen lassen.

4. Inzwischen die Zwiebeln abziehen und in dünne Spalten schneiden. Die Limetten halbieren und auspressen. Die Margarine in einer Pfanne zerlassen und die Zwiebelachtel darin unter Rühren andünsten. Den Zucker daraufstreuen und karamellisieren lassen. Den Limettensaft unterrühren, mit Salz würzen. Die Zwiebeln zugedeckt weich schmoren, sodass sie schön glänzen. Falls die Flüssigkeit zu schnell verdampft, etwas Wasser zugeben.

5. Wenn die Kartoffelstücke weich sind, die Suppe pürieren. Die Maiskörner mit einem Sägemesser in größeren Stücken längs vom Kolben schneiden. Die Margarine in einer Pfanne zerlassen. Die Maisstücke darin andünsten, mit Salz und Pfeffer würzen.

6. Koriander oder Petersilie abspülen und abtropfen lassen. Die Blättchen von den Stängeln zupfen. Die Suppe mit Salz und Pfeffer abschmecken, mit den Limettenzwiebeln, dem Mais und mit Koriander oder Petersilie garniert servieren.

Tipp: Sie können die Suppe am Vortag zubereiten, dann erkaltet und zugedeckt in den Kühlschrank stellen. Zum Servieren die Süßkartoffelsuppe kurz aufkochen und mit Koriander- oder Petersilienblättern garniert servieren.

Süßsaure Caponata | Leicht

6 Portionen

Pro Portion: E: 10 g, F: 16 g, Kh: 30 g, kJ: 1294, kcal: 309, BE: 2,0

2 rote Zwiebeln
2 Knoblauchzehen
2 Auberginen (je etwa 200 g)
1 Zucchini (etwa 200 g)
je 1 rote und gelbe Paprikaschote
4 EL Olivenöl
Salz
gem. Pfeffer
4 EL Weißweinessig
2 l Tomatensaft
100 g Rosinen
etwa 250 g Cocktailtomaten
1/2 Topf Basilikum
evtl. etwas Voll-Rohrzucker
100 g geröstete Pinienkerne

Zubereitungszeit: 30 Minuten
Garzeit: etwa 15 Minuten

1. Zwiebeln und Knoblauch abziehen und jeweils in kleine Würfel schneiden. Auberginen und Zucchini abspülen, abtrocknen und die Stängelansätze bzw. Enden abschneiden. Auberginen und Zucchini in etwa 1 cm große Würfel schneiden.

2. Die Paprikaschoten halbieren, entstielen, entkernen und die weißen Scheidewände entfernen. Die Schoten ebenfalls in etwa 1 cm große Würfel schneiden.

3. Olivenöl in einem großen Topf erhitzen. Zwiebel- und Knoblauchwürfel darin andünsten. Vorbereitete Gemüsewürfel portionsweise hinzugeben und mit andünsten.

4. Das Gemüse mit Salz und Pfeffer würzen. Essig unterrühren, den Tomatensaft hinzugießen. Rosinen unterrühren. Die Zutaten zum Kochen bringen und etwa 15 Minuten bei mittlerer Hitze kochen lassen.

5. In der Zwischenzeit die Tomaten abspülen und trocken tupfen. Basilikum abspülen und trocken tupfen. Die Blättchen von den Stängeln zupfen. Blättchen in Streifen schneiden.

6. Die Tomaten in die Suppe geben und miterhitzen. Die Suppe mit Salz, Pfeffer und evtl. etwas Zucker abschmecken.

7. Caponata mit Pinienkernen und Basilikumstreifen bestreut servieren.

Beilage: Ofenfrisches veganes Baguette.

Tipp: Die Suppe eignet sich bis einschließlich Punkt 4 sehr gut zur Zubereitung am Vortag. Die erkaltete Suppe zugedeckt in den Kühlschrank stellen. Etwa 20 Minuten vor dem Servieren die Suppe kurz erhitzen und wie beschrieben weiter zubereiten.

Sweet Potato Fries mit Zitrus-Salz I

Etwas Besonderes

4 Portionen

Pro Portion: E: 2 g, F: 11 g, Kh: 34 g, kJ: 1032, kcal: 246, BE: 3,0

700 g Süßkartoffeln
4 EL Olivenöl
etwas Cayennepfeffer
1 TL fein abger. Schale von
1 Bio-Zitrone (unbehandelt, ungewachst)
1 TL fein abger. Schale von
1 Bio-Limette (unbehandelt, ungewachst)
1 TL grobes Meersalz

Zubereitungszeit: 20 Minuten
Röstzeit: 22–25 Minuten

1. Den Backofen vorheizen.
Ober-/Unterhitze: etwa 200 °C
Heißluft: etwa 180 °C

2. Die Süßkartoffeln schälen, abspülen, abtropfen lassen und in etwa ½ cm dicke Stifte schneiden. Kartoffelstifte in einer großen Schüssel mit Olivenöl und Cayennepfeffer mischen und auf einem Backblech (mit Backpapier belegt) gleichmäßig verteilen.

3. Das Backblech in den vorgeheizten Backofen (unteres Drittel) schieben. Die Kartoffelstifte **22–25 Minuten rösten,** dabei nach etwa 15 Minuten einmal wenden.

4. Die Zitrusschalen mit dem Meersalz vermischen. Die Süßkartoffelstifte damit bestreuen.

Rezeptvariante: Für **klassische Kartoffelspalten mit roten Zwiebeln** 2 Kilogramm mittelgroße festkochende Kartoffeln unter fließendem kalten Wasser gründlich abbürsten, abtrocknen und mit der Schale der Länge nach achteln. Etwas Meersalz mit gemahlenem Pfeffer und 5 Esslöffeln Olivenöl verrühren, mit den Kartoffelspalten vermengen und mindestens 30 Minuten marinieren. Inzwischen den Backofen vorheizen (Ober-/Unterhitze: etwa 200 °C, Heißluft: etwa 180 °C). Die Kartoffelspalten mit der Marinade auf einem Backblech (mit Backpapier belegt) verteilen und in den vorgeheizten Backofen schieben. Die Kartoffelspalten etwa 40 Minuten garen. Inzwischen 500 g rote Zwiebeln abziehen und in Scheiben schneiden. 3 Stängel Rosmarin abspülen, trocken tupfen und etwas kleiner zupfen, mit 4 Esslöffeln Olivenöl mischen. Nach der Hälfte der Garzeit Zwiebeln und Rosmarin zu den Kartoffelspalten geben und alles fertig garen.

Sweet Sushi |

Fingerfood

4 Portionen

Pro Portion: E: 9 g, F: 7 g, Kh: 99 g, kJ: 2138, kcal: 510, BE: 8,0

Für den Sushi-Reis:

300 g Basmatireis
knapp 750 ml ungesüßter Kokos- oder Reisdrink (natur)
1 TL flüssige Reissüße (aus dem Reformhaus)
1 Prise Salz

Für den Belag:

4 TL Walnusskernhälften
2 kleine Kiwis
150 g Mangofruchtfleisch (vorbereitet gewogen)

4 EL Zitronensaft
1 Stück frischer Ingwer (etwa 10 g)
2 EL flüssige Reissüße (aus dem Reformhaus)
4 EL Granatapfelkerne

Zubereitungszeit: 25 Minuten, ohne Quell- und Abkühlzeit

1. Für den Sushi-Reis den Reis in einem Sieb mit lauwarmem Wasser kurz abspülen und abtropfen lassen. Reis mit Kokos- oder Reisdrink, Reissüße und Salz in einen Topf geben und zugedeckt zum Kochen bringen. Anschließend den Reis auf niedrigster Stufe offen etwa 18 Minuten quellen lassen.

2. In der Zwischenzeit für den Belag die Walnusskernhälften sehr fein hacken und anschließend in einer Pfanne ohne Fett unter Wenden rösten, bis sie anfangen zu duften. Nüsse auf einen Teller geben und erkalten lassen.

3. Die Kiwis schälen, längs halbieren und in feine Scheiben schneiden. Das Mangofruchtfleisch in feine Spalten schneiden.

4. Den Zitronensaft auf den Reis träufeln und mit den Händen gut untermischen. Den Reis mit den Händen zu länglichen Nocken formen. Die Sushi-Nocken auf Tellern anrichten.

5. Ingwer schälen, fein reiben und mit der Reissüße verrühren, anschließend nach Belieben über die Reisnocken träufeln oder später dazu servieren.

6. Die Walnusskerne auf den Nocken verteilen, mit den vorbereiteten Kiwischeiben und den Mangospalten belegen. Das süße Sushi mit den Granatapfelkernen servieren oder im Kühlschrank aufbewahren.

Tipps: Wenn Sie es lieber etwas milder mögen, rühren Sie den geriebenen Ingwer unter den Kokos- oder Reisdrink und garen ihn mit dem Reis. Dadurch verliert der Ingwer deutlich an Schärfe. Den Fruchtbelag können Sie je nach Saison und Geschmack variieren.

Thai-Blumenkohl-Teller |

Asiatisch gewürzt

2 Portionen

Pro Portion: E: 8 g, F: 12 g, Kh: 19 g, kJ: 913, kcal: 218, BE: 1,5

2 Schalotten
2 TL Sojaöl
1–2 TL vegane Thai-Curry-Paste (aus dem Asialaden)
100 ml fettreduzierte Kokosmilch
300 ml vegane Gemüsebrühe
4 kleine Möhren (etwa 400 g)
600 g Blumenkohlröschen (frisch oder TK)
2 Frühlingszwiebeln
4 EL abgetropfter Gemüsemais (60 g, aus der Dose)
Salz, gem. Pfeffer

Zubereitungszeit: 20 Minuten

1. Die Schalotten abziehen und in kleine Würfel schneiden. Sojaöl in einem Topf erhitzen. Schalottenwürfel darin glasig dünsten. Die Curry-Paste unterrühren und kurz mit andünsten. Die Zutaten mit Kokosmilch und Brühe ablöschen und zugedeckt zum Kochen bringen.

2. In der Zwischenzeit Möhren putzen, schälen, abspülen und abtropfen lassen. Möhren in feine Stifte schneiden. Von dem Blumenkohl die Blätter entfernen und den Strunk abschneiden. Den Blumenkohl in Röschen teilen, abspülen und abtropfen lassen.

3. Die Möhrenstifte und Blumenkohlröschen in den Kokosfond geben und zugedeckt etwa 5 Minuten dünsten. Dann den Deckel abnehmen und den Fond weitere etwa 2 Minuten einkochen lassen.

4. Die Frühlingszwiebeln putzen, abspülen, abtropfen lassen und schräg in Scheiben schneiden. Frühlingszwiebelscheiben und Mais zum Curry-Gemüse geben und alles weitere etwa 2 Minuten kochen lassen. Das Curry-Gemüse mit Salz und Pfeffer abschmecken und anrichten.

Tipp: Die fertige Thai-Curry-Paste kann sehr scharf sein. Deshalb besser zunächst nur wenig Paste zu den Schalottenwürfeln geben und den Kokosfond abschmecken. Dann nach Belieben nachwürzen.

Tofu-Curry-Aufstrich

Lecker aufs Brot

6–8 Portionen

Pro Portion: E: 5 g, F: 2 g, Kh: 6 g, kJ: 254, kcal: 61, BE: 0,5

20 g Rosinen
2 EL frisch gepresster Orangensaft
1 EL vegane Sojasauce
200 g abgetropfter Tofu (natur)
2 EL Sojajoghurt (natur)
2 EL Hot-Mango-Chutney (aus dem Glas)
½ gestr. TL Currypulver
Salz
gem. Pfeffer

Zubereitungszeit: 30 Minuten, ohne Durchziehzeit

1. Rosinen mit Orangensaft und Sojasauce vermischen, etwa 30 Minuten durchziehen lassen.

2. Tofu mit einer Gabel fein zerdrücken. Sojajoghurt, Chutney und Curry hinzugeben und unterrühren.

3. Die Rosinen mit der Einweichflüssigkeit unter den Aufstrich rühren, mit Salz und Pfeffer abschmecken.

4. Den Tofu-Curry-Aufstrich sofort servieren oder in ein verschließbares Gefäß füllen und in den Kühlschrank stellen.

Tipps: Nach Belieben noch 3–4 fein geschnittene Korianderblättchen unter den Aufstrich rühren. Der Aufstrich ist im Kühlschrank 4–5 Tage haltbar.

Tofueintopf | Macht richtig satt

4 Portionen

Pro Portion: E: 41 g, F: 23 g, Kh: 19 g, kJ: 1830, kcal: 437, BE: 1,0

- *800 g Tofu (natur)*
- *3 EL vegane Sojasauce*
- *2 Zwiebeln*
- *je 2 gelbe und grüne Paprikaschoten*
- *500 g Champignons*
- *500 g Tomaten*
- *3–5 Stängel Majoran oder Thymian*
- *3–4 EL Speiseöl, z. B. Sojaöl*
- *1 l vegane Gemüsebrühe*
- *2–3 EL Tomaten- oder Paprikamark*
- *Salz, gem. Pfeffer*
- *etwas Paprikapulver rosenscharf*

Zubereitungszeit: 40 Minuten
Garzeit: etwa 20 Minuten

1. Den Tofu in mundgerechte Stücke schneiden, in einen tiefen Teller geben und mit Sojasauce beträufeln. Tofuwürfel 20–30 Minuten marinieren, dabei ab und zu wenden.

2. In der Zwischenzeit die Zwiebeln abziehen, halbieren und fein würfeln. Die Paprikaschoten halbieren, entstielen, entkernen und die weißen Scheidewände entfernen. Schoten abspülen, abtropfen lassen und in Stücke schneiden. Champignons putzen, evtl. kurz abspülen, trocken tupfen und in Scheiben schneiden.

3. Tomaten kreuzweise einschneiden und mit kochendem Wasser übergießen. Nach 1–2 Minuten herausnehmen und mit kaltem Wasser abschrecken. Tomaten enthäuten, halbieren und die Stängelansätze herausschneiden. Die Tomaten entkernen und das Fruchtfleisch in mundgerechte Stücke schneiden.

4. Majoran oder Thymian abspülen, trocken tupfen und die Blättchen von 2 Stängeln zupfen. Blättchen und Stängel beiseitelegen.

5. Zwei Esslöffel Speiseöl in einem Topf erhitzen. Die Tofuwürfel aus der Sojasauce nehmen, evtl. etwas abtropfen lassen und in 2 Portionen in dem erhitzten Speiseöl von allen Seiten bei mittlerer bis starker Hitze in etwa 5 Minuten hellbraun anbraten. Tofuwürfel aus dem Topf nehmen und beiseitelegen.

6. Restliches Speiseöl in den Topf geben, erhitzen und die Zwiebelwürfel darin andünsten. Die Paprikawürfel und Pilzscheiben hinzugeben, kurz mitdünsten lassen.

7. Gemüsebrühe, Tomaten- oder Paprikamark mit den beiseitegelegten Kräuterstängeln hinzugeben, alles einmal aufkochen lassen und zugedeckt etwa 5 Minuten bei schwacher Hitze kochen lassen, das Gemüse sollte noch bissfest sein.

8. Die beiseitegelegten Tofuwürfel mit den Tomatenstücken hinzugeben, alles erneut aufkochen und weitere etwa 5 Minuten köcheln lassen. Die Kräuterstängel aus dem Eintopf entfernen.

9. Eintopf mit Salz, Pfeffer und Paprika abschmecken, mit den beiseitegelegten Kräuterblättchen bestreuen.

Tofu-„Käse"-Kuchen | Raffiniert

14 Stücke

Pro Stück: E: 7 g, F: 15 g, Kh: 33 g, kJ: 1231, kcal: 293, BE: 2,5

Zum Vorbereiten für die Füllung:

120 g Cashewkerne
120 ml ungesüßter Mandeldrink (natur)

Für den Knetteig:

220 g Weizenmehl (Type 550)
80 g Voll-Rohrzucker
1 Prise Salz
150 g feste vegane Margarine
2 EL Wasser

etwas vegane Margarine für die Form

Für die Füllung:

½ Bio-Zitrone (unbehandelt, ungewachst)
800 g Seidentofu
100 g Voll-Rohrzucker
2 Pck. Dr. Oetker Vanillin-Zucker
80 g Sultaninen

Zubereitungszeit: 1 Stunde, ohne Kühlzeit
Backzeit: 50–60 Minuten

1. Zum Vorbereiten für die Füllung die Cashewkerne im Blitzhacker fein hacken, mit dem Mandeldrink gut verrühren.

2. Für den Knetteig Mehl in eine Rührschüssel geben. Zucker, Salz und Margarine in Stückchen hinzufügen. Die Zutaten mit einem Mixer (Knethaken) zunächst kurz auf niedrigster, danach auf höchster Stufe gut durcharbeiten. Dabei zum Schluss das Wasser hinzufügen. Anschließend auf der leicht bemehlten Arbeitsfläche kurz zu einem Teig verkneten. Den Teig in Frischhaltefolie gewickelt etwa 1 Stunde in den Kühlschrank legen.

3. Den Backofen vorheizen.
Ober-/Unterhitze: etwa 180 °C
Heißluft: etwa 160 °C

4. Zwei Drittel des Teiges auf der leicht bemehlten Arbeitsfläche etwa 4 mm dick ausrollen, mit dem Springformrand (Ø 26 cm) einen Kreis ausstechen. Die Teigplatte in die Springform (Ø 26 cm, gefettet) legen. Die Form auf dem Rost in den vorgeheizten Backofen schieben. Den Boden **10–15 Minuten zartbraun vorbacken.**

5. Für die Füllung die Zitrone heiß abwaschen, abtrocknen und die Schale fein abreiben. Von der Zitronenhälfte den Saft auspressen.

6. Die Form aus dem Backofen nehmen, auf einen Kuchenrost stellen und den Boden etwas abkühlen lassen.

7. Cashewkernmasse, Seidentofu, Zucker, Vanillin-Zucker, Zitronenschale und -saft in einer Rührschüssel mit einem Pürierstab zu einer glatten Masse pürieren. Sultaninen unterrühren.

8. Den restlichen Knetteig zu etwa 1 ½ cm dicken Rollen formen, an den Rand der Springform legen und zu einem etwa 4 cm hohen Rand andrücken. (Die Springform darf dabei noch lauwarm sein). Die Tofufüllung in die Form geben und glatt streichen. Die Form wieder auf dem Rost in den heißen Backofen schieben. Den Kuchen **bei gleicher Backofentemperatur in weiteren 40–45 Minuten fertig backen.**

9. Die Form auf einen Kuchenrost stellen. Den Kuchen erkalten lassen, dann aus der Form lösen und auf eine Tortenplatte setzen. Den Kuchen 4–5 Stunden oder über Nacht stehen lassen und erst dann anschneiden.

Tofu-Möhren-Suppe

Gluten- und laktosefrei

12 Portionen

Pro Portion: E: 8 g, F: 9 g, Kh: 12 g, kJ: 704, kcal: 168, BE: 1,0

3	*Zwiebeln*
1 3/4 kg	*Möhren*
3 EL	*Speiseöl, z. B. Sonnenblumenöl*
2 1/4 l	*vegane Gemüsebrühe*
4	*Lorbeerblätter*
3 Stangen	*Porree (Lauch, etwa 600 g)*
525 g	*Räuchertofu*
3 EL	*Speiseöl, z. B. Sonnenblumenöl*
1 Pck.	*Dr. Oetker Finesse Geriebene Zitronenschale*
4–5 TL	*vegane Sojasauce*
1/4 TL	*Voll-Rohrzucker*
	Salz
	gem. Pfeffer
3 EL	*TK-Petersilie oder frisch gehackte Petersilie*

Zubereitungszeit: 1 Stunde

1. Zwiebeln abziehen und in feine Würfel schneiden. Die Möhren putzen, schälen, abspülen und abtropfen lassen. Etwa 15 Möhren in Scheiben schneiden.

2. Das Speiseöl in einem großen Topf erhitzen. Die Zwiebelwürfel darin unter Rühren in etwa 2 Minuten andünsten. Die Möhrenscheiben hinzugeben und unter Rühren kurz mitdünsten. Dann die Gemüsebrühe und die Lorbeerblätter hinzugeben. Die Suppe einmal aufkochen lassen und zugedeckt etwa 15 Minuten köcheln lassen, bis die Möhrenscheiben weich sind.

3. In der Zwischenzeit den Porree putzen, die Stangen längs halbieren, gründlich waschen und abtropfen lassen. Den Porree in schmale Streifen schneiden. Die restlichen Möhren in kleine Würfel schneiden.

4. Den Tofu in größere mundgerechte Würfel schneiden. Das Speiseöl in einer großen Pfanne erhitzen. Die Porreestreifen, Möhren- und Tofuwürfel darin unter gelegentlichem Rühren bei mittlerer Hitze in 5–6 Minuten anbraten. Die Gemüse-Tofu-Mischung beiseitestellen.

5. Die Lorbeerblätter aus der Suppe nehmen. Die Zitronenschale in die Suppe einrühren. Die Suppe pürieren und nochmals kurz aufkochen lassen.

6. Die Gemüse-Tofu-Mischung in die Suppe geben und noch etwa 5 Minuten bei schwacher Hitze darin gar ziehen lassen. Die Suppe mit Sojasauce, Zucker, Salz und Pfeffer abschmecken. Zuletzt die Petersilie unter die Tofu-Möhren-Suppe rühren und servieren.

Beilage: Veganes Fladenbrot.

Tipp: Die Suppe kann bereits am Vortag bis einschließlich Punkt 5 zubereitet werden. Die erkaltete Suppe und die erkaltete Gemüse-Tofu-Mischung getrennt voneinander und zugedeckt im Kühlschrank aufbewahren. Die Suppe dann kurz vor dem Servieren erhitzen und wie beschrieben fertig zubereiten.

Tofuschnitzel auf Pak Choi mit Zitronengrassahne

Für Gäste

4 Portionen

Pro Portion: E: 22 g, F: 25 g, Kh: 22 g, kJ: 1712, kcal: 409, BE: 1,5

400 g fester Tofu (natur)
2 Knoblauchzehen
200 ml vegane Sojasauce

Für das Pak-Choi-Gemüse:

600 g kleiner Pak Choi (chinesischer Senfkohl)
4 Stängel Zitronengras
1 kleines Stück frischer Ingwer
1 EL Sesamöl
200 ml vegane Gemüsebrühe
200 ml Sojacreme zum Kochen
Salz

100 g Semmelbrösel
2 EL geröstete Sesamsamen
1–2 EL Erdnussöl
1 Topf Thai-Basilikum
2 Bio-Limetten (unbehandelt, ungewachst)

Zubereitungszeit: 30 Minuten, ohne Marinierzeit

1. Den Tofu in 4 gleich große Scheiben schneiden und in eine flache Schale legen. Knoblauch abziehen und durch eine Knoblauchpresse drücken. Sojasauce mit dem Knoblauch verrühren und auf den Tofuscheiben verteilen. Die Tofuscheiben etwa 1 Stunde marinieren.

2. Pak Choi putzen, die Stielenden abschneiden und entfernen. Pak Choi gründlich abspülen, abtropfen lassen. Blätter von den Stielen streifen. Die Stiele in schmale Streifen schneiden, Blätter grob zerkleinern.

3. Zitronengras abspülen, abtropfen lassen und mit einem Messerrücken aufschlagen. Zitronengras in große Stücke schneiden. Ingwer schälen und klein würfeln.

4. Sesamöl in einem Topf erhitzen. Die Zitronengrasstücke und Ingwerwürfel darin andünsten. Vorbereitete Pak-Choi-Stiele hinzugeben und kurz mitdünsten lassen. Gemüsebrühe und Sojacreme hinzugießen. Die Zutaten zum Kochen bringen und mit Salz würzen. Pak-Choi-Blätter ebenfalls hinzugeben und alles in 3–5 Minuten bissfest garen, dann warm stellen.

5. Semmelbrösel und Sesamsamen in einem flachen Teller vermischen. Die Tofuscheiben aus der Marinade nehmen und tropfnass in der Semmelbrösel-Sesam-Mischung wälzen. Die Panade andrücken.

6. Erdnussöl in einer großen Pfanne erhitzen. Die Tofuschnitzel darin bei schwacher Hitze von beiden Seiten goldbraun braten. Die Schnitzel herausnehmen und auf Küchenpapier abtropfen lassen.

7. Thai-Basilikum abspülen, trocken tupfen und die Blättchen von den Stängeln zupfen. Limette heiß abwaschen, abtrocknen und in Spalten schneiden.

8. Die Tofuschnitzel mit dem Pak-Choi-Gemüse anrichten, mit Basilikum und Limetten garnieren.

Tofu-Terrine mit Spargel

Für Gäste

4 Portionen

Pro Portion: E: 8 g, F: 10 g, Kh: 8 g, kJ: 644, kcal: 154, BE: 1,0

je 250 g	*weißer und grüner Spargel*
250 ml	*vegane Gemüsebrühe*
1 Bund	*Schnittlauch*
1–2 TL	*rosa Pfefferbeeren*
200 ml	*Sojacreme zum Aufschlagen*
1 Pck.	*Sahnesteif*
3 gestr. TL	*Agar-Agar (10 g)*
200 g	*Seidentofu*
	Salz
½ TL	*gem. Koriander*
1–2 TL	*frisch gepresster Zitronensaft*
	gem. Pfeffer

Außerdem:

1 Kastenform (25 x 11 cm)

Zubereitungszeit: 45 Minuten, ohne Kühlzeit

1. Zum Vorbereiten zunächst die Kastenform mit Frischhaltefolie auslegen.

2. Den weißen Spargel von oben nach unten schälen. Darauf achten, dass die Schalen vollständig entfernt, die Köpfe aber nicht verletzt werden. Die unteren Enden abschneiden (holzige Stellen vollkommen entfernen). Vom grünen Spargel nur das untere Drittel schälen und die unteren Enden abschneiden. Weißen und grünen Spargel abspülen, abtropfen lassen und in etwa 5 cm lange Stücke schneiden.

3. Brühe in einem Topf zum Kochen bringen. Weißen Spargel darin etwa 10, grünen Spargel etwa 6 Minuten garen. Spargel mit einem Schaumlöffel herausnehmen, mit kaltem Wasser kurz abschrecken und in einem Sieb abtropfen lassen. Spargel und Spargelbrühe getrennt erkalten lassen.

4. Schnittlauch abspülen, trocken tupfen und in feine Röllchen schneiden. Pfefferbeeren mit den Fingern fein zerreiben. Sojacreme mit einem Mixer (Rührstäbe) aufschlagen, dabei nach und nach das Sahnesteif einrieseln lassen.

5. Die erkaltete Spargelbrühe (250 ml) in einen Topf geben, mit Agar-Agar verrühren und unter Rühren aufkochen lassen. Den Topf von der Kochstelle nehmen. Tofu zu der Brühe in den Topf geben. Die Zutaten pürieren. Die aufgeschlagene Sojacreme mit den Schnittlauchröllchen unterheben, mit Salz, Koriander, geriebenem rosa Pfeffer, Zitronensaft und gemahlenem Pfeffer abschmecken.

6. Die Tofumasse sofort und schnell mit den Spargelstückchen in die vorbereitete Kastenform schichten und glatt streichen. (Wichtig: Schnell arbeiten, weil Agar-Agar schon beim Abkühlen fest wird.) Ein mehrfach gefaltetes Geschirrtuch auf die Arbeitsfläche legen. Die Form daraufstellen und mehrfach daraufstoßen, damit Luftblasen in der Masse platzen.

7. Die Terrine zugedeckt mindestens 3 Stunden in den Kühlschrank stellen.

8. Die Tofu-Terrine aus der Form stürzen und mit einem Sägemesser in Scheiben schneiden.

Tomaten, 3-fach gefüllt | Preiswert

2 Portionen (je 3 Stück)

Pro Portion: E: 6 g, F: 8 g, Kh: 31 g, kJ: 935, kcal: 221, BE: 2,0

6 möglichst gleich große Tomaten (je etwa 100 g)

Für die Reisfüllung:

1 Knoblauchzehe
½ EL Speiseöl, z. B. Olivenöl
40 g Vollkorn- oder Naturreis
Salz, gem. Pfeffer

Für die Olivenfüllung:

50 g abgetropfte schwarze Oliven, ohne Stein
4–5 Stängel Petersilie

Für die provenzalische Füllung:

1–2 Frühlingszwiebeln (etwa 60 g)
1 EL Vollkorn-Semmelbrösel, z. B. mit Dinkel (erhältlich im Reformhaus oder Naturkostladen)
1 TL getrocknete Kräuter der Provence

etwas vegane Margarine für die Form
125 ml vegane Gemüsebrühe

Zubereitungszeit: 40 Minuten
Garzeit: etwa 20 Minuten

1. Tomaten abspülen, abtrocknen und jeweils einen Deckel abschneiden. Tomaten vorsichtig mit einem Teelöffel aushöhlen. Das Tomatenfleisch beiseitelegen.

2. Für die Reisfüllung den Knoblauch abziehen und fein hacken. Speiseöl in einem Topf erhitzen, Knoblauch und Reis darin andünsten. Ein Drittel von dem beiseitegelegten Tomatenfleisch (etwa 70 g) mit Wasser auf 125 ml ergänzen, zum Reis geben und zum Kochen bringen. Den Reis zugedeckt bei schwacher Hitze etwa 30 Minuten nach Packungsanleitung köcheln lassen, bis die Flüssigkeit aufgesogen und der Reis gar ist. Reis mit Salz und Pfeffer abschmecken.

3. In der Zwischenzeit für die Olivenfüllung die Oliven fein hacken. Petersilie abspülen, trocken tupfen und die Blättchen von den Stängeln zupfen. Blättchen fein hacken und unterrühren, mit Salz und Pfeffer kräftig abschmecken.

4. Den Backofen vorheizen.
Ober-/Unterhitze: etwa 200 °C
Heißluft: etwa 180 °C

5. Für die provenzalische Füllung die Frühlingszwiebeln putzen, abspülen, abtropfen lassen und in feine Scheiben schneiden. Frühlingszwiebeln mit Semmelbröseln, Kräuter der Provence, 2 Esslöffeln von dem Tomatenfleisch sowie Salz und Pfeffer abschmecken.

6. Jede Füllung in 2 Tomaten geben. Die Tomaten in eine Auflaufform (gefettet) setzen, dabei die Tomatendeckel auflegen und leicht andrücken. Die Brühe angießen. Die Form auf dem Rost in den vorgeheizten Backofen schieben. Die Tomaten **etwa 20 Minuten garen.**

Beilage: Veganes Vollkornbrot oder Toastbrot.

Tomaten-Aprikosen-Sugo zu grünen Bandnudeln

Fruchtig-aromatisch

4 Portionen

Pro Portion: E: 18 g, F: 9 g, Kh: 102 g, kJ: 2463, kcal: 588, BE: 8,0

5 l Wasser
5 gestr. TL Salz
500 g vegane grüne Bandnudeln

Für den Tomaten-Aprikosen-Sugo:

500 g reife aromatische Tomaten
400 g frische Aprikosen oder 250 g abgetropfte Aprikosenhälften (natursüß, aus der Dose)
2 Schalotten
3 EL Olivenöl
1 EL Voll-Rohrzucker
3–4 EL Zitronensaft
Salz
gem. Pfeffer
evtl. 3–4 EL Mandel- oder Olivenöl

Zubereitungszeit: 25 Minuten

1. Wasser in einem großen Topf zugedeckt zum Kochen bringen. Dann Salz und Nudeln hinzugeben. Die Nudeln im geöffneten Topf bei mittlerer Hitze nach Packungsanleitung bissfest kochen, dabei gelegent lich umrühren.

2. In der Zwischenzeit Tomaten kreuzweise einschneiden und mit kochendem Wasser übergießen. Nach 1–2 Minuten herausnehmen und mit kaltem Wasser abschrecken. Tomaten enthäuten, halbieren und die Stängelansätze herausschneiden. Tomaten entkernen und in feine Würfel schneiden.

3. Frische Aprikosen kurz mit kochendem Wasser überbrühen, mit kaltem Wasser abschrecken und abtropfen lassen. Von den Aprikosen die Haut abziehen. Aprikosen halbieren und entkernen. Aprikosenhälften fein würfeln. Schalotten abziehen und ebenfalls in feine Würfel schneiden.

4. Das Olivenöl in einer Pfanne erhitzen. Die Schalottenwürfel darin glasig und weich dünsten. Anschließend mit Zucker bestreuen, leicht goldbraun karamellisieren lassen und mit Zitronensaft aromatisieren.

5. Aprikosenwürfel hinzugeben, mit Salz und Pfeffer würzen. Die Zutaten unter Rühren 2–3 Minuten dünsten. Dann die Tomatenwürfel hinzugeben und alles weitere 4–6 Minuten unter Rühren zu einem leicht stückigen Sugo einkochen.

6. Mandel- oder Olivenöl unter den Sugo rühren, nochmals mit Salz, Pfeffer und evtl. noch etwas Zucker und Zitronensaft abschmecken.

7. Die gegarten Nudeln in ein Sieb geben, mit heißem Wasser abspülen und abtropfen lassen.

8. Den Sugo mit den grünen Bandnudeln anrichten und servieren.

Tipp: Nach Belieben das fertige Pastagericht mit abgespülten, trocken getupften Basilikumblättchen garnieren.

Tomaten-Paprika-Relish

Schnell

4 Portionen

Pro Portion: E: 2 g, F: 1 g, Kh: 8 g, kJ: 224, kcal: 53, BE: 0,5

2 Tomaten
je 1 rote und gelbe Paprikaschote
1 rote Zwiebel
1 Limette
1 kleines Bund Petersilie
½ TL gem. Koriander
½ TL Cayennepfeffer
1 Knoblauchzehe
Salz
etwas Tabascosauce
etwas Agavendicksaft

Zubereitungszeit: 10–15 Minuten

1. Tomaten abspülen, abtrocknen, entstielen, vierteln, entkernen und in kleine Würfel schneiden.

2. Paprikaschoten halbieren, entstielen, entkernen und die weißen Scheidewände entfernen. Schotenhälften abspülen, abtropfen lassen und klein würfeln. Zwiebel abziehen, halbieren und ebenfalls klein würfeln.

3. Die Limette halbieren und den Saft auspressen. Petersilie abspülen, trocken tupfen und die Blättchen von den Stängeln zupfen. Blättchen klein schneiden.

4. Vorbereitete Zutaten mit Koriander und Cayennepfeffer verrühren. Knoblauch abziehen, durch eine Knoblauchpresse dazudrücken und unterrühren. Das Tomaten-Paprika-Relish mit Salz, Tabasco (je nach gewünschter Schärfe) und etwas Agavendicksaft abschmecken.

5. Relish bis zum Servieren zugedeckt in den Kühlschrank stellen.

Tomatenreis mit Auberginen |

Einfach – schnell

4 Portionen

Pro Portion: E: 9 g, F: 9 g, Kh: 57 g, kJ: 1438, kcal: 344, BE: 4,5

1 ½ l	*Wasser*
	Salz
250 g	*Reis*
1	*Aubergine (etwa 400 g)*
1	*Knoblauchzehe*
3 EL	*Olivenöl*
1	*Zwiebel*
2 Stangen	*Porree (Lauch)*
2 EL	*Tomatenmark*
400 g	*stückige Tomaten (aus der Dose)*
100 ml	*Kochflüssigkeit (von dem Reis)*
	gem. Pfeffer
½ Bund	*glatte Petersilie*

Zubereitungszeit: 25 Minuten

1. Das Wasser in einem Topf zugedeckt zum Kochen bringen, dann Salz und Reis hinzufügen. Den Reis zugedeckt bei mittlerer Hitze nach Packungsanleitung garen. Den gegarten Reis abgießen, dabei 100 ml von der Kochflüssigkeit auffangen. Reis warm halten.

2. In der Zwischenzeit Aubergine abspülen, abtrocknen und den Stängelansatz entfernen. Aubergine in etwa ½ cm große Würfel schneiden, mit 1 Teelöffel Salz bestreuen und einige Minuten ziehen lassen.

3. Knoblauch abziehen und in kleine Würfel schneiden. Olivenöl in einem Topf erhitzen. Knoblauch- und Auberginenwürfel darin andünsten.

4. Zwiebel abziehen und in kleine Würfel schneiden. Porree putzen, die Stangen längs halbieren, gründlich waschen, abtropfen lassen und in feine Streifen schneiden. Zwiebelwürfel und Porreestreifen zu den Auberginenwürfeln geben und mitdünsten lassen. Tomatenmark hinzugeben.

5. Stückige Tomaten sowie die aufgefangene Kochflüssigkeit zu dem Gemüse in den Topf geben und kurz mitdünsten.

6. Den warm gestellten Reis unterheben, mit Salz und Pfeffer kräftig würzen. Tomatenreis zugedeckt bei schwacher Hitze etwa 2 Minuten ziehen lassen.

7. Petersilie abspülen, trocken tupfen und die Blättchen von den Stängeln zupfen, die Blättchen klein schneiden. Den Tomatenreis mit klein geschnittener Petersilie bestreut servieren.

Tomatensalsa |

Aromatisch

4 Portionen

Pro Portion: E: 1 g, F: 0 g, Kh: 5 g, kJ: 133, kcal: 32, BE: 0,0

2 Tomaten
2 kleine Zwiebeln
je 1 rote und grüne Chilischote
1 Stängel Koriander
2 Bio-Limetten (unbehandelt, ungewachst)
1 TL Voll-Rohrzucker

Zubereitungszeit: 10–15 Minuten

1. Tomaten abspülen, abtrocknen, halbieren, entkernen und dabei die Stängelansätze herausschneiden.

2. Zwiebeln abziehen, halbieren und in kleine Würfel schneiden.

3. Die Chilischoten halbieren, entstielen, entkernen, abspülen, abtrocknen und die weißen Scheidewände entfernen. Chilischoten sehr fein würfeln.

4. Den Koriander abspülen, trocken tupfen und die Blättchen von dem Stängel zupfen. Blättchen klein schneiden.

5. Limetten heiß abwaschen, abtrocknen und die Schale fein abreiben. Limetten halbieren und den Saft auspressen.

6. Die vorbereiteten Zutaten mit dem Zucker in einer Schüssel gut vermischen und bis zum Servieren zugedeckt in den Kühlschrank stellen.

Beilage: Salsa als Dip mit ofenfrischem veganem Baguette servieren oder zum veganen Burger.

Tipp: Die Salsa kann natürlich auch am Tag zuvor zubereitet werden, schmeckt aber am besten, wenn sie nur wenige Stunden zieht.

Tomatensauce | Klassisch

4 Portionen

Pro Portion: E: 2 g, F: 7 g, Kh: 8 g, kJ: 438, kcal: 104, BE: 0,0

1 kg reife Tomaten
1 Zwiebel
1 Knoblauchzehe
2–3 EL Olivenöl
evtl. 2 EL Tomatenmark
Salz, gem. Pfeffer
etwa 1 TL Voll-Rohrzucker
1 Spritzer Weißweinessig
1 EL klein geschnittener Oregano

Zubereitungszeit: 15 Minuten
Garzeit: etwa 15 Minuten

1. Die Tomaten kreuzweise einschneiden und mit kochendem Wasser übergießen. Nach 1–2 Minuten herausnehmen und mit kaltem Wasser abschrecken. Die Tomaten enthäuten, halbieren und die Stängelansätze herausschneiden. Tomaten in Würfel schneiden. Zwiebel und Knoblauch abziehen, klein würfeln.

2. Olivenöl in einem Topf erhitzen. Die Zwiebel- und Knoblauchwürfel darin andünsten. Die Tomatenwürfel hinzufügen, nach Belieben Tomatenmark unterrühren. Dann mit Salz und Pfeffer würzen. Die Tomatenmasse zum Kochen bringen und zugedeckt etwa 15 Minuten bei schwacher Hitze leicht kochen lassen, dabei gelegentlich umrühren.

3. Die Sauce nach Belieben pürieren, mit Salz, Pfeffer, Zucker, Essig und Oregano abschmecken.

Tipps: Sollte die fertige Sauce noch zu flüssig sein, lassen Sie sie entweder bei mittlerer Hitze noch etwas einkochen oder binden Sie die Sauce mit veganem hellem Saucenbinder. Statt mit frischen Tomaten können Sie die Sauce auch mit 800 g geschälten Tomaten aus der Dose zubereiten, den Saft dabei mitverwenden. Die Zugabe von Tomatenmark macht die Sauce sämig und gibt einen intensiven Tomatengeschmack.

Tomatensauce mit Gemüse I

Klassisch

4 Portionen

Pro Portion: E: 4 g, F: 7 g, Kh: 11 g, kJ: 567, kcal: 135, BE: 0,5

1 Bund Suppengrün (Möhre, Sellerie, Porree)
1 Zwiebel
1 Knoblauchzehe
2–3 EL Olivenöl
1 Lorbeerblatt
125 ml vegane Gemüsebrühe
800 g geschälte Tomaten (aus der Dose)
Salz, gem. Pfeffer
etwas Voll-Rohrzucker

Zubereitungszeit: 20 Minuten
Garzeit: etwa 15 Minuten

1. Suppengrün putzen, abspülen, abtropfen lassen und in kleine Würfel schneiden. 1 Esslöffel Suppengrünwürfel zum Garnieren beiseitelegen.

2. Zwiebel und Knoblauch abziehen, beides in kleine Würfel schneiden.

3. Olivenöl in einem Topf erhitzen. Die Zwiebel- und Knoblauchwürfel darin andünsten. Restliche Suppengrünwürfel hinzugeben und mitdünsten lassen. Das Lorbeerblatt und die Brühe hinzugeben.

4. Die Sauce zum Kochen bringen und zugedeckt etwa 15 Minuten bei schwacher Hitze kochen. Tomaten aus der Dose mit dem Saft hinzugeben, wieder zum Kochen bringen und noch etwa 5 Minuten kochen lassen. Das Lorbeerblatt entfernen.

5. Die Sauce pürieren, mit Salz, Pfeffer und Zucker abschmecken. Die Sauce mit beiseitegelegten Suppengrünwürfeln garniert servieren.

Tortellini-Eintopf mit „Arme-Leute-Parmesan“ I

Pasta mal anders

4 Portionen

Pro Portion: E: 14 g, F: 14 g, Kh: 48 g, kJ: 1594, kcal: 380, BE: 3,5

2 mittelgroße Zwiebeln
2 Knoblauchzehen
1 Bund Suppengrün (Möhre, Sellerie, Porree)
1 kleine Zucchini
4 Tomaten
2 EL Olivenöl
1 TL Tomatenmark
Salz
1 l heiße vegane Gemüsebrühe
200 g Zuckerschoten
250 g vegane Tortellini (semi-frisch)
1 Bund Petersilie

Für den „Arme-Leute-Parmesan“:
100 g vegane Weißbrotreste oder grobe Semmelbrösel
1 EL Olivenöl

1 Msp. Cayennepfeffer

Zubereitungszeit: 35 Minuten
Garzeit: 25–30 Minuten

1. Zwiebeln abziehen und fein würfeln. Knoblauch abziehen und durch eine Knoblauchpresse drücken oder sehr fein würfeln. Suppengrün putzen, abspülen, abtropfen lassen und in kleine Stücke schneiden. Die Zucchini abspülen, abtrocknen und die Enden abschneiden. Zucchini der Länge nach halbieren und in dünne Scheiben schneiden.

2. Tomaten kreuzweise einschneiden und mit kochendem Wasser übergießen. Nach 1–2 Minuten herausnehmen und mit kaltem Wasser abschrecken. Tomaten enthäuten, halbieren und die Stängelansätze herausschneiden. Die Tomaten entkernen und das Fruchtfleisch fein würfeln.

3. Das Olivenöl in einem Topf erhitzen. Tomatenmark, Zwiebelwürfel und Knoblauch darin kurz andünsten.

4. Suppengrünstücke hinzugeben und unter Rühren mitdünsten lassen, mit Salz würzen.

5. Die Zucchinischeiben, Tomatenwürfel und die Brühe hinzugeben.

6. Die Zutaten zum Kochen bringen und zugedeckt bei mittlerer Hitze etwa 20 Minuten köcheln lassen, dabei gelegentlich umrühren.

7. In der Zwischenzeit von den Zuckerschoten die Enden abschneiden, evtl. abfädeln. Zuckerschoten abspülen und abtropfen lassen.

8. Die Zuckerschoten und Tortellini in den Topf geben. Den Eintopf einmal kurz aufkochen. Zuckerschoten und Tortellini darin bei schwacher Hitze in 5–10 Minuten gar ziehen lassen (Achtung: dabei die Packungsanleitung der Tortellini beachten).

9. In der Zwischenzeit Petersilie abspülen, trocken tupfen und die Blättchen von den Stängeln zupfen. Blättchen sehr fein schneiden.

10. Für den „Arme-Leute-Parmesan“ Weißbrotreste sehr grob reiben. Anschließend eine Pfanne ohne Fett erhitzen.

11. Die Weißbrot- oder Semmelbrösel hineingeben, mit Olivenöl beträufeln und bei mittlerer Hitze unter ständigem Rühren goldbraun rösten.

12. Brösel-Öl-Mischung auf einen Teller geben.

13. Den Tortellini-Eintopf mit Salz und Cayennepfeffer abschmecken, mit Petersilie bestreuen und dazu „Arme-Leute-Parmesan“ servieren.

Tipps: Den „Arme-Leute-Parmesan“ können Sie auch auf Vorrat zubereiten und in dicht schließenden Gefäßen, z. B. Schraubgläsern, trocken gestellt aufbewahren. Statt Suppengrün können Sie auch 2 gelbe Möhren (Foto), 1 Stück Knollensellerie und ½ Stange Porree (Lauch) verwenden.

Trauben-Apfel-Salat mit Kapern

Fruchtig-würzig

8 Portionen

Pro Portion: E: 3 g, F: 8 g, Kh: 32 g, kJ: 952, kcal: 228, BE: 3,0

Zum Vorbereiten:

4 EL Sonnenblumenkerne

Für den Salat:

1 1/4 kg kernlose helle Weintrauben
4 EL abgetropfte Kapern (aus dem Glas)
4 große süßliche Bio-Äpfel, z. B. Red Delicious oder Royal Gala

Für die Marinade:

4 EL Sonnenblumenöl
2 EL Apfelessig
Salz
gem. Pfeffer
1/2 TL Voll-Rohrzucker

Zubereitungszeit: 30 Minuten, ohne Abkühl- und Durchziehzeit

1. Zum Vorbereiten die Sonnenblumenkerne in einer Pfanne ohne Fett unter Wenden goldbraun rösten, auf einen Teller geben und erkalten lassen.

2. In der Zwischenzeit die Weintrauben abspülen, abtropfen lassen und entstielen. Die Weintrauben je nach Größe längs halbieren oder vierteln und mit den Kapern in einer Schüssel mischen.

3. Die Äpfel heiß abwaschen, abtrocknen, vierteln und die Kerngehäuse herausschneiden. Apfelviertel zuerst in Spalten, dann quer in Stücke schneiden. Die Apfelstücke und Sonnenblumenkerne mit den Weintrauben und Kapern vorsichtig vermischen.

4. Für die Marinade Sonnenblumenöl mit Apfelessig, Salz, Pfeffer und Zucker verrühren und über den Salat gießen. Den Salat zugedeckt etwa 30 Minuten durchziehen lassen.

5. Den Salat vor dem Servieren nochmals mit den Gewürzen abschmecken.

Tipp: Sonnenblumenöl ist relativ neutral im Geschmack. Für ein intensives herb-süßes Aroma können Sie auch die gleiche Menge Traubenkernöl verwenden.

Vanillepudding mit Erdbeer-Rhabarber-Kompott | Für Kinder

4 Portionen

Pro Portion: E: 8 g, F: 4 g, Kh: 35 g, kJ: 889, kcal: 212, BE: 3,0

Für den Vanillepudding:

1 Vanilleschote
60 g Maisstärke
800 ml ungesüßter Sojadrink (natur)
50 g Voll-Rohrzucker

300 g junger Rhabarber
100 g Voll-Rohrzucker
250 g Erdbeeren
evtl. einige Minzeblättchen

Zubereitungszeit: 30 Minuten, ohne Kühlzeit

1. Für den Pudding die Vanilleschote längs halbieren und das Mark mit einem Messerrücken herausschaben. Die Maisstärke mit 1 Tasse Sojadrink anrühren. Den restlichen Sojadrink mit Zucker, Vanilleschote und -mark in einem Topf zum Kochen bringen.

2. Angerührte Maisstärke in den von der Kochstelle genommenen Sojadrink rühren und unter Rühren gut aufkochen lassen. Den Topf von der Kochstelle nehmen und die Vanilleschote entfernen. Den Vanillepudding in kalt ausgespülten Puddingschalen verteilen, zugedeckt leicht abkühlen lassen und anschließend in den Kühlschrank stellen.

3. Rhabarber nach Belieben abziehen. Stangen abspülen, abtropfen lassen, Stielenden und Blattansätze entfernen. Die Stangen in etwa 3 cm lange Stücke schneiden. Den Zucker mit 125 ml Wasser in einem Topf zum Kochen bringen. Die Rhabarberstücke darin etwa 3 Minuten kochen lassen, sodass die Stücke nicht zerfallen. Rhabarberstücke sofort aus dem Topf nehmen, abkühlen lassen und in den Kühlschrank stellen.

4. Die Erdbeeren putzen, abspülen, abtropfen lassen, entstielen und vierteln. Erdbeerstücke mit den Rhabarberstücken vorsichtig vermischen.

5. Erdbeer-Rhabarber-Kompott auf dem Vanillepudding verteilen und nach Belieben mit abgespülten, trocken getupften Minzeblättchen garnieren.

Weintrauben-Bananen-Refresher | (ohne Foto)

Schnell – einfach

2 Portionen

Pro Portion: E: 2 g, F: 1 g, Kh: 40 g, kJ: 758, kcal: 182, BE: 3,5

300 g	*kernlose blaue oder grüne Weintrauben*
1	*große Banane (etwa 200 g)*
1–2 TL	*Zitronen- oder veganen Orangensaft*
1–2 Stängel	*Pfefferminze*
2 TL	*Agavendicksaft*

Zubereitungszeit: 10 Minuten

1. Weintrauben abspülen, abtropfen lassen, entstielen, halbieren und in eine Schüssel geben.

2. Die Banane schälen, evtl. längs halbieren und in dünne Scheiben schneiden. Bananenscheiben und Zitronen- oder Orangensaft zu den Weintrauben in die Schüssel geben und vorsichtig mischen.

3. Die Pfefferminze abspülen, trocken tupfen und die Blättchen von den Stängeln zupfen. Die Blättchen fein hacken und mit dem Agavendicksaft unter die Früchte mischen.

4. Weintrauben-Bananen-Refresher in 2 Trinkgläsern anrichten und sofort servieren.

Rezeptvarianten: Für einen **Kiwi-Apfel-Refresher** (2 Portionen) 4 Kiwis schälen und in kleine Würfel schneiden. 2 säuerliche Äpfel ebenfalls schälen, dann vierteln und die Kerngehäuse entfernen. Die Apfelviertel klein würfeln, mit den Kiwiwürfeln sowie klein gehackter Pfefferminze und Agavendicksaft wie beschrieben mischen, in Trinkgläser füllen und sofort servieren. Wer es lieber exotisch mag, bereitet aus ½ frischen Ananas und ¼ Stück Galia-Melone mit derselben Menge Minze und Agavendicksaft wie beschrieben einen **Ananas-Melonen-Refresher** (2 Portionen) zu.

Weintrauben-Trifle | Fruchtig

4 Portionen

Pro Portion: E: 6 g, F: 14 g, Kh: 35 g, kJ: 1244, kcal: 298, BE: 3,0

je 150 g	*kernlose blaue und grüne Weintrauben*
25 g	*Agavendicksaft*
200 g	*Sojajoghurt*
1 Pck.	*Dr. Oetker Bourbon-Vanille-Zucker*
1 TL	*Zitronensaft*
80 g	*vegane Schoko-Orangen-Dinkelkekse*
200 g	*sehr gut gekühlte Sojacreme zum Aufschlagen*
1 Pck.	*Sahnesteif*
evtl. einige	*zerbröselte vegane Schoko-Orangen-Dinkelkekse*

Zubereitungszeit: 30 Minuten, ohne Durchzieh- und Kühlzeit

1. Weintrauben abspülen, abtropfen lassen, entstielen und halbieren. Weintrauben mit Agavendicksaft verrühren, etwa 15 Minuten durchziehen lassen. Sojajoghurt mit Vanille-Zucker und Zitronensaft verrühren. Die Dinkelkekse in grobe Stücke hacken.

2. Die sehr kalte Sojacreme in einem hohen Rührbecher mit Sahnesteif cremig aufschlagen und mit einem Schneebesen unter die Joghurtmasse heben.

3. Je 1 Esslöffel Keksbrösel und Weintrauben mit Saft in 4 Dessertgläsern verteilen. Dann etwa 2 Esslöffel von der Joghurtcreme daraufgeben. Die restlichen Keksbrösel und Weintrauben mit Saft – bis auf 1 Esslöffel – auf die Joghurtcreme schichten und mit der restlichen Creme bedecken.

4. Die restlichen Weintrauben auf dem Trifle verteilen. Das Dessert etwa 30 Minuten in den Kühlschrank stellen.

5. Weintrauben-Trifle nach Belieben mit einigen fein zerbröselten Keksen bestreuen und sofort servieren.

Weißkohleintopf mit Kartoffeltalern | Für kalte Wintertage

4 Portionen

Pro Portion: E: 16 g, F: 22 g, Kh: 46 g, kJ: 1880, kcal: 449, BE: 3,5

600 g mehligkochende Kartoffeln
800 g Weißkohl
1 große Stange Porree (Lauch)
2 rote Paprikaschoten
6–8 EL Sonnenblumenöl
Salz, gem. Pfeffer
1 l vegane Gemüsebrühe
1 TL Kümmelsamen
4 EL Weizenmehl (Type 1050)
2 EL Sojamehl (erhältlich im Reformhaus oder Bioladen)
½ Bund glatte Petersilie

Zubereitungszeit: 50 Minuten
Garzeit: etwa 15 Minuten

1. Die Kartoffeln unter fließendem Wasser abbürsten, knapp mit Wasser bedeckt, zugedeckt zum Kochen bringen und in etwa 20 Minuten gar kochen.

2. In der Zwischenzeit von dem Kohl die äußeren Blätter entfernen. Den Kohl je nach Größe halbieren oder vierteln. Kohlstücke abspülen und abtropfen lassen. Den Strunk herausschneiden, Kohl in feine Streifen schneiden.

3. Porree putzen, die Stange längs halbieren, gründlich waschen und abtropfen lassen. Porree zunächst in etwa 2 cm breite Stücke, dann längs in Streifen schneiden. Die Paprikaschoten halbieren, entstielen, entkernen und die weißen Scheidewände entfernen. Schotenhälften abspülen, abtropfen lassen und in mundgerechte Stücke schneiden.

4. Zwei Esslöffel Öl in einem Topf erhitzen. Porreestreifen und Paprikastücke darin unter gelegentlichem Rühren bei mittlerer Hitze anbraten, mit Salz und Pfeffer würzen. Porree und Paprika aus dem Topf nehmen.

5. Einen weiteren Esslöffel Öl in den Topf geben. Die Kohlstreifen darin bei mittlerer Hitze andünsten. Gemüsebrühe hinzugießen, mit Pfeffer und Kümmel würzen, alles aufkochen lassen und zugedeckt bei schwacher Hitze zunächst etwa 10 Minuten köcheln lassen.

6. Die garen Kartoffeln abgießen, mit kaltem Wasser abschrecken, abtropfen lassen und sofort pellen. Pellkartoffeln kurz abdampfen lassen, dann mit dem Kartoffelstampfer zerstampfen oder die Kartoffeln durch eine Kartoffelpresse drücken.

7. Nach den 10 Minuten Garzeit die Porree- und Paprikastücke unter den Eintopf rühren. Die Zutaten nochmal kurz aufkochen lassen, dann zugedeckt bei schwacher Hitze weitere etwa 5 Minuten köcheln lassen.

8. Die Kartoffelmasse inzwischen mit den beiden Mehlsorten und ½ Teelöffel Salz verkneten. Aus dem Kartoffelteig kleine Taler (Ø 3–4 cm) formen.

9. Restliches Öl in einer großen Pfanne erhitzen. Die Taler darin von beiden Seiten bei mittlerer Hitze in 4–5 Minuten hellbraun anbraten.

10. Petersilie abspülen, trocken tupfen. Die Blättchen von den Stängeln zupfen und fein hacken.

11. Die gehackte Petersilie unter den Eintopf rühren, mit den Gewürzen abschmecken. Kartoffeltaler 1–2 Minuten im Eintopf erwärmen.

Weißkohlsalat | Gut vorzubereiten

12 Portionen

Pro Portion: E: 1 g, F: 4 g, Kh: 7 g, kJ: 282, kcal: 67, BE: 0,5

1–1 ½ kg Weißkohl
300 g Gemüsezwiebeln
1 TL Kümmelsamen
4 EL Speiseöl, z. B. Sonnenblumen- oder Rapsöl

Für die Marinade:

5 EL Weißweinessig
1 TL Selleriesalz
1 gestr. TL Salz
½ TL gem. Pfeffer
1–2 EL Voll-Rohrzucker
1–2 TL ger. Meerrettich (aus dem Glas)

Zubereitungszeit: 30 Minuten, ohne Durchziehzeit

1. Von dem Weißkohl die äußeren welken Blätter entfernen. Den Kohl vierteln, abspülen, abtropfen lassen und den Strunk herausschneiden. Den Kohl in feine Streifen schneiden oder hobeln.

2. Gemüsezwiebeln abziehen, halbieren und in feine Streifen schneiden. Die Kohl- und Zwiebelstreifen in eine große Schüssel geben. Den Kümmel mit ein paar Tropfen Speiseöl auf einem Schneidbrett grob hacken (Hinweis: Das Öl dient dazu, dass der Kümmel beim Hacken nicht wegspringt).

3. Für die Marinade restliches Speiseöl mit Essig, Selleriesalz, Salz, Pfeffer, Zucker und Meerrettich in einen Topf geben und einmal aufkochen lassen.

4. Die heiße Marinade über den Weißkohlsalat geben und gut vermengen. Den Salat etwa 60 Minuten oder über Nacht durchziehen lassen.

5. Den Salat vor dem Servieren mit Salz, Pfeffer, Meerrettich und Zucker abschmecken.

Tipps: Wenn Sie den Weißkohlsalat durchkneten, wird er noch weicher und zieht besser durch. Statt Weißkohl können sie auch Spitzkohl verwenden.

Weißkohlsalat, bunter |

Klassiker mal anders

6 Portionen

Pro Portion: E: 2 g, F: 6 g, Kh: 27 g, kJ: 793, kcal: 190, BE: 2,5

300 g Möhren
500 g Weißkohl
4 süße Bio-Äpfel (etwa 500 g)
75 g Rosinen
125 ml veganer Orangensaft
3 EL Zitronensaft
Salz
gem. Pfeffer
1 TL Currypulver
1 Msp. gem. Ingwer
1 Msp. gem. Koriander
3–4 EL Olivenöl

Zubereitungszeit: 40 Minuten, ohne Durchziehzeit

1. Möhren putzen, schälen, abspülen, abtropfen lassen und auf einer Haushaltsreibe grob raspeln.

2. Von dem Weißkohl die äußeren Blätter entfernen. Kohl vierteln und den Strunk herausschneiden. Kohlviertel abspülen, abtropfen lassen und auf einem Gurkenhobel in feine Streifen hobeln.

3. Äpfel heiß abwaschen, abtrocknen, vierteln und entkernen. Apfelviertel mit der Schale grob raspeln.

4. Die vorbereiteten Salatzutaten in eine Schüssel geben und mit Rosinen vermischen.

5. Orangen- und Zitronensaft mit Salz, Pfeffer, Curry, Ingwer und Koriander verrühren, Olivenöl unterschlagen. Die Marinade zu den Salatzutaten geben und gut untermischen.

6. Den Salat etwa 30 Minuten durchziehen lassen, nochmals mit den Gewürzen abschmecken, anrichten und servieren.

Weißkohlsalat mit Shiitakepilzen | Für Gäste

4 Portionen

Pro Portion: E: 2 g, F: 25 g, Kh: 17 g, kJ: 1264, kcal: 302, BE: 1,5

400 g Weißkohl
Salz
250 g Shiitakepilze
5 EL Speiseöl

Für die Salatsauce:

2 EL Himbeeressig
1–2 EL Agavendicksaft
gem. Pfeffer
1 EL vegane Sojasauce
5 EL Walnussöl
2 Frühlingszwiebeln

Zubereitungszeit: 30 Minuten, ohne Durchziehzeit

1. Weißkohl putzen, abspülen, abtropfen lassen und den Strunk herausschneiden. Kohl in feine Streifen schneiden. Die Kohlstreifen in kochendem Salzwasser etwa 2 Minuten blanchieren, anschließend in ein Sieb geben, mit kaltem Wasser abschrecken und abtropfen lassen.

2. Pilze putzen, evtl. kurz abspülen, gut trocken tupfen und halbieren. Speiseöl in einer Pfanne erhitzen. Die Pilze darin etwa 5 Minuten unter gelegentlichem Rühren anbraten und herausnehmen. Pilze mit den Kohlstreifen vermischen.

3. Für die Salatsauce Essig mit Agavendicksaft in einer Schüssel verrühren, mit Salz, Pfeffer und Sojasauce würzen. Das Walnussöl unterschlagen. Frühlingszwiebeln putzen, abspülen, abtropfen lassen, schräg in feine Scheiben schneiden und unter die Salatsauce rühren.

4. Pilze und Kohlstreifen in die Schüssel geben und mit der Salatsauce gut vermischen. Den Salat zugedeckt etwa 1 Stunde in den Kühlschrank stellen und durchziehen lassen.

Beilage: Veganes Vollkornbrot.

Weizen-Risotto | Fein gewürzt

2 Portionen

Pro Portion: E: 13 g, F: 10 g, Kh: 62 g, kJ: 1611, kcal: 386, BE: 5,0

1 Zwiebel
1 Knoblauchzehe
½ Hokkaido-Kürbis (etwa 300 g vorbereitetes Kürbisfruchtfleisch mit Schale, ohne Kerne und Fasern)
100 g Staudensellerie
175 g Weizenkörner (erhältlich im Reformhaus oder Naturkostladen)
1 ½ EL Olivenöl
250 ml vegane Gemüsebrühe
2–3 Stängel Petersilie
Salz
gem. Pfeffer
1–2 Msp. Currypulver

Zubereitungszeit: 20 Minuten
Garzeit: etwa 40 Minuten

1. Zwiebel und Knoblauch abziehen, beides in feine Würfel schneiden. Das Kürbisfruchtfleisch abspülen, abtropfen lassen und klein würfeln. Staudensellerie putzen, abspülen, abtropfen lassen und in dünne Scheiben schneiden. Weizenkörner in einem Sieb mit kaltem Wasser abspülen und abtropfen lassen.

2. Olivenöl in einem Topf erhitzen. Zwiebel- und Knoblauchwürfel darin andünsten. Weizenkörner hinzugeben und etwa 2 Minuten mitdünsten lassen. Die Gemüsebrühe nach und nach hinzugießen. Die Zutaten zugedeckt etwa 40 Minuten bei schwacher Hitze kochen lassen, dabei ab und zu umrühren.

3. Etwa 15 Minuten vor Garzeitende die Kürbiswürfel und Selleriescheiben mit der restlichen Brühe hinzugeben. Alles gut verrühren und das Risotto zugedeckt weitergaren, bis die Flüssigkeit komplett aufgesogen ist (evtl. die letzten 3–4 Minuten ohne Deckel fertig garen).

4. Petersilie abspülen, trocken tupfen und die Blättchen von den Stängeln zupfen. Blättchen fein hacken. Die gehackte Petersilie unter das Weizen-Risotto rühren, mit Salz, Pfeffer und Curry abschmecken.

Weizensuppe mit getrockneten Steinpilzen und Tomaten

Raffiniert

4 Portionen

Pro Portion: E: 11 g, F: 9 g, Kh: 42 g, kJ: 1351, kcal: 323, BE: 3,5

250 g Weizenkörner
20 g getrocknete Steinpilze
2 Zwiebeln (etwa 100 g)
3 EL Olivenöl
1 Msp. getrocknete Chiliflocken
1/2 TL gerebelter Thymian
1 l vegane Gemüsebrühe
2 Stangen Porree (Lauch, etwa 350 g)
250 g Strauchtomaten
3 Stängel Basilikum
Salz
gem. Pfeffer

Zubereitungszeit: 35 Minuten, ohne Einweichzeit
Garzeit: etwa 70 Minuten

1. Die Weizenkörner in eine flache Schüssel geben, etwa 3 cm hoch mit Wasser übergießen und mindestens 12 Stunden einweichen.

2. Steinpilze kurz mit kaltem Wasser abspülen und abtropfen lassen. Eingeweichte Weizenkörner in einem Sieb abtropfen lassen.

3. Zwiebeln abziehen und in grobe Würfel schneiden. Olivenöl in einem Topf erhitzen. Zwiebelwürfel, Chiliflocken und Thymian darin andünsten. Weizenkörner hinzugeben und kurz mitdünsten lassen.

4. Die Steinpilze und Gemüsebrühe hinzugeben, zum Kochen bringen. Die Suppe zugedeckt etwa 60 Minuten bei schwacher Hitze kochen.

5. In der Zwischenzeit den Porree putzen, die Stangen längs halbieren, gründlich waschen, abtropfen lassen und quer in etwa 1 cm breite Stücke schneiden.

6. Die Tomaten abspülen, abtrocknen, halbieren und die Stängelansätze herausschneiden. Tomatenhälften entkernen. Die Kerne durch ein Sieb streichen und den Saft auffangen. Tomatenhälften in Spalten schneiden.

7. Porreestücke in die Suppe geben und etwa 5 Minuten mitgaren. Basilikum abspülen und trocken tupfen. Die Blättchen von den Stängeln zupfen. Blättchen in Streifen schneiden.

8. Tomatenspalten mit dem aufgefangenen Tomatensaft in die Suppe geben und weitere etwa 5 Minuten bei schwacher Hitze kochen. Die Suppe mit Salz und Pfeffer abschmecken.

9. Basilikumstreifen kurz vor dem Servieren auf die Suppe streuen.

Beilagen: Reichen Sie geriebenen veganen „Käse" zu der Suppe. Als Brotbeilage geröstetes veganes Fladenbrot servieren. Dafür etwa 8 dünne Scheiben (je etwa 30 g) Fladenbrot unter dem vorgeheizten Backofengrill kurz goldbraun rösten.

Tipps: Sie können auch andere getrocknete Pilze für die Weizensuppe verwenden, z.B. Pfifferlinge oder Kräuterseitlinge. Wer's asiatisch mag, nimmt Shiitakepilze. Im Handel werden auch getrocknete Pilzmischungen angeboten (z.B. aus Butterpilzen und Champignons), die ebenfalls für ein intensives Pilzaroma sorgen. Schärfer wird die Suppe mit 1 frischen, gewürfelten Chilischote statt der getrockneten Chiliflocken.

Wintersuppe mit Graupen und weißen Bohnen |

Preiswert – fettarm

4 Portionen

Pro Portion: E: 23 g, F: 3 g, Kh: 68 g, kJ: 1656, kcal: 392, BE: 5,5

250 g getrocknete kleine weiße Bohnen
150 g Perlgraupen
Salz
1 Zwiebel
5 Stängel Liebstöckel
3 l vegane Gemüsebrühe
1 Lorbeerblatt
50 g Staudensellerie
100 g Porree (Lauch)
250 g Möhren
200 g Wirsing
100 g Backobst
gem. schwarzer Pfeffer
4 EL frisch geschabter Meerrettich

Zubereitungszeit: 55 Minuten, ohne Einweichzeit

1. Die Bohnen in eine Schüssel geben, mit kaltem Wasser ganz bedecken und über Nacht einweichen.

2. Am nächsten Tag die Graupen in ein Sieb geben und so lange mit kaltem Wasser abspülen, bis das Wasser fast klar abläuft.

3. Wasser in einem Topf zugedeckt zum Kochen bringen, etwas Salz hinzugeben. Die Graupen darin etwa 40 Minuten kochen lassen. Anschließend in einen Sieb abgießen, mit kaltem Wasser abspülen und abtropfen lassen.

4. Inzwischen die eingeweichte Bohnen in einem Sieb abtropfen lassen. Die Zwiebel abziehen. Liebstöckel abspülen und trocken tupfen. Gemüsebrühe mit den Bohnen, dem Lorbeerblatt, 2 Stängeln Liebstöckel und der ganzen Zwiebel in einem großen Topf zum Kochen bringen und ohne Deckel etwa 45 Minuten kochen lassen, bis die Bohnen weich sind. Dabei ab und zu den Schaum abschöpfen.

5. In der Zwischenzeit den Staudensellerie putzen, abspülen, abtropfen lassen und in dünne Scheiben schneiden. Porree putzen, längs halbieren, gründlich waschen, abtropfen lassen und in dünne Streifen schneiden. Möhren putzen, schälen, abspülen, abtropfen lassen und in etwa 1 1/2 cm große Würfel schneiden.

6. Wirsing putzen, halbieren und den Strunk herausschneiden. Von den Wirsingblättern die dicken Blattrippen entfernen. Wirsingblätter abspülen, abtropfen lassen und in mundgerechte Stücke schneiden. Das Backobst fein würfeln.

7. Die Zwiebel, das Lorbeerblatt und den Liebstöckel mit dem Schaumlöffel aus der Brühe nehmen.

8. Sellerie, Porreestreifen, Möhren und Wirsing zu der Brühe mit den Bohnen in den Topf geben, mit Salz und Pfeffer würzen. Die Suppe wieder zum Kochen bringen und weitere etwa 15 Minuten ohne Deckel kochen lassen.

9. Von den restlichen Liebstöckelstängeln die Blätter abzupfen. Blätter grob zerschneiden. Die Graupen in die Suppe geben und miterhitzen. Zuletzt Backobstwürfel unterheben. Die Suppe in Tellern anrichten und mit Meerrettich bestreut servieren.

Winterwurzel-Kartoffel-Gemüse |

Aus dem Bratschlauch – fettarm

4 Portionen

Pro Portion: E: 6 g, F: 1 g, Kh: 42 g, kJ: 863, kcal: 206, BE: 3,5

400 g Pastinaken
600 g Möhren
750 g festkochende Kartoffeln
1 Zwiebel
einige Stängel Dill
1 TL Kümmelsamen
Salz, gem. Pfeffer
½ TL gem. Kurkuma (Gelbwurz)
250 ml vegane Gemüsebrühe

Außerdem:
2 Bratschläuche

Zubereitungszeit: 30 Minuten
Garzeit: etwa 40 Minuten

1. Pastinaken und Möhren putzen. Pastinaken, Möhren und Kartoffeln schälen, abspülen und abtropfen lassen. Pastinaken und Möhren in Scheiben schneiden. Kartoffeln in Stücke schneiden.

2. Zwiebel abziehen, halbieren und würfeln. Dill abspülen, trocken tupfen und die Spitzen von den Stängeln zupfen (einige Spitzen zum Garnieren beiseitelegen), Spitzen klein schneiden.

3. Die Gemüsescheiben und Kartoffelstücke mit den Zwiebelwürfeln in eine Schüssel geben. Dill und Kümmel untermischen, mit Salz, Pfeffer und Kurkuma würzen.

4. Den Backofen vorheizen.
Ober-/Unterhitze: etwa 200 °C
Heißluft: etwa 180 °C

5. Die Bratschläuche zunächst von einer Seite nach Packungsanleitung fest verschließen. Jeweils die Hälfte der Gemüse-Kartoffel-Mischung und der Brühe in die Bratschläuche füllen. Die Bratschläuche nach Packungsanleitung verschließen und nebeneinander auf ein Backblech legen.

6. Das Backblech in den vorgeheizten Backofen schieben. Das Gemüse mit den Kartoffeln **etwa 40 Minuten garen.**

7. Zum Servieren die Bratschläuche öffnen und das Winterwurzel-Kartoffel-Gemüse auf Tellern anrichten, mit den beiseitegelegten Dillspitzen bestreuen.

Wirsinglasagne

Schichtgenuss mit Zwiebel-Nuss-Crunch

4 Portionen

Pro Portion: E: 21 g, F: 41 g, Kh: 57 g, kJ: 2870, kcal: 687, BE: 4,5

Für die Lasagne:

1 kg junger Wirsing
70 g abgetropfte getrocknete Tomaten (in Öl)
2 EL Tomatenöl (von den Tomaten)
Salz, gem. Pfeffer

Für die Sauce:

100 ml vegane Gemüsebrühe
500 ml ungesüßter Soja-, Mandel- oder Reisdrink (natur)
200 ml Sojacreme zum Kochen
1 Schalotte
45 g vegane Margarine
2 TL Tomatenmark
40 g Weizenmehl
ger. Muskatnuss

etwas vegane Margarine für die Form
9 vegane Lasagneplatten (ohne Vorkochen, etwa 165 g)

Für die Kruste:

25 g kernige Haferflocken
30 g Haselnusskerne
2 mittelgroße Zwiebeln
40 g vegane Margarine

Zubereitungszeit: 45 Minuten
Garzeit: 25–30 Minuten

1. Für die Lasagne von dem Wirsing die äußeren welken Blätter entfernen. Den Kohl vierteln, abspülen, abtropfen lassen und den Strunk herausschneiden. Kohl in feine Streifen schneiden. Von den Tomaten das Öl auffangen und 2 Esslöffel abmessen. Tomaten in feine Streifen schneiden.

2. Das aufgefangene Öl von den Tomaten in einer großen Pfanne erhitzen. Die Wirsingstreifen evtl. in 2 Portionen hinzugeben, mit Salz und Pfeffer würzen und unter Rühren etwa 3 Minuten andünsten. Tomatenstreifen unterrühren.

3. Für die Sauce die Brühe mit Soja-, Mandel- oder Reisdrink und Kochcreme verrühren. 150 ml der Brühemischung abmessen und zum Wirsing in die Pfanne geben. Den Wirsing zugedeckt 8–10 Minuten dünsten, bis der Wirsing um etwa die Hälfte zusammengefallen ist, dabei gelegentlich umrühren.

4. In der Zwischenzeit die Schalotte abziehen, fein würfeln. Die Margarine in einem Topf zerlassen. Die Schalottenwürfel darin glasig dünsten, Tomatenmark unterrühren, mit Mehl bestäuben und unterrühren. Restliche Brühemischung hinzugießen und mit einem Schneebesen durchschlagen. Dabei darauf achten, dass keine Klümpchen entstehen. Die Sauce zum Kochen bringen und etwa 3 Minuten kochen lassen, mit Salz, Pfeffer und Muskat würzen.

5. Den Backofen vorheizen.
Ober-/Unterhitze: etwa 180 °C
Heißluft: etwa 160 °C

6. Den Boden einer großen rechteckigen Auflaufform (gefettet) dünn mit einer Schicht Sauce bestreichen, darauf eine Schicht Lasagneplatten legen. Darauf etwa die Hälfte von dem Wirsinggemüse verteilen. Darauf nacheinander wieder Sauce, Lasagneplatten und Wirsing so einschichten, dass die oberste Lasagneschicht mit Sauce bedeckt ist.

7. Für die Kruste Haferflocken und Nusskerne in einer Pfanne ohne Fett unter Wenden rösten, bis sie anfangen zu duften. Die Haferflocken-Nuss-Mischung auf einen Teller geben.

8. Die Zwiebeln abziehen, zuerst in feine Scheiben schneiden, dann in Ringe teilen. Margarine in der Pfanne zerlassen. Die Zwiebelringe darin glasig dünsten. Haferflocken-Nuss-Mischung hinzugeben, unterrühren und auf der Lasagne verteilen.

9. Die Form auf dem Rost in den vorgeheizten Backofen schieben. Die Lasagne **25–30 Minuten garen.**

Wurzel-Kartoffel-Auflauf

Mit feiner Schärfe

4 Portionen

Pro Portion: E: 18 g, F: 36 g, Kh: 41 g, kJ: 2384, kcal: 573, BE: 3,0

100 g Zwiebeln
3 EL Sonnenblumenöl
175 g Möhren
175 g Rote Bete
500 g Knollensellerie
750 g vorwiegend festkochende Kartoffeln
125 g veganer „Kochschinken“, z. B. auf Soja-Basis
500 ml Sojacreme zum Kochen
1/2 EL Kümmelsamen
1/2 EL gerebelter Majoran
Salz
gem. Pfeffer
ger. Muskatnuss
etwas vegane Margarine für die Form
50 g veganer Pizza-„Schmelzkäse“
1/2 Bund Schnittlauch
35 g Meerrettichwurzel

Zubereitungszeit: 30 Minuten
Garzeit: 60–70 Minuten

1. Die Zwiebeln abziehen, halbieren und fein würfeln. Das Sonnenblumenöl in einer Pfanne erhitzen. Die Zwiebelwürfel darin unter Rühren goldbraun anbraten.

2. Möhren und Rote Bete putzen. Möhren, Rote Bete, Sellerie und Kartoffeln schälen, abspülen, abtropfen lassen und in feine Scheiben hobeln.

3. Veganen „Kochschinken“ fein würfeln. Die Zwiebelwürfel mit den gehobelten Gemüsescheiben, den veganen „Schinken“würfeln, der Sojacreme, dem Kümmel und dem Majoran mischen, mit Salz, Pfeffer und Muskat würzen.

4. Den Backofen vorheizen.
Ober-/Unterhitze: etwa 180 °C
Heißluft: etwa 160 °C

5. Die Gemüse-Kartoffel-Mischung in einer großen Auflaufform (gefettet) verteilen. Die Form auf dem Rost in den vorgeheizten Backofen (unteres Drittel) schieben. Den Auflauf **etwa 35 Minuten garen.**

6. Dann den Pizza-„Schmelzkäse“ auf den Auflauf streuen. Den Auflauf **bei gleicher Backofentemperatur in weiteren 25–35 Minuten fertig garen.**

7. In der Zwischenzeit Schnittlauch abspülen, trocken tupfen und in Röllchen schneiden. Den Meerrettich putzen, schälen, evtl. abspülen, abtropfen lassen und kurz vor dem Servieren fein reiben. Den Auflauf mit Schnittlauchröllchen und Meerrettich bestreut servieren.

Tipp: Probieren Sie den Auflauf statt mit veganem „Kochschinken“ doch einmal mit veganem „Kasseler“.

Zitronenkartoffeln mit Petersilie

Wunderbar aromatisch

4 Portionen

Pro Portion: E: 4 g, F: 15 g, Kh: 29 g, kJ: 1173, kcal: 281, BE: 2,5

750 g kleine festkochende Kartoffeln
1 Bio-Zitrone (unbehandelt, ungewachst)

Für die Marinade:

½ Bund glatte Petersilie
1 Knoblauchzehe
½ TL Fenchelsamen
125 ml vegane Gemüsebrühe
6 EL Olivenöl
1–2 EL Sherryessig
Salz, gem. Pfeffer
1–2 TL brauner Voll-Rohrzucker

Zubereitungszeit: 30 Minuten, ohne Durchziehzeit

1. Kartoffeln gründlich waschen, in einem Topf knapp mit Wasser bedeckt zugedeckt zum Kochen bringen und in 20–25 Minuten gar kochen. Die Kartoffeln abgießen, mit kaltem Wasser abschrecken, abtropfen lassen und heiß pellen.

2. In der Zwischenzeit die Zitrone heiß abwaschen, abtrocknen, längs halbieren und in dünne Spalten schneiden, dabei die Kerne entfernen.

3. Für die Marinade Petersilie abspülen, trocken tupfen und die Blättchen von den Stängeln zupfen. Blättchen in schmale Streifen schneiden. Den Knoblauch abziehen und durch eine Knoblauchpresse drücken. Fenchel im Mörser zerdrücken.

4. Die Gemüsebrühe mit dem Olivenöl in einer großen Pfanne zum Kochen bringen. Die Pfanne von der Kochstelle nehmen. Essig, Petersilienstreifen, Knoblauch und Fenchel unterrühren. Die Kartoffeln und Zitronenspalten hinzugeben und etwa 2 Minuten bei mittlerer Hitze darin schwenken. Anschließend mit Salz, Pfeffer und Zucker würzen.

5. Zitronenkartoffeln in eine Schüssel geben und mindestens 2 Stunden durchziehen lassen. Zitronenkartoffeln mit Salz, Pfeffer und Zucker abschmecken.

Beilage: Gebratener Kräutertofu.

Zitronen-Kirsch-Kuchen

Fruchtig

20 Stücke

Pro Stück: E: 3 g, F: 9 g, Kh: 27 g, kJ: 848, kcal: 202, BE: 2,0

Für den Teig:

1	*Bio-Zitrone (unbehandelt, ungewachst)*
400 ml	*ungesüßter Hafer- oder Mandeldrink (natur)*
350 g	*Weizenmehl*
1 TL	*Natron*
1 gestr. TL	*Dr. Oetker Backin*
160 g	*Voll-Rohrzucker*
100 g	*abgezogene, gem. Mandeln*
100 ml	*Speiseöl, z. B. Sonnenblumenöl*
etwas	*vegane Margarine für die Form*
350 g	*abgetropfte Sauerkirschen (aus dem Glas)*

Für den Guss:

2 EL	*Puderzucker*
etwa 1 EL	*Sauerkirschsaft (aus dem Glas)*

Zubereitungszeit: 15 Minuten, ohne Abkühlzeit
Backzeit: 25–30 Minuten

1. Den Backofen vorheizen.
Ober-/Unterhitze: etwa 180 °C
Heißluft: etwa 160 °C

2. Für den Teig die Zitrone heiß abwaschen, abtrocknen und die Schale fein abreiben. Zitrone halbieren und den Saft auspressen. Die Zitronenschale mit dem -saft unter den Hafer- oder Mandeldrink rühren.

3. Das Mehl mit Natron und Backpulver in einer Rührschüssel mischen. Zucker und Mandeln untermischen.

4. Das Speiseöl zu der Hafer- oder Mandeldrink-Mischung geben und zur Mehl-Mandel-Mischung in die Rührschüssel geben. Die Zutaten mit einem Mixer (Rührstäbe) zunächst kurz auf niedrigster, dann auf höchster Stufe in etwa 3 Minuten zu einem glatten Teig verarbeiten.

5. Den Teig in einem tiefen Backblech (30 x 40 cm, gefettet) verteilen und glatt streichen. Die Kirschen gleichmäßig daraufgeben.

6. Das Backblech in den vorgeheizten Backofen schieben. Den Kuchen **25–30 Minuten backen.**

7. Das Backblech auf einen Kuchenrost stellen. Den Kuchen darauf erkalten lassen.

8. Für den Guss Puderzucker mit Sauerkirschsaft zu einem Guss verrühren. Den Guss in einen kleine Gefrierbeutel geben und eine kleine Spitze abschneiden. Den Kuchen mit dem Guss besprenkeln. Guss trocknen lassen.

Zitronen-Pasta-Salat |

Warm genießen

4 Portionen

Pro Portion: E: 10 g, F: 13 g, Kh: 50 g, kJ: 1552, kcal: 371, BE: 4,0

Zum Vorbereiten:

2 1/2 l Wasser
2 1/2 gestr. TL Salz
250 g vegane Nudeln, z. B. Rigatoni oder Penne

60 g schwarze Kalamata-Oliven, mit Stein
1 Bio-Zitrone (unbehandelt, ungewachst)
600 g Cocktailtomaten
4 Stängel Basilikum
3–4 EL Olivenöl
40 g abgetropfte Kapern (aus dem Glas)
1/4–1/2 EL Chiliflocken
Salz
200 ml vegane Gemüsebrühe

Zubereitungszeit: 25 Minuten

1. Zum Vorbereiten Wasser in einem großen Topf zugedeckt zum Kochen bringen. Dann Salz und Nudeln zugeben. Die Nudeln im geöffneten Topf bei mittlerer Hitze nach Packungsanleitung bissfest kochen, dabei gelegentlich umrühren. Anschließend die Nudeln in ein Sieb geben (nicht abschrecken!), gut abtropfen lassen.

2. Inzwischen die Oliven vom Stein schneiden. Die Zitrone heiß abwaschen, abtrocknen und die Schale mit einem Zestenreißer fein abschälen. Zitrone halbieren, den Saft auspressen und 4 Esslöffel davon abmessen.

3. Die Tomaten abspülen, abtrocknen, halbieren und evtl. die Stängelansätze herausschneiden. Basilikum abspülen, trocken tupfen und die Blättchen von den Stängeln zupfen. Blättchen grob schneiden.

4. Olivenöl in einer großen Pfanne erhitzen. Tomaten, Kapern, Oliven, Chiliflocken und Zitronenzesten darin etwa 1 Minute unter Rühren anbraten, mit Salz würzen. Die Zutaten mit dem abgemessenen Zitronensaft und der Gemüsebrühe ablöschen, dann auf die Hälfte einkochen lassen. Basilikum untermischen.

5. Die Zutaten mit der Pasta mischen. Den Zitronen-Pasta-Salat warm servieren.

Zucchini-„Nudeln“ I

Vom Grill

12 Portionen

Pro Portion: E: 6 g, F: 18 g, Kh: 7 g, kJ: 891, kcal: 214, BE: 0,0

4 ¼ kg dünne Zucchini
1 Bund Thymian
1 Bund Rosmarin
8 Knoblauchzehen
Salz
gem. Pfeffer
200 ml Olivenöl

Außerdem:

Grillschalen ohne Löcher

Zubereitungszeit: 30 Minuten
Grillzeit: 30–45 Minuten

1. Zucchini abspülen, abtrocknen und die Enden abschneiden. Die Zucchini längs mit einem Sparschäler oder einer Aufschnittmaschine in dünne Scheiben schneiden.

2. Thymian und Rosmarin abspülen, trocken tupfen und die Blättchen bzw. Nadeln von den Stängeln zupfen. Einige Thymian- und Rosmarinspitzen zum Garnieren beiseitelegen. Thymianblättchen und Rosmarinnadeln fein schneiden. Knoblauch abziehen und in kleine Würfel schneiden.

3. Zucchinischeiben in eine große Schüssel geben. Thymian, Rosmarin und Knoblauchwürfel hinzugeben, mit Salz und Pfeffer würzen. Das Olivenöl hinzugießen und alles vorsichtig vermischen.

4. Zucchinischeiben portionsweise in den Grillschalen verteilen. Die Grillschalen auf den Grillrost des heißen Grills stellen. Die Zucchini-„Nudeln“ etwa 10 Minuten je Portion grillen, dabei ab und zu wenden.

5. Die gegrillten Zucchini-„Nudeln“ am Rand des Grills warm halten. Zum Servieren dann mit den beiseitegelegten Kräuterspitzen garniert servieren.

Beilage: Reichen Sie zu den Zucchini-„Nudeln“ ein **Paprika-Chili.** Dafür jeweils 2 rote, gelbe und grüne Paprikaschoten und etwa 250 g milde Chilischoten halbieren, entstielen, entkernen und die weißen Scheidewände entfernen. Die Schoten abspülen, abtropfen lassen und in Stücke schneiden. 300 g Cocktailtomaten abspülen, abtropfen lassen, halbieren und die Stängelansätze herausschneiden. Das Gemüse mit 200 ml Olivenöl vermischen und in einer erhitzen großen Pfanne oder einem Bräter unter gelegentlichem Rühren gut anbraten. Das Gemüse mit Salz, Pfeffer und Chiliflocken würzen. 250 ml vegane süße Chilisauce hinzugießen und das Paprika-Chili bei schwacher Hitze etwa 15 Minuten garen. Dabei ab und zu umrühren. Das Paprika-Chili lässt sich gut vorbereiten und kann zur Grillparty in Grillschalen (ohne Löcher) auf dem Grillrost mit erwärmt werden.

Tipp: Die Zucchinischeiben können bereits am Vortag bis einschließlich Punkt 3 vorbereitet werden. Die Zucchini dann zugedeckt in den Kühlschrank stellen.

Zweierlei Kohlsalat |

Für die Party

12 Portionen

Pro Portion: E: 7 g, F: 20 g, Kh: 15 g, kJ: 1178, kcal: 281, BE: 1,0

1 Rotkohl (etwa 1,4 kg)
1 Spitzkohl (etwa 1,2 kg)
2 gestr. TL Salz
2 TL Zucker
gem. weißer Pfeffer
4 Orangen

Für das Dressing:

4 EL Apfelessig
2–3 EL Agavendicksaft
6 EL Sonnenblumenöl

250 g Walnusskernhälften

Zubereitungszeit: 1 Stunde, ohne Durchziehzeit

1. Vom dem Rotkohl und dem Spitzkohl die äußeren welken Blätter entfernen. Die Kohlköpfe vierteln und jeweils den Strunk herausschneiden. Die Kohlviertel längs halbieren und quer in möglichst feine Streifen schneiden oder hobeln.

2. Die Kohlstreifen in eine große Schüssel geben. Salz und Zucker hinzugeben. Die Kohlstreifen mit den Händen gut durch- und weichkneten. Die Kohlstreifen zugedeckt etwas durchziehen lassen.

3. In der Zwischenzeit die Orangen so schälen, dass die weiße Haut vollständig mit entfernt wird. Die Orangen filetieren und halbieren, dabei den austretenden Saft auffangen.

4. Für das Dressing aufgefangenen Orangensaft mit Apfelessig und Agavendicksaft verrühren. Sonnenblumenöl unterschlagen. Dressing mit Salz und Pfeffer würzen, unter die Kohlstreifen mischen. Die Orangenfilets unterheben.

5. Die Walnusskernhälften in einer Pfanne ohne Fett unter gelegentlichem Wenden anrösten und anschließend grob hacken. Salat mit den gehackten Walnusskernen bestreut servieren.

Tipp: Der Salat lässt sich bis einschließlich Punkt 4 schon gut 2 Tage vor einer Party zubereiten. Den Salat dann zugedeckt im Kühlschrank durchziehen lassen. Etwa 30 Minuten vor dem Servieren den Salat aus dem Kühlschrank nehmen. Die Walnusskerne rösten und hacken. Den Salat nochmals durchmischen, abschmecken und mit den Walnusskernen servieren.

Zwieback-Nuss-Crumble

Fruchtig-frisch

4 Portionen

Pro Portion: E: 7 g, F: 5 g, Kh: 21 g, kJ: 720, kcal: 171, BE: 2,0

Zum Vorbereiten:

20 g Nussmix, z. B. Erdnusskerne, Cashewkerne und Mandelkerne
200 g frisches Obst der Saison, z. B. Erdbeeren, Johannisbeeren, Heidelbeeren

Für die Vanillecreme:

300 g abgetropfter Seidentofu
½ TL Vanille-Extrakt-Pulver
2–3 EL frisch gepresster Zitronensaft
3–4 EL Apfelsüße (erhältlich im Reformhaus)

Außerdem:

30 g veganer Vollkorn-Zwieback, z. B. Vollkorn-Dinkel-Zwieback

Zubereitungszeit: 15 Minuten, ohne Kühlzeit

1. Zum Vorbereiten die Nusskerne in grobe Stückchen hacken. Anschließend in einer Pfanne ohne Fett unter Wenden goldbraun rösten, auf einen Teller geben und erkalten lassen.

2. In der Zwischenzeit das Obst evtl. verlesen, putzen, abspülen, trocken tupfen, entstielen und je nach Obstsorte in mundgerechte Stücke schneiden.

3. Für die Vanillecreme Tofu in einen hohen Rührbecher geben. Vanille-Extrakt-Pulver, Zitronensaft und Apfelsüße hinzufügen. Die Zutaten mit einem Pürierstab zu einer feinen Creme pürieren. Die Creme nach Belieben nochmals mit Zitronensaft und Apfelsüße abschmecken.

4. Zwieback in feine Stücke zerbröseln. Das Obst, die Vanillecreme und die Zwiebackbrösel in Dessertgläser schichten. Die Crumbles etwa 15 Minuten in den Kühlschrank stellen.

5. Zum Servieren die Crumbles mit den vorbereiteten, gerösteten Nusskernen bestreuen.

Tipps: Aromatisieren Sie die Vanillecreme zusätzlich mit 1 Prise gemahlenem Zimt. Crumbles nach Belieben mit Johannisbeerrispen und Minzeblättchen garnieren.

Zwiebel-Tomaten-„Schmalz“

Preiswert

4–6 Portionen

Pro Portion: E: 3 g, F: 10 g, Kh: 7 g, kJ: 554, kcal: 133, BE: 0,2

500 g Zwiebeln
30 g abgetropfte getrocknete Tomaten (in Öl)
2 EL geschälte Sesamsamen
1–2 EL Olivenöl
½ TL gerebelter Majoran
Salz, gem. Pfeffer

Zubereitungszeit: 25 Minuten, ohne Abkühlzeit

1. Zwiebeln abziehen, halbieren und in feine Würfel schneiden. Tomaten sehr fein würfeln.

2. Sesam in einer Pfanne ohne Fett unter Rühren goldbraun rösten, herausnehmen und auf einen Teller geben.

3. Olivenöl in einer großen Pfanne erhitzen. Die Zwiebel- und Tomatenwürfel darin anbraten. Majoran und etwa 8 Esslöffel Wasser hinzugeben. Die Zutaten bei schwacher bis mittlerer Hitze in 10–15 Minuten sehr weich garen.

4. Das Schmalz mit Salz und Pfeffer abschmecken, abkühlen lassen. Sesam unterrühren. Das „Schmalz“ servieren oder in ein verschließbares Gefäß füllen und in den Kühlschrank stellen.

Tipps: Das würzige Zwiebel-Tomaten-„Schmalz“ lässt sich prima als Aufstrich für vegane Wraps verwenden. Im Kühlschrank ist das Zwiebel-Tomaten-„Schmalz“ 5–7 Tage haltbar.

Was heißt vegan?

Veganer ernähren sich rein pflanzlich, also ohne Lebensmittel tierischen Ursprungs. Neben Fleisch und Fisch gehören dazu z. B. Milch und Milchprodukte, Eier, Gelatine und Honig. Die Beweggründe beruhen zumeist auf einer grundsätzlichen Lebenseinstellung: Tierische Produkte werden generell abgelehnt, u. a. aus Tierliebe und Respekt gegenüber dem Lebewesen Tier. Der Gesundheitsfaktor sowie religiöse und Umweltaspekte sind weitere Gründe. Neben Lebensmitteln lehnen viele Veganer auch Lederkleidung, -schuhe, Wolle und Kosmetik mit Inhaltsstoffen tierischer Herkunft ab.

Gesunde Ernährung

Besonders Veganer sollten ihre Ernährung immer ganz genau im Auge haben. Wie für alle anderen Ernährungsformen aber gilt: Wer vielfältig isst, sorgt für den besten Nährstoff-Mix.

Wichtig: Die Deutsche Gesellschaft für Ernährung (DGE) empfiehlt die vegane Ernährung nur für gesunde Erwachsene als dauerhafte Ernährungsweise, unter der Voraussetzung, dass sie sich unbedingt detaillierte Ernährungskenntnisse aneignen. Denn durch diese Ernährungsform kann es zu einer Nährstoffunterversorgung kommen. Wer sich vegan ernähren möchte, sollte das unbedingt mit seinem Hausarzt besprechen und sich regelmäßig durchchecken lassen, um möglichen Mangelerscheinungen frühzeitig entgegenwirken zu können. Schwangere und Stillende, Kinder sowie ältere Menschen sollten sich möglichst nicht vegan ernähren.

Vegane Zutaten einkaufen

Inzwischen bieten viele Supermärkte eine große Palette an veganen Lebensmitteln an. Aber auch in Drogerie-Märkten, Bioläden, Reformhäusern und natürlich im Internet lässt sich Neues entdecken. Wer allerdings konsequent auf tierische Produkte verzichten möchte, wird beim Einkaufen vor echte Herausforderungen gestellt. Das sorgfältige Studieren der Zutatenliste ist unumgänglich, setzt aber ein umfassendes Ernährungswissen voraus, denn nicht immer ist die tierische Herkunft auf den ersten Blick zu erkennen: E 120 (Echtes Karmin) ist z. B. ein roter Farbstoff, der aus Schildläusen gewonnen wird und Einsatz in Süßspeisen, Konfitüren oder Säften findet. Leider bietet die Zutatenliste keine hundertprozentige Gewissheit, dass ein Lebensmittel komplett ohne tierische Bestandteile hergestellt wurde. So muss beispielsweise bei Aromen, Vitaminzusätzen und anderen Zusatzstoffen nicht angegeben werden, ob diese tierischer Herkunft sind.

In den Rezepten in diesem Buch haben wir einige Lebensmittel mit dem Zusatz „vegan" versehen. Hier sollten Sie besonders wachsam sein, denn einige dieser Lebensmittel könnten versteckte Tierprodukte enthalten und/oder unter Einsatz von Tierprodukten hergestellt worden sein. So enthält z. B. Instant-Gemüsebrühe häufig Aromastoffe tierischen Ursprungs, etwa aus Rinderfett oder Molke. Säfte und Weine werden teilweise mithilfe von Gelatine geklärt. Bei naturtrüben Säften ist die Chance größer, dass sie vegan sind bzw. hergestellt wurden. Garantiert ist das jedoch nicht. Wichtig: Schauen Sie grundsätzlich bei allen Lebensmitteln doppelt hin! Selbst Äpfel glänzen manchmal nur durch den Einsatz von Bienenwachs oder Schellack so schön. Mittlerweile erleichtern einige Hersteller ihren Kunden den Einkauf, indem sie ihre Produkte als vegane Kost kennzeichnen. Fragen Sie im Zweifel aber immer beim Hersteller nach.

Spezielle Zutaten bzw. Ersatzprodukte

Die Auswahl an industriell gefertigten veganen Ersatzprodukten wird immer vielfältiger. Von Hafercremes, Sojadrinks über vegane Schokolade bis zum Würstchen in der Tofuversion gibt es alles, was das Herz begehrt.

Wenn Sie Ersatzprodukte verwenden, dann lesen Sie die Packungsanleitung bitte ganz genau. Jeder Hersteller verarbeitet unterschiedliche Inhaltsstoffe in seinen Produkten, sodass das Ergebnis beim Kochen, vor allem aber beim Backen, jedes Mal anders aussehen und schmecken kann.

Vegane Alternativen – So können Zutaten ersetzt werden

Milch- und Milchprodukte ersetzen: Statt Milch können milchähnliche Drinks aus Soja, Hafer, Reis, Dinkel, Mandeln oder Kokos verwendet werden. Probieren Sie, was Ihnen am besten schmeckt.
Joghurt, Frischkäse und Quark können durch unterschiedliche Sojaprodukte ersetzt werden. Für Quark ist geschmacksneutraler Tofu (ohne Räucheraroma und Gewürze) in süßen Gebäcken ein guter Ersatz. Vor allem der feine Seidentofu eignet sich für „Käse"-Massen, besonders in Desserts und Kuchen. Räuchertofu gibt pikanten Gebäcken den perfekten Geschmack. Etwas komplizierter ist es mit dem Ersatz von Sahne. Die meisten sahneähnlichen Produkte sind aus Soja. Möchten Sie vegane „Sahne" aufschlagen, dann achten Sie darauf, dass auf der Packung der Hinweis: „Aufschlagbar mit Sahnestandmittel" zu finden ist. Außerdem muss sie vor dem Aufschlagen gut gekühlt werden. Pürierter Tofu und Sojajoghurt sind ein guter Ersatz für saure Sahne.

Fleisch und Wurst: Diverse Produkte aus Soja, Seitan oder Tempeh (Masse aus geschälten, eingeweichten und gedämpften Sojabohnen, die durch einen Schimmelpilz fest wird) sind herzhaft mariniert und gebraten ein guter Fleischersatz.

Käse: Gute Alternativen sind Nährhefe, veganer „Käse" aus Soja, Seidentofu, Hefeschmelz, Käseersatz aus Kartoffelstärke, Mandelcreme oder gequollene Cashewkerne.

Butter und Margarine: Ein guter Ersatz können vegane Margarine oder Pflanzenöl sein. Allerdings gibt es bei den veganen Margarinen große Unterschiede. Besonders beim Backen sollten Sie darauf achten feste vegane Margarinen mit einem Fettanteil von 80 % zu verwenden. Diese können dann z. B. auch zur Zubereitung von „Butter"-Cremes verwendet werden. Vegane Streichfette sind als Brotaufstrich ideal, allerdings nur bedingt zum Backen geeignet.

Eier beim Backen: In unseren getesteten Rezepten haben wir Ei-Ersatzpulver der Firma 3 Pauly verwendet. Aber auch Apfelmus oder eine reife Banane eignen sich in süßen Gebäcken. Des Weiteren können getoastetes Sojamehl oder Leinmehl einen Teil der Ei-Bindeeigenschaften übernehmen. Lesen Sie bitte auch hier in jedem Fall vor der Verwendung die Zubereitungsanleitungen auf den Packungen.

Geliermittel: Als Gelatineersatz eignet sich Agar-Agar. Dieses ganz genau abwiegen und nach Packungs- bzw. Rezeptanleitung verarbeiten. Wichtig: Agar-Agar beginnt bei 35–40 °C zu gelieren. Gibt man etwa gekühlte Zutaten in eine etwas abgekühlte, mit Agar-Agar angedickte Masse, wird diese sehr schnell fest. Ist eine Masse zu schnell fest geworden, dann kann sie bei schwacher Hitze wieder erwärmt werden, bis sie wieder flüssiger ist. Beim Abkühlen wird die Masse wieder fest.

Honig und Zucker: Agaven-, Apfel- oder Birnendicksaft und Ahornsirup sind beliebte Honigersatz-Süßungsmittel. Zum Backen bietet sich z. B. der dunklere Voll-Rohrzucker mit seinem intensiveren Karamellgeschmack an. Oder Sie verwenden den helleren Roh-Rohrzucker. Aber auch getrocknete und pürierte Datteln oder Feigen machen sich gut. Auch „normaler" Haushaltszucker ist meist vegan, allerdings verwenden einige Hersteller beim Raffinieren von Zucker Tierkohle als Entfärber.

Tipps für den Alltag

- Möglichst vielfältig vegan essen.
- Dem Energiebedarf angepasst ernähren.
- Am besten weitgehend unverarbeitete Lebensmittel verwenden.
- Statt mit weißem Zucker lieber mit Voll-Rohrzucker oder Dicksaft süßen.
- Jeden Tag verschiedene Eiweißquellen einplanen: Hülsenfrüchte, Sojaprodukte, Nüsse, Samen, Getreide und eiweißreiche Gemüsesorten.

Frühstück, Getränke & Co.

Suppen & Eintöpfe

Salate

Reis, Getreide & Hülsenfrüchte

Nudeln & Kartoffeln

Ofengerichte

Cremes, Dips & Co.

Beilagen & Snacks

Kuchen, Gebäck & Süßes

Für Fragen, Vorschläge oder Anregungen stehen Ihnen der Verbraucherservice der Dr. Oetker Versuchsküche Telefon: 00800 71 72 73 74 Mo.–Fr. 8:00–18:00 Uhr (gebührenfrei in Deutschland) oder die Mitarbeiter des Dr. Oetker Verlages Telefon: +49 (0) 521 52 06 51 Mo.–Fr. 9:00–15:00 Uhr, Samstag 9:00–15:00 Uhr zur Verfügung.
Schreiben Sie uns:
Dr. Oetker Verlag KG, Am Bach 11, 33602 Bielefeld. Oder besuchen Sie uns im Internet unter www.oetker-verlag.de, www.facebook.com/Dr.OetkerVerlag oder www.oetker.de.

Umwelthinweis Dieses Buch und der Einband wurden auf FSC®-zertifiziertem, chlorfrei gebleichtem Papier gedruckt.
Die Einschrumpffolie – zum Schutz vor Verschmutzung – ist aus umweltfreundlichem und recyclingfähigem PE-Material.

FSC www.fsc.org MIX Papier aus verantwortungsvollen Quellen FSC® C043954

Redaktion Christina Langner

Innenfotos Fotostudio Bielesch, Bielefeld (S. 177)
Walter Cimbal, Hamburg (S. 25, 112, 249, 251)
Fotostudio Diercks – Thomas Diercks/Kai Boxhammer, Christiane Krüger, Hamburg (S. 10, 12–24, 26, 28, 30, 32, 37, 38, 47, 48, 52–55, 57–60, 63, 65, 68–73, 75–77, 81, 86, 91, 94, 95, 97–101, 104–109, 114,116, 119, 120, 122–124, 128, 132–137, 142, 143, 146–149, 154, 156–159, 162, 163, 170, 172, 175, 176, 180–183, 189, 193–197, 201–204, 206, 208–215, 217–219, 223–225, 227–229, 231–234, 236, 239, 240, 242–245, 248, 250, 252, 253, 257, 259, 262–264, 269, 273–276, 279–281)
Eising Studio Food Photo & Video, München (S. 7, 31, 33, 35, 41, 45, 51, 56, 96, 126, 138, 144, 152, 165, 174, 178, 187, 226, 230, 246, 277)
Janne Peters, Hamburg (S. 8, 11, 82, 83, 87, 89, 90, 92, 93, 102, 117, 129, 145, 160, 166, 167, 173, 186, 198, 207, 237, 267, 268, 270, 272)
Antje Plewinski, Berlin (S. 27, 29, 34, 39, 40, 42, 43, 49, 62, 80, 84, 113, 115, 118, 127, 131, 141, 151, 169, 179, 184, 191, 216, 220, 238, 241, 247, 256, 260, 265, 278)
Hans-Joachim Schmidt, Hamburg (S. 46, 66, 74, 111, 121, 199, 200, 235)
Axel Struwe, Bielefeld (S. 44, 79, 88, 140, 153, 205, 255)

Foodstyling Maik Schacht, Hamburg (S. 17, 38, 48, 65, 76, 77, 86, 94, 122, 124, 132, 135, 154, 162, 172, 181, 183, 194, 204, 206, 208, 259, 264)

Lektorat no:vum, Susanne Noll, Hennef

Nährwertberechnungen Nutri Service, Hennef

Grafisches Konzept, Gestaltung und Satz MDH Haselhorst, Bielefeld
Titelgestaltung MDH Haselhorst, Bielefeld
Druck und Bindung PHOENIX PRINT GmbH, Würzburg

ISBN: 978-3-7670-0864-9